片区开发
合规要点与实操指南

朱 静 李恒新 ◎著

知识产权出版社
全国百佳图书出版单位
—北京—

图书在版编目（CIP）数据

片区开发合规要点与实操指南／朱静，李恒新著．—北京：知识产权出版社，2021.4（2021.10 重印）

ISBN 978-7-5130-7458-2

Ⅰ.①片… Ⅱ.①朱…②李… Ⅲ.①区域开发—经济政策—中国—指南 Ⅳ.①F127

中国版本图书馆 CIP 数据核字（2021）第 053653 号

责任编辑：唱学静　　　　　　　　　责任校对：谷　洋
封面设计：张新勇　　　　　　　　　责任印制：孙婷婷

片区开发合规要点与实操指南

朱　静　李恒新　著

出版发行：知识产权出版社有限责任公司	网　　址：http://www.ipph.cn
社　　址：北京市海淀区气象路 50 号院	邮　　编：100081
责编电话：010-82000860 转 8112	责编邮箱：ruixue604@163.com
发行电话：010-82000860 转 8101/8102	发行传真：010-82000893/82005070/82000270
印　　刷：北京建宏印刷有限公司	经　　销：各大网上书店、新华书店及相关专业书店
开　　本：720mm×1000mm　1/16	印　　张：16
版　　次：2021 年 4 月第 1 版	印　　次：2021 年 10 月第 3 次印刷
字　　数：250 千字	定　　价：78.00 元
ISBN 978-7-5130-7458-2	

出版权专有　侵权必究
如有印装质量问题，本社负责调换。

序

罗桂连[*]

朱静律师和李恒新老师是两位实务经验特别丰富的专家，合作撰写《片区开发合规要点与实操指南》，就相关重点问题，与我有多次深入讨论。经过卓有成效的工作，目前书已定稿即将付梓，嘱我写序。我并非大家权威，无站台背书之力，多次推辞不能，只能冒昧承命。

写书是苦活儿，两位能在日常工作百忙之中，整理实务经验和感悟，揣摩修改形成体系，难能可贵。我看了书稿目录和部分内容，涉及片区开发理论、政策、实务和案例，体现了两位作者的专业功底、丰富经验和总结能力，必定会为城镇化领域的各方面专业人士提供系统性指南和解疑释惑。

当前，PPP（Public-Private Partnership，政府和社会资本合作）模式进入低迷和反思阶段，市县级融资平台普遍缺乏足够资金和操盘能力，房地产进入存量和高品质时代，土地出让金的使用愈加严格和规范。如何依法合规设计政府主导、整合资源、市场运作的综合性片区开发新模式，成为城镇化各相关方的共同挑战。需要注意以下五个方面：

第一，对接国家、省、市发展战略，梳理法规政策，借鉴国内兄弟城市经验和教训，基于本地实际情况进行集成创新，编制综合性片区开发的实施模式与工作机制，理顺市、区两级政府，市、区两级融资平台，各类市场主体等核心相关方的合作机制并落实保障措施，争取各级政府提供的政策支持。

---

[*] 罗桂连，上海国有资本运营研究院投融资中心首席专家，青矩工程顾问有限公司副总经理、首席经济师、城镇化投融资咨询业务负责人。

第二，全面梳理整合本地可用的政策资源、存量资产、开发权利等公共资源，明确功能定位、用好政策资源、用足公共资源、梳理业务板块、构建商业模式，为牵头融资平台高质量、可持续发展提供顶层设计、战略指导和资源整合，打造有多元化融资能力的外部信用评级较强的投融资主体，承担综合性片区开发投融资统筹、牵头和兜底功能。

第三，基于新片区城市设计及控制性详细规划，进行片区开发投资成本收益测算，根据测算结果对规划方案提出优化建议。根据城市发展的底层逻辑和内在规律，对新片区内部各组团和重大投资项目进行优先排序，通过进一步的投资收益测算，提出项目投资计划和公共资源利用计划，进而编制片区开发投融资平衡规划，让地方政府、金融机构和投资主体形成合理、稳定、积极的合作预期。

第四，对投资项目进行分类打包组合，用好用足国家和省、市有关支持性的财政和金融政策，形成地方政府债券、各级政府预算内资金、政府投资公司投资、特许经营、政府购买服务、组合型组团开发、"F＋EPC"（Finance＋Engineering, Procurement, Construction, 融资＋设计、采购、施工总承包管理模式）等多种模式发挥各自优势的多元协同、灵活组合、共生比选的基础设施和配套公共服务项目的投融资策略和实施方案。根据政策要求，策划包装项目并编制有关申报材料，争取尽可能多的地方政府专项债券、各级政府预算内资金、政策性银行资金等低成本融资渠道的支持。

第五，灵活运用TOD（Transit-Oriented Development，公共交通导向发展模式）、EOD（Ecology-Oriented Development，生态设施导向发展模式）、COD（Cultural-Oriented Development，文化设施导向发展模式）、HOD（Hospital-Oriented Development，综合医疗设施导向发展模式）等多元化发展模式，实现重大公共设施项目和核心公共资源外部性的内部化，构建特定组团的开发实施方案，并为各组团提供全过程投融资咨询服务，包括编制实施方案、引进合作主体、拟定招标/招商文件、开发协议、协助谈判等。

由于片区开发涉及的财政、金融、土地和投融资政策数量多，各地对具体政策的解释和应用，也有很大区别，对于这些重要问题的解决思路，没有一定之规，需要因地制宜、灵活运用、个案探索。两位作者的新书，在这些方面做了全面的介绍和分析，将为各方面的实务工作者提供很好的指导。

很荣幸向各位专业人士推荐本书。

自序：愿你的项目在"片区开发"的热土上结出丰硕的成果

距离我的上一部专著《PPP与法律咨询》的出版发行已整两年，这两年时间里，我国的政府和社会资本合作经历了从迅猛发展到规范严管，再到高质量发展的重要历史阶段；经历了政府债务的强监管给地方基建带来的困境时期，也经历了平台公司转型发展的最好时期。同时，受地方财政资金不足、PPP模式10%上限约束、严控地方政府隐性债务等严峻形势的影响，各地片区开发项目出现了大量新现象。许多原来采用PPP模式的片区综合开发类项目改为采用政府与社会资本的"合作开发"方式，多数被打造成"片区综合开发""地区整体开发""城镇综合开发""示范新城开发"等项目。我们也看到一些项目因政府债务风险管控而无法找到合规的路径推进；一些项目因金融机构的合规性要求无法融资而停滞不前；还有一些项目虽然推进较快，但其中隐藏着较大的违规举债和隐性债务风险；甚至还有的项目涉嫌违规举债模式；更有一些项目存在违反《中华人民共和国政府采购法》和《中华人民共和国招标投标法》的风险；等等。

笔者认为，无论哪一种模式的合作开发项目，依法依规是根本，避免违规举债和政府隐性债务风险是底线。尤其在目前防范化解地方政府隐性债务风险，《国务院关于加强地方政府性债务管理的意见》《政府投资条例》等规范地方政府投融资行为、防控隐性债务风险的一系列政策不断出台并严格实施的大背景下，任何投融资模式的选择和应用都不能突破和逾越法律和政策红线，更不能带来政府违规举债和隐性债务的风险，必须在依法规范的前提下打好组合拳、权衡多种要素选择和确定片区开发项目的投融资模式。为此，有必要对采用"合作开发"模式实施政府与社会资本合作项目的合规性进行深入探讨,并提出合规的实操路径,以期对采用此模式实施的项目起到风险提示和防范作用。

我与本书的另一位作者一直在积极探索片区开发领域政府合规实施的路径和方法,尤其是与社会资本合作进行片区开发的各种合规路径。我多年来一直从事政府基础设施领域的法律及咨询业务,为100余起PPP项目提供过专业服务,其中包括大量"片区开发、城镇综合开发"项目,发表过70余篇原创文章,出版的两本专著《政府(实施机构)PPP项目实务操作指南》《PPP与法律咨询》深受读者欢迎和认可。近年来,一直在研究"片区开发项目"合规性要点及实操难点问题,精通国家相关的文件政策规定,发表的相关文章逻辑清晰、观点鲜明,所提供的片区开发咨询服务思路和方案不但合规且实操性较强,有着丰富的片区开发理论功底及实战经验。

作者李恒新更是在此领域孜孜不倦地学习研究,19年来,无论是在传统投融资年代还是到了PPP和片区开发热潮的时代,他都努力工作在政府投融资的第一线,和他的同事们一道坚持依法合规操作,用智慧汗水和高尚品格凝结出政府投融资改革和创新的新思路和新方法。他首创的"片区特许开发"模式,开创了中国片区开发历史上理论探讨的新篇章,在为各地政府理解和应用的同时,有效地解决了部分地方政府在此问题上的困惑和难题。他的"新七公政信"微信公众号自创办以来,拥有了大量"粉丝",坚持每天一篇原创,围绕政府基础设施领域的投融资问题,为广大读者解疑答惑。

本书在写作过程中也参考了"新七公政信"微信公众号、"信贷白话"微信公众号、"新基建投融圈"微信公众号、石榴智库微信公众号、南京卓远资产管理有限公司微信公众号、"杨老师的基建课堂"微信公众号、"锐思维咨询"微信公众号、"PPP项目争端解决"微信公众号等上的部分文章的观点,我非常尊重和敬佩这些作者在基础设施投融资领域的研究和思考,他们的观点也给了我很多的启发和指导,在此一并表示感谢!

本书分为基础篇和实操篇,涉及包括片区开发在内的如土地储备、土地一级开发、城市更新、政府债务风险、政府购买服务、ABO模式、"投资人+EPC"模式等各个维度。内容紧紧围绕我国片区开发相关的政策文件的规定和要求，结合实践中的案例，从片区开发的理论知识、相关政策文件规定、政府债务风险防范要求、实务问题及合规要点总结、实操意见和建议等多个方面，总结片区开发的基础理论知识要点，分析片区开发存在的问题及难点，解析片区开发的热点及关键点，指出片区开发的思路及重点，具有较为全面的政策理论支撑及较强的实操指引作用。尤其是文中的"双十一"，即"十一"个片区开发热点问题的专题探讨和"十一"个片区开发实操建议，以及十个实务案例等内容，都将会给参与片区开发业务的各行各业的机构和人员答疑解惑，指明方向，提供思路并帮助他们找到路径。

片区开发的大幕已经拉开，浪潮已经到来，让我们共同期待中国片区开发事业蓬勃发展的明天！更愿您的项目在"片区开发"的热土上结出丰硕的成果！

朱静写于2021年1月18日

目录 CONTENTS

1　基　础　篇

- 3　第一章　片区开发相关基础知识
  - 3　　一、片区开发
  - 8　　二、土地储备
  - 14　　三、土地一级开发
  - 16　　四、政府购买服务
  - 17　　五、ABO模式
  - 20　　六、城市更新
  - 29　　七、政府债务
  - 32　　八、综合类

- 37　第二章　片区开发相关法律、法规与政策文件摘编
  - 37　　一、总概：相关支持性文件
  - 50　　二、项目建设用地
  - 56　　三、政府债务风险防范
  - 63　　四、片区开发及土地储备
  - 69　　五、政府购买服务
  - 72　　六、综合类

85 实 操 篇

87 第三章 片区开发中常见实务问题与合规要点
- 88 一、片区合作开发中的相关实务问题
- 98 二、片区开发的负面清单
- 106 三、片区合作开发项目的合规性探讨与分析
- 115 四、片区开发项目的违规认定
- 117 五、片区开发中 PPP 项目的负面清单

121 第四章 片区开发与政府债务风险防范
- 123 一、政府违规举债融资的方式与法律风险
- 127 二、严禁地方政府违规举债行为
- 130 三、片区特许开发项目的合规性判断
- 132 四、财政部通报的违规举债案例
- 139 五、地方政府违规举债案例

141 第五章 片区开发热点问题解析
- 141 一、ABO 模式如何在片区开发中合规应用
- 144 二、片区开发中的"融资+EPC"与"投资+EPC"模式的合规应用
- 147 三、土地征拆与政府购买服务
- 150 四、片区合作开发项目的回报机制与政府债务风险
- 151 五、片区开发合作协议内容的合法合规性问题
- 155 六、社会资本如何合规参与政府的前期土地整理及开发业务
- 157 七、政府采购工程的合规性探讨
- 162 八、采用 EPC 模式建设政府基建项目的风险
- 164 九、如何正确看待目前出现的"创新"举债模式
- 167 十、厘清"片区开发"与"土地储备、土地出让收入"的关系

172	十一、正确认识《政府投资条例》对地方政府基础设施建设的影响	

第六章 片区开发典型案例指引

177	
177	一、片区开发合作协议案例及解析
194	二、片区合作开发项目实施方案案例及解析
200	三、ABO模式案例及解析
201	四、土地资源与项目"捆绑"（RCP融资模式）案例及解析
203	五、片区合作开发、PPP项目纠纷案例

第七章 片区开发项目建议

210	
211	一、准确把握片区开发中的重点及关键问题
214	二、搭建好片区开发的投融资规划体系
214	三、做好项目投融资合规性的策划和评估
216	四、夯实片区开发项目的前期工作基础
218	五、注重开发过程，把控建设进度
218	六、加强与金融机构的沟通
218	七、把握好影响片区开发项目成败的"关键细节"
229	八、关于"投资+EPC"模式的片区合作开发项目模式
231	九、片区开发实施过程中要加强政府债务合规管理
233	十、创新应用好片区综合开发项目的"4P"模式
235	十一、地方政府合规筹资的路径建议

237	附表　本书所涉及的主要法律法规及政策文件

基 础 篇

第一章　片区开发相关基础知识

一、片区开发

（一）片区

片区是指包含工业、物流、研发、教育及其配套商住设施等多方面建设内容，城市功能完善、基础设施完备的产城融合发展区域，范围一般在1.5~5平方公里。

（二）片区开发

实践中的片区开发又称成片开发、城镇综合开发、区域综合开发等。按照《自然资源部关于印发〈土地征收成片开发标准（试行）〉的通知》（自然资规〔2020〕5号）定义："本标准所称成片开发，是指在国土空间规划确定的城镇开发边界内的集中建设区，由县级以上地方人民政府组织的对一定范围的土地进行的综合性开发建设活动。"

多数理解为在符合国家及地方规划的前提下，对具有一定规模、相对成片的区域进行系统性改造、投资、建设、运营和维护。关键内容包括土地一级开发、基础设施建设运营、产业导入等，常见形式包括新城建设、旧城改造、工业园区建设、产业新城、特色小镇等。

狭义的片区开发，就是指土地一级开发。即由政府或政府授权部门根据土地总体利用规划、土地储备计划等相关要求，对指定区域内的土地进行征收、对地上物进行拆迁，并结合实际情况进行"几通一平"，从而使"生地"变成"熟地"，使其达到土地出让条件的过程。广义的片区开发，是指在上述狭义概念的基础上，还继续对该区域后续的基础设施和公共服务设施建设、招商引资、管理运营等全过程的开发建设服务。

（三）片区开发的一般原则

（1）基于"三个平衡"做好选址和规划方案；

（2）做好政府和企业的分工边界；

（3）控制好投资节奏，做好开发时序设计；

（4）做好专项债和市场化政企合作模式的衔接；

（5）履行合规程序，签好投资合作协议。

（四）片区开发常见实施模式

（1）政府直接投资建设开发的模式。即政府直接作为投资主体进行区域建设开发，资金来源主要以财政性资金为主。

（2）由平台公司作为投融资主体的模式。其资金来源主要是财政性资金与债务性融资，但债务性资金的还本付息仍然依靠政府补贴。

（3）完全市场化的操作模式。由企业享有土地溢价分成或通过一二级联动开发取得收益，政府投入较少，但随着土地储备系列管理政策的出台，该模式已无法进行。

（4）PPP模式。随着PPP模式近几年来的兴起，社会资本通过PPP方式参与区域性、片区综合开发已成为基础设施领域的一个创新。但随着2019年3月，《财政部关于推进政府和社会资本合作规范发展的实施意见》（财金〔2019〕10号）的出台实施，明确指出新签约项目不得从政府性基金中安排项目运营补贴，直接切断了片区综合开发项目的主要回报来源，造成如今大量片区综合开发项目无法进入PPP项目管理库，已在库内的无法继续实施，有的甚至只能选择退出项目管理库。

（5）片区特许开发模式。即由地方政府通过竞争性方式授予国有企业（一般为剥离政府融资职能并市场化运作的本级国企）特许开发权，由其作为项目业主向政府方提供项目的投融资、建设及运营等，由政府方按约定给予一定财政资金支持。具体由被委托的项目业主（本级国企或社会资本成立的项目公司）利用自身资源优势，为项目提供投资、开发建设（包括土地整理、"七通一平"）及运营等整体服务，政府方按照特许开发授权协议约定，履行规则制定、绩效考核等职责，并根据项目建设及运营维护成本，在运营维护期内每年支付相关费用，合作期满后，社会资本方将项目设施无偿移交给政府方指定机构。

（五）片区开发主管部门（实施机构）

片区开发主管部门（实施机构）是指当地政府授权的从事片区开发工作并具有独立法人资格的主管部门，可以是开发区管委会、发展改革委、工信局、建设局等部门组成的联合工作办公室，也可以是负责此类工作的非营利性事业单位，或非营利性社会组织。

（六）片区开发类项目的主要合作模式

（1）片区综合开发；

（2）片区特许开发；

（3）开发区（园区）委托建设运营等。

（七）片区开发注意的合规事项

（1）主体资格合规；

（2）回报方式合规；

（3）开发期限合理。

（八）片区开发项目内容是否含有土地征拆

（1）片区开发可以含有土地征拆。大多数PPP项目都含有土地征拆或者土地取得的内容，片区开发项目也是如此。

（2）财金〔2019〕10号文叫停的是使用土地出让收入做出运营期补贴支出的安排，而不是针对社会资本对于土地一级开发的投入环节。

（九）政府与派出的片区开发主管部门的资金往来是否会被认定为违规举债

依照地方政府债务管理的一般习惯，政府机关部门之间及与事业单位之间的资金往来不甄别为地方政府债务。

因此，地方政府（财政）依照其资金管理办法向片区开发主管部门做出的定向定期不定额拨款安排，并不能认定为地方政府违规举借的债务。

5

（十）片区特许开发模式

片区特许开发模式是指在当地政府的授权下，由片区开发主管部门将片区土地整理、基础建设、投资促进和经济发展等社会公共服务职能，采用竞争方式选择并依法授权至项目主体并以特许经营形式加以实施；通过协议明确权利义务和风险分担，约定其在一定期限和范围内投资建设运营基础设施和公用事业并获得收益，提供公共产品或者公共服务，政府履行规则制定、绩效考核等职责，支付建设成本和运营费用的合作开发模式。

（十一）片区特许开发的项目主体

片区特许开发的项目主体是指地方政府和片区开发主管部门采用竞争方式选择并依法授权从事片区开发建设、提供公共产品和服务的企业（实践中如该企业为政府或主管部门的下属全资国有企业或平台公司，则不采用竞争性程序，一般采用发文直接授权的方式）。

（十二）片区特许开发的内容范围

片区特许开发的内容包括对片区的土地整理、基础建设运营、产业导入和经济发展等社会公共服务职能。

（十三）片区特许开发的资金路径

（1）社会资本投资人投资于征地、拆迁、基础设施建设，并进行招商引资；

（2）实现财政增收（包括土地出让收入），增收收入纳入专项资金，并依照规定划入片区开发主管部门；

（3）片区开发主管部门对投资人进行绩效考核，依约支付建设成本和运营费用等。

（十四）片区特许开发的实施步骤

（1）在开发区内策划若干片区（园区），编制投融资规划；

（2）授权委托社会资本投资人进行融资投资、基础建设、开发运营和获取收益（社会资本投资人出资用于征地拆迁工作）；

（3）政府履行规则制定、绩效考核等职责，由财政在区域收入增量中，拨付给主管部门，用于支付建设成本和运营费用。

（十五）片区特许开发主要程序

（1）主管部门履行项目审批等相关程序；

（2）竞争选定项目主体授予特许经营权；

（3）项目主体进行开发建设和运营管理；

（4）支付工程建设成本和购买服务费用。

（十六）片区特许开发项目建设内容

（1）片区土地的开发整理；

（2）片区公共基础设施等的综合开发建设。

（十七）片区特许开发社会资本的投资回报来源

根据开发时序安排资金使用计划，可通过组合政府专项债、设立专项开发资金池、滚动纳入预算、开发收益权等多种渠道作为开发建设资金回报来源。

（十八）如何理解开发专项资金池的合规性

将项目增量财政收入作为支付基数，提取一定比例纳入开发项目专项资金池。按照地方政府债务管理的习惯，政府各部门之间的借款及相关支出责任，不计入政府性债务。因此，地方政府与其他部门（包括项目主管单位部门）之间，按照财政收入分成的相关管理办法建立的发展专项资金池，所形成的支出责任，不纳入政府性债务。地方政府可专门制定发展专项资金管理办法，规定将授权区域内财政收入增量按比例逐年拨付给项目建设主管部门，由主管部门通过直接投资或补贴的形式投资拟开发项目。将项目开发带来的地方政府增量财政收入作为专项资金提取基数，用于直接对应项目的未来财政支出，更能体现拟开发项目对于地方经济的拉动，从而体现发展专项资金的合理性。

（十九）如何掌握片区开发项目的开发时序

因片区开发项目一般具有涉及范围广、建设内容多、投资体量大等特点，很难进行全面大规模的项目实施，结合项目实施的具体情况，采用滚动开发的时序实施较为合理可行，即根据项目总体规划及实施进展情况，分周期、分区块进行滚动开发。可分若干期，每期均按照土地整理、开发建设两阶段实施。

（二十）片区特许开发的合规要点

（1）片区特许开发项目内容的合规性；

（2）政府与社会资本合作边界的清晰划分；

（3）严禁出现地方政府举债融资行为，如直接将土地出让收入作为项目还款来源等；

（4）项目主体选择的合规性；

（5）防止不必要同类竞争性项目；

（6）严禁将建设工程与服务打包；

（7）其他方面应注意的相关规定。

（二十一）片区特许开发的合规性判断需要注意的事项

（1）部门间支出责任不是违规举债；

（2）针对付费财政不承担兜底责任；

（3）片区开发主管部门依绩效付费；

（4）划分具体类别进行合规性判断。

二、土地储备

（一）土地储备

土地储备是指地方政府为调控土地市场、促进土地资源合理利用，依法取得土地，进行前期开发、储存以备供应土地的行为。土地储备由纳入国土资源部名录管理的土地储备机构负责实施。

（二）土地储备工作承担的主体

土地储备工作只能由纳入国土资源部名录管理的土地储备机构承担，各类城投公司等其他机构一律不得再从事新增土地储备工作。

土地储备机构不得在土地储备职能之外，承担与土地储备职能无关的事务，包括城市基础设施建设、城镇保障性安居工程建设等事务。

(三) 土地储备项目

土地储备项目是指有关主管部门根据国民经济与社会发展规划、国土空间规划等，将拟收储或入库土地按照宗地、区域、工作时序、资金平衡等条件适当划分并纳入土地储备三年滚动计划和年度土地储备计划后形成的管理基本单元。

(四) 哪些土地可以纳入储备范围

(1) 依法收回的国有土地；

(2) 收购的土地；

(3) 行使优先购买权取得的土地；

(4) 已办理农用地转用、征收批准手续并完成征收的土地；

(5) 其他依法取得的土地。

(五) 土地储备的前期开发工作应该由谁来做

《财政部　国土资源部　中国人民银行　银监会关于规范土地储备和资金管理等相关问题的通知》（财综〔2016〕4号）规定："各地区应当将现有土地储备机构中从事政府融资、土建、基础设施建设、土地二级开发业务部分，从现有土地储备机构中剥离出去或转为企业，上述业务对应的人员、资产和债务等也相应剥离或划转……地方国土资源主管部门应当积极探索政府购买土地征收、收购、收回涉及的拆迁安置补偿服务。土地储备机构应当积极探索通过政府采购实施储备土地的前期开发，包括与储备宗地相关的道路、供水、供电、供气、排水、通讯、照明、绿化、土地平整等基础设施建设。"

(六) 土地储备资金的主要用途

土地储备资金主要用于征收、收购、优先购买、收回土地以及储备土地供应前的前期开发等土地储备开支，不得用于土地储备机构日常经费开支。土地储备机构所需的日常经费，应当与土地储备资金实行分账核算，不得相互混用。

(七) 土地储备资金的使用范围

(1) 征收、收购、优先购买或收回土地需要支付的土地价款或征地和拆迁补偿费用。包括土地补偿费和安置补助费、地上附着物和青苗补偿费、拆迁补偿费，以及依法需要支付的与征收、收购、优先购买或收回土地有关的其他费用。

（2）征收、收购、优先购买或收回土地后进行必要的前期土地开发的费用。储备土地的前期开发，仅限于与储备宗地相关的道路、供水、供电、供气、排水、通讯、照明、绿化、土地平整等基础设施建设。

（3）按照财政部关于规范土地储备和资金管理的规定需要偿还的土地储备存量贷款本金和利息支出。

（4）经同级财政部门批准的与土地储备有关的其他费用。包括土地储备工作中发生的地籍调查、土地登记、地价评估以及管护中围栏、围墙等建设的支出。

（八）土地储备资金的使用原则

根据《财政部　国土资源部关于印发〈土地储备资金财务管理办法〉的通知》（财综〔2018〕8号）的要求，"土地储备资金实行专款专用、分账核算，并实行预决算管理"。

（九）土地储备资金的来源渠道

根据《财政部　国土资源部　中国人民银行　银监会关于规范土地储备和资金管理等相关问题的通知》（财综〔2016〕4号）规定，"从2016年1月1日起，土地储备资金从以下渠道筹集：一是财政部门从已供应储备土地产生的土地出让收入中安排给土地储备机构的征地和拆迁补偿费用、土地开发费用等储备土地过程中发生的相关费用。二是财政部门从国有土地收益基金中安排用于土地储备的资金。三是发行地方政府债券筹集的土地储备资金。四是经财政部门批准可用于土地储备的其他资金。五是上述资金产生的利息收入"。

（十）土地储备政府采购的具体工作

根据财综〔2016〕4号文规定，"地方国土资源主管部门应当积极探索政府购买土地征收、收购、收回涉及的拆迁安置补偿服务。土地储备机构应当积极探索通过政府采购实施储备土地的前期开发，包括与储备宗地相关的道路、供水、供电、供气、排水、通讯、照明、绿化、土地平整等基础设施建设……项目承接主体或供应商应当严格履行合同义务，按合同约定数额获取报酬，不得与土地使用权出让收入挂钩，也不得以项目所涉及的土地名义融资或者变相融资"。

（十一）土地储备项目收入及支出的原则

根据《财政部　自然资源部关于印发〈土地储备项目预算管理办法（试行）〉的通知》（财预〔2019〕89号）第四条规定："土地储备项目从拟收储到供应涉及的收入、支出必须全部纳入财政预算。土地储备项目预算按规定纳入地方政府性基金预算管理，年度预算执行中遵循以收定支、先收后支的原则。"

（十二）土地储备项目的收支平衡

根据财预〔2019〕89号文第五条的规定："土地储备项目应当实现总体收支平衡和年度收支平衡。（一）总体收支平衡，是指项目全生命周期内，项目预期土地出让收入能够覆盖债务本息等成本。（二）年度收支平衡，是指项目年度资金来源覆盖年度支出。"

（十三）如何合理控制土地储备成本构成

按照财预〔2019〕89号文第十八条规定："土地储备机构应当依据当地征地补偿标准、工程建设等标准，合理控制土地储备项目收储成本和前期开发成本。"

（十四）土地前期开发、管护与供应的注意事项

按照《土地储备管理办法》（国土资规〔2017〕17号）要求，"（十一）土地储备机构负责理清入库储备土地产权，评估入库储备土地的资产价值。（十二）土地储备机构应组织开展对储备土地必要的前期开发，为政府供应土地提供必要保障。储备土地的前期开发应按照该地块的规划，完成地块内的道路、供水、供电、供气、排水、通讯、围挡等基础设施建设，并进行土地平整，满足必要的'通平'要求。具体工程要按照有关规定，选择工程勘察、设计、施工和监理等单位进行建设。前期开发工程施工期间，土地储备机构应对工程实施监督管理。工程完成后，土地储备机构应按规定组织开展

验收或委托专业机构进行验收，并按有关规定报所属国土资源主管部门备案。"

(十五) 土地储备资金管理要求

按照《土地储备管理办法》（国土资规〔2017〕17号）规定："（十六）土地储备资金收支管理严格执行财政部、国土资源部关于土地储备资金财务管理的规定。土地储备资金通过政府预算安排，实行专款专用。（十七）土地储备机构应当严格按照规定用途使用土地储备资金，不得挪用。土地储备机构所需的日常经费，纳入政府预算，与土地储备资金实行分账核算，不得相互混用。（十八）土地储备机构按规定编制土地储备资金收支项目预算，经同级国土资源主管部门审核，报同级财政部门审定后执行。年度终了，土地储备机构向同级财政部门报送土地储备资金收支项目决算，由同级财政部门审核或者由同级财政部门指定具有良好信誉、执业质量高的会计师事务所等相关中介机构进行审核。（十九）土地储备资金应当建立绩效评价制度，绩效评价结果作为财政部门安排年度土地储备资金收支项目预算的依据。（二十）土地储备专项债券资金管理执行财政部、国土资源部有关地方政府土地储备专项债券管理的规定。"

(十六) 土地储备筹资能否通过金融机构贷款

按照《财政部 国土资源部 中国人民银行 银监会关于规范土地储备和资金管理等相关问题的通知》（财综〔2016〕4号）规定："土地储备机构新增土地储备项目所需资金，应当严格按照规定纳入政府性基金预算，从国有土地收益基金、土地出让收入和其他财政资金中统筹安排，不足部分在国家核定的债务限额内通过省级政府代发地方政府债券筹集资金解决。自2016年1月1日起，各地不得再向银行业金融机构举借土地储备贷款。"

(十七) 土地出让收入的使用范围

按照《财政部 国土资源部 中国人民银行关于印发〈国有土地使用权出让收支管理办法〉的通知》（财综〔2006〕68号）规定："土地出让收支全额纳入地方政府基金预算管理。收入全部缴入地方国库，支出一律通过地方政府基金预算从土地出让收入中予以安排，实行彻底的'收支两条线'管理。"

"土地出让收入使用范围包括征地和拆迁补偿支出、土地开发支出、支农支出、城市建设支出以及其他支出。"

"征地和拆迁补偿支出。包括土地补偿费、安置补助费、地上附着物和青苗补偿费、拆迁补偿费,按照地方人民政府批准的征地补偿方案、拆迁补偿方案以及财政部门核定的预算执行。"

"土地开发支出。包括前期土地开发性支出以及财政部门规定的与前期土地开发相关的费用等,含因出让土地涉及的需要进行的相关道路、供水、供电、供气、排水、通讯、照明、土地平整等基础设施建设支出,以及相关需要支付的银行贷款本息等支出,按照财政部门核定的预算安排。"

"支农支出。包括用于保持被征地农民原有生活水平补贴支出、补助被征地农民社会保障支出、农业土地开发支出以及农村基础设施建设支出。"

"城市建设支出。含完善国有土地使用功能的配套设施建设以及城市基础设施建设支出。具体包括:城市道路、桥涵、公共绿地、公共厕所、消防设施等基础设施建设支出。"

"其他支出。包括土地出让业务费、缴纳新增建设用地有偿使用费、国有土地收益基金支出、城镇廉租住房保障支出以及支付破产或改制国有企业职工安置费用等。"

(十八)土储专项债

根据《财政部 国土资源部关于印发〈地方政府土地储备专项债券管理办法(试行)〉的通知》(财预〔2017〕62号)第三条规定:"本办法所称地方政府土地储备专项债券(以下简称土地储备专项债券)是地方政府专项债券的一个品种,是指地方政府为土地储备发行,以项目对应并纳入政府性基金预算管理的国有土地使用权出让收入或国有土地收益基金收入(以下统称土地出让收入)偿还的地方政府专项债券。"

2019年9月4日国务院常务会议提出2020年专项债新增额度资金不得用于土地储备和房地产相关领域后,土储和棚改未来将不得通过发行专项债筹资,未来土储和棚改项目将依靠自平衡解决资金来源问题。

(十九)土储专项债发行主体

根据《财政部 国土资源部关于印发〈地方政府土地储备专项债券管理

办法（试行）〉的通知》（财预〔2017〕62号）第五条规定："地方政府为土地储备举借债务采取发行土地储备专项债券方式。省、自治区、直辖市政府（以下简称省级政府）为土地储备专项债券的发行主体。设区的市、自治州，县、自治县、不设区的市、市辖区级政府（以下简称市县级政府）确需发行土地储备专项债券的，由省级政府统一发行并转贷给市县级政府。经省级政府批准，计划单列市政府可以自办发行土地储备专项债券。"

（二十）对土储专项债项目的要求

按照《财政部 国土资源部关于印发〈地方政府土地储备专项债券管理办法（试行）〉的通知》（财预〔2017〕62号）第六条规定："发行土地储备专项债券的土地储备项目应当有稳定的预期偿债资金来源，对应的政府性基金收入应当能够保障偿还债券本金和利息，实现项目收益和融资自求平衡。"

（二十一）土储专项债管理规定

《财政部 国土资源部关于印发〈地方政府土地储备专项债券管理办法（试行）〉的通知》（财预〔2017〕62号）第七条规定："土地储备专项债券纳入地方政府专项债务限额管理。土地储备专项债券收入、支出、还本、付息、发行费用等纳入政府性基金预算管理。"第八条规定："土地储备专项债券资金由财政部门纳入政府性基金预算管理，并由纳入国土资源部名录管理的土地储备机构专项用于土地储备，任何单位和个人不得截留、挤占和挪用，不得用于经常性支出。"

三、土地一级开发

（一）土地一级开发

土地一级开发是由政府或其授权委托的企业，对一定区域范围内的城市国有土地（毛地）、乡村集体土地（生地）进行统一的征地、拆迁、安置、补偿，使之成为净地，并进行适当的市政配套设施建设，使该区域范围内的土地达到"三通一平"（通水、通电、通路和土地平整）、"五通一平"（通水、通电、通路、通讯、通气和土地平整），或"七通一平"（通给水、通排水、通电、通讯、通路、通燃气、通热力和土地平整）的建设条件（熟地），再对熟地进行有偿出让或转让的过程。

(二) 土地一级开发工作流程三阶段

土地一级开发工作流程三阶段包括"前期手续阶段""组织实施阶段"和"土地入市阶段"。一般来说，土地一级开发主要子工作阶段包括取得授权、完成立项核准、融资、签订征地补偿协议、取得征地批复、取得拆迁许可证、完成拆迁、市政工程施工许可证获取、市政工程移交、供地验收、成本与地价审核、土地入市交易和一级市场投入回收。

(三) 土地一级开发的具体流程

(1) 签订区域框架性合作协议（意向书）；
(2) 考察、调研、城市规划会、评审会、策划；
(3) 协商并签订区域合作协议书；
(4) 双方组成合作开发指挥部；
(5) 完成整体项目的立项审批；
(6) 土地营销启动；
(7) 开始招商，成本收益优先返还建设企业；
(8) 招商结束，返还溢出土地收益；
(9) 土地一级开发结束，进入二级开发阶段。

(四) 土地一二级联动的收益分成模式是否违规

财综〔2016〕4号文明确规定："项目承接主体或供应商应当严格履行合同义务，按合同约定数额获取报酬，不得与土地使用权出让收入挂钩，也不得以项目所涉及的土地名义融资或者变相融资。"同时，将土地出让收入分成款项用于偿还先期一级开发投入，也属于违规举债的行为。

(五) 一级开发项目模式的具体类型

一级开发项目模式一般可分为几大类，如旧城改造、城中村改造、旧厂房改造、土地一级开发项目、棚改项目、城市更新等。虽然项目模式名称存在差异，但实际中有些项目只是由于历史原因导致项目模式发生变化，项目性质并未改变。

（六）土地征迁过程中会发生哪些费用

土地拆迁过程中会发生的费用主要有土地补偿费、人员安置费和青苗补助费几大类费用。费用的支付时间为获取征地批复后付款。

（七）土地指标

一般而言，土地指标是指农用地转用指标，也即耕地占补平衡指标，该指标可以进行跨区域间的买卖。而建设用地指标，则是各区域上级分配给各区域的，只能向上级申请指标，并不允许买卖。

（八）土地出让价格确定

一般而言，土地出让价格＝土地一级成本＋土地出让金＋政府预提收益。政府预提收益由领导开会决定。实际情况中，政府也会根据市场条件来调节土地出让价格，当市场行情较差且政府资金紧张时，经上级部门同意，土地出让价格是可以低于土地成本价的。

四、政府购买服务

（一）政府购买服务的含义

《政府购买服务管理办法》第二条规定："本办法所称政府购买服务，是指各级国家机关将属于自身职责范围且适合通过市场化方式提供的服务事项，按照政府采购方式和程序，交由符合条件的服务供应商承担，并根据服务数量和质量等因素向其支付费用的行为。"

（二）政府购买服务的购买主体要求

《政府购买服务管理办法》规定，"各级国家机关是政府购买服务的购买主体"。

第三十三条规定："党的机关、政协机关、民主党派机关、承担行政职能的事业单位和使用行政编制的群团组织机关使用财政性资金购买服务的，参照本办法执行。"

（三）政府购买服务对承接主体的要求

《政府购买服务管理办法》第六条规定："依法成立的企业、社会组织

(不含由财政拨款保障的群团组织),公益二类和从事生产经营活动的事业单位,农村集体经济组织,基层群众性自治组织,以及具备条件的个人可以作为政府购买服务的承接主体。"

(四) 禁止作为政府购买服务主体的情形

《政府购买服务管理办法》第八条规定:"公益一类事业单位、使用事业编制且由财政拨款保障的群团组织,不作为政府购买服务的购买主体和承接主体。"

(五) 禁止纳入政府购买服务范围的情形

《政府购买服务管理办法》第十条规定:"以下各项不得纳入政府购买服务范围:(一)不属于政府职责范围的服务事项;(二)应当由政府直接履职的事项;(三)政府采购法律、行政法规规定的货物和工程,以及将工程和服务打包的项目;(四)融资行为;(五)购买主体的人员招、聘用,以劳务派遣方式用工,以及设置公益性岗位等事项;(六)法律、行政法规以及国务院规定的其他不得作为政府购买服务内容的事项。"

五、ABO 模式

(一) ABO 模式的基本概念和内涵

ABO 模式一般指授权(Authorize)-建设(Build)-运营(Operate)模式,由政府授权单位履行业主职责,依约提供所需公共产品及服务,政府履行规则制定、绩效考核等职责,同时支付授权运营费用。

ABO 模式即地方政府通过竞争性程序或直接签署协议方式授权相关企业作为项目业主,并由其向政府方提供项目的投融资、建设及运营服务,合作期满负责将项目设施移交给政府方,由政府方按约定给予一定财政资金支持的合作方式(又称为"公公合作")。

(二) ABO 模式的核心

ABO 模式从核心上讲是在基础设施领域对基础设施建设、投资、运营的特许投资经营权,并履行规则制定、绩效考核等职责,同时支付被授权单位经营服务费。

（三）ABO模式的实践应用情形

一是ABO模式授权的国有公司为经营主体，资产由国有公司和社会投资所有；二是国有公司以其自身资信承担项目全部的收益与支出平衡；三是通过ABO直接授权国有公司为项目业主，ABO模式的采购内容不会体现购买服务或工程，只是采购项目的投资、建设和运营特许经营主体。

（四）采用ABO模式实施的项目条件

《政府投资条例》第六条规定："政府投资资金按项目安排，以直接投资方式为主；对确需支持的经营性项目，主要采取资本金注入方式，也可以适当采取投资补助、贷款贴息等方式。"《政府购买服务管理办法》第十一条规定："政府购买服务的具体范围和内容实行指导性目录管理，指导性目录依法予以公开。"尤其要注意第十条："以下各项不得纳入政府购买服务范围：……（三）政府采购法律、行政法规规定的货物和工程，以及将工程和服务打包的项目；（四）融资行为……"《基础设施和公用事业特许经营管理办法》第二条规定："中华人民共和国境内的能源、交通运输、水利、环境保护、市政工程等基础设施和公用事业领域的特许经营活动，适用本办法。"

因此，能够采用ABO模式授权运营的项目实际上就是境内的能源、交通运输、水利、环保、市政工程等基础设施和公用事业领域项目。

（五）ABO模式的具体流程

（1）授予特许经营权。

（2）公益企业进行开发建设和运营管理，内容包括：①公益企业负责自筹资金，按照区域规划进行片区开发建设，包括建设工业厂房，以及进行研发基地、学校医院、配套住宅等建设。②负责开展片区开发的运营管理。同时，在政策法规范围内，公益企业享有租售、物业等收益权。③主管部门支付工程建设成本和购买服务费用。

（六）ABO模式如何在片区开发中应用

ABO模式在片区开发中的应用主要体现在以下三点：

（1）协议要厘清政府与下属企业之间的责权利边界，政府对其在合规的范围内提供边界清晰的有限的资金支持，但不承担兜底责任。

（2）回报方式：合规片区开发具有总投资大、经营期限长等特点，因此企业在政府协议的考核指标上，更多是采用通过政府对项目的绩效评价，也就是片区开发的实际效果来确定项目回报金额。

（3）建议在设置片区开发的期限时，最好设置三年为一个周期，根据片区开发的实际进展情况，采取滚动开发方式推进整体项目开发。

（七）单纯基建的ABO模式是否违规

从融资模式的角度来考虑，单纯基础设施建设ABO模式，按照《政府投资条例》的规定，涉及政府/财政支付的情形，都必须按照工程进度支付款项。在单纯基础设施建设的政府投资项目中，延后支付工程款项的行为，都是违规模式。

（八）片区开发ABO常见违规情形

（1）兜底承诺或固定回报，是片区开发ABO项目最常见的违规情形；

（2）超出了三年期限；

（3）土地收入做还款来源；

（4）采购环节缺失。

（九）购买服务ABO模式是否存在合规可能

购买服务的ABO模式，具备提供服务所需的基础设施，并不会使这种"服务的购买"变成"工程的采购"，即使是涉及工程的购买服务ABO模式，也不会因此而陷入违规举债。造成违规举债的原因主要是固化的财政滞后支出责任，例如，固定回报、兜底承诺等。

（十）ABO模式如何在实务中合规地应用

ABO项目一般按照"整体授权、分期实施、封闭运作"的原则来实施，具体为：人民政府授权国有平台公司作为项目实施主体，负责本项目整体运作。平台公司作为招标人以"投资人+EPC"招标方式引进社会投资人，社会资本参与投标，中标后平台公司与中标社会投资人签署投资合作协议，社会投资人与其组建项目公司（SPV公司），由项目公司承继中标社会投资人在投资合作协议合作合同项下的权利义务及其他所有相关事项，履行合同约定的相应合作内容。项目公司根据投资合作协议约定实施本项目的投资、融资、建设管理等工作，负责项目的具体运作事宜；中标社会投资人按投资合作协议约定日期与平台公司合资成立项目公司，并按相应的股权比例投入项目资本金，并取得合理的投资收益、施工收益。

（十一）ABO模式下社会资本的退出渠道

ABO模式下社会资本退出渠道主要有两种：

一是项目公司清算退出。在项目合作期内，由项目公司核算成本及收益，在招标人足额支付相关成本及收益后，合作期满项目公司无偿移交所有资产给指定机构，项目公司清算，各股东方退出。

二是股权退出。为了规避明股实债，可在投资协议中设置股权回购触发机制，约定在项目建设完成后若干年内，每年按照一定的比例回购社会资本方股权。

六、城市更新

（一）城市更新

广义的城市更新是一个大的概念，它涵盖了拆迁安置、三旧改造、棚户区改造、老旧小区改造、环境综合整治、城市基础设施建设等内容。狭义的城市更新，是指特定极少数地区采用的"与原权利人协商收购"的非招拍挂获得土地使用权的方式，仅能限于极少数地区在政策允许的情况下实施。国家部委文件所述的城市更新，指的是广义的城市更新。

深圳是我国首个探索城市更新政策体系建设的城市。2009年，深圳借鉴我国香港、台湾地区的经验，出台《深圳市城市更新办法》，在国内首次提出城市更新概念，其特点主要体现在确认更新改造实施主体、划定"成功更新单元"。2015年，广州市政府印发了《广州市城市更新办法》及配套文件，标志着广州市的城市更新发展正式进入"新常态"。《广州市城市更新办法》将城市更新定义为："由政府部门、土地权属人或者其他符合规定的主体，按照'三旧'改造政策、棚户区改造政策、危破旧房改造政策等，在城市更新规划范围内,对低效存量建设用地进行盘活利用以及对危破旧房进行整治、改善、重建、活化、提升的活动。"可见,城市更新是一个大的概念,它涵盖了征地拆迁、三旧改造、棚户区改造、综合整治等内容。

（二）实施城市更新行动的内涵

《中共中央关于制定国民经济和社会发展第十四个五年规划和二〇三五年远景目标的建议》明确提出实施城市更新行动：推进以人为核心的新型城镇化。实施城市更新行动，推进城市生态修复、功能完善工程，统筹城市规划、建设、管理，合理确定城市规模、人口密度、空间结构，促进大中小城市和小城镇协调发展。强化历史文化保护、塑造城市风貌，加强城镇老旧小区改造和社区建设，增强城市防洪排涝能力，建设海绵城市、韧性城市。提高城市治理水平，加强特大城市治理中的风险防控。坚持房住不炒、租购并举、因城施策，促进房地产市场平稳健康发展。有效增加保障性住房供给，完善土地出让收入分配机制，探索支持利用集体建设用地按照规划建设租赁住房，完善长租房政策，扩大保障性租赁住房供给。深化户籍制度改革，完善财政转移支付和城镇新增建设用地规模与农业转移人口市民化挂钩政策，强化基本公共服务保障，加快农业转移人口市民化。优化行政区划设置，发挥中心城市和城市群带动作用，建设现代化都市圈。推进成渝地区双城经济圈建设。推进以县城为重要载体的城镇化建设。

（三）实施城市更新行动的主要任务

住建部发布的《实施城市更新行动》规定："实施城市更新行动的主要任务包括：（一）完善城市空间结构。（二）实施城市生态修复和功能完善工程。（三）强化历史文化保护，塑造城市风貌。（四）加强居住社区建设。（五）推进新型城市基础设施建设。（六）加强城镇老旧小区改造。（七）增强城市防洪排涝能力。（八）推进以县城为重要载体的城镇化建设。"

（四）征收拆迁

征收拆迁是指国家因公共利益的需要，以补偿为前提按法定权限和程序强制取得单位或个人不动产所有权的行为。房屋征收是物权变动的一种特殊情形，是国家取得所有权的一种方式。房屋征收的主体是国家，通常是政府代表国家以行政命令的方式执行。征收拆迁通常处于建设项目的前期工作阶段，是城市建设的重要组成部分，是旧城区改造的一个重要环节。征收可分为征收集体所有的土地和征收单位、个人的房屋及其他不动产两类。集体土地被依法征收的，同时征收集体土地上的房屋；国有土地上房屋被依法征收的，同时收回国有土地使用权。征收拆迁是公权力行为，必须基于公共利益的建设项目的需要方可实施，其主要的法律依据是国务院2011年发布的《国有土地上房屋征收与补偿条例》。

（五）棚户区改造

棚户区改造是指我国为提高居民生活质量而进行的重大民生工程。2013年，国务院颁布《关于加快棚户区改造工作的意见》，将棚户区表述为"住房简陋，环境较差，安全隐患多，改造难度大"的区域，并作出了基本分类："城市棚户区、国有工矿棚户区、国有园林棚户区、国有垦区棚户区。各地应将在城市规划边界以内的其他棚户区、城中村改造，统一纳入城市棚户区改造范围。"可见，广义的棚户区改造包含城市棚户区改造、城中村改造以及在城市棚户区改造范围内的国有工矿棚户区。2015年，国务院又将城市危房纳入棚户区范畴之中。

（六）"三旧"改造

"三旧"是指城市范围内的"旧村庄""旧厂房""旧城镇"。2008年12月，根据《国土资源部关于与广东省共同推进节约集约用地试点示范省建设工作的函》（国土资函〔2008〕816号），国土资源部与广东省人民政府签署了《共同建设节约集约用地试点示范省合作协议》，启动部省建设节约集约用地试点示范省工作，拉开"三旧"改造的工作序幕。

2009年8月，广东省出台《关于推进"三旧"改造促进节约集约用地的若干意见》（粤府〔2009〕78号）作为纲领性文件指导"三旧"改造工作，确定"三旧"改造范围为：城市市区"退二进三"产业用地；城乡规划确定不再作为工业用途的厂房（厂区）用地；国家产业政策规定的禁止类、淘汰类产业的原厂房用地；不符合安全生产和环保要求的厂房用地；布局散乱、条件落后，规划确定改造的城镇和村庄；列入"万村土地整治"示范工程的村庄等。

（七）城市更新与"三旧"改造的异同

城市更新有多种表述形式：城市重建、城市复苏、城市再开发、城市再生、城市复兴、城市改造、旧区改建、旧城整治等。"三旧"改造是在土地资源供需矛盾日益突出的情况下，拓展建设空间、保障发展用地的重要途径，是推进节约集约用地工作的重要内容，也是改善城市面貌和人居环境，提升居民生活品质，建设宜居现代城市的必然要求。可以说"三旧"改造是特定时期、特定区域内的城市更新的特殊探索，是城市更新的一种形式。

（八）城市更新中的征收拆迁与"三旧"改造的异同

"三旧"改造和征收拆迁虽然都属于城市更新的形式之一，但两者存在显著差异：

（1）实施主体不同。征收拆迁的实施主体为政府，"三旧"改造的实施主体通常是村集体经济组织或其他市场主体，政府只是审批监督指导部门，不直接参与"三旧"改造项目。

（2）法律依据不同。征收拆迁的依据主要是《中华人民共和国土地管理法》《中华人民共和国土地管理法实施条例》《国有土地上房屋征收与补偿条例》等法律和行政法规。"三旧"改造主要依据的法律是地方性法规或政策，以广州为例，有《广州市城市更新办法》及配套文件、《广州市人民政府关于提升城市更新水平促进节约集约用地的实施意见》等。

（3）强制性不同。征收拆迁因涉及公共安全利益，可以通过行政征收、行政处罚程序等强制执行。"三旧"改造则完全遵循自愿原则，完全由改造主体自己完成，政府（城市更新部门）通常只负责指导、审批、监督。

（九）城市更新中的棚户区改造与"三旧"改造的异同

棚户区改造与"三旧"改造虽同属旧城改造范畴，但两者区别较大。

（1）改造对象不同。棚户区改造主要适用于老旧住宅区，旨在改善片区居住环境，完善基础设施配套和公共服务设施配套。"三旧"改造的范围更广，包括"旧村庄""旧厂房""旧城镇"，目的是进一步完善城市功能，推进土地资源的节约集约利用。

（2）项目实施的模式不同。棚户区改造项目以公共利益为目的，采取政府主导、其他企业可以参与的模式，改造方式以拆旧建新为主，搬迁安置住房以外的住宅部分全部用作人才住房和保障性住房。"三旧"改造采取政府引导、市场运作的模式，改造方式包括综合整治、功能改变和拆除重建，所建住宅除搬迁安置住房和按比例配建的人才住房、保障性住房外，全部用作商品性质住房。

（3）强制性不同。"棚改"实施过程中，因涉及公共安全利益，对于少数不服从改造的，可以通过行政征收、行政处罚程序等强制执行；而"三旧"改造则完全遵循自愿原则，不能使用强制手段。

（十）城市更新的应用范围

（1）老旧城区的整体更新。"棚改"十年过后，各地的城市风貌有了很大改善，但部分老城区的整体基础设施仍然普遍较为落后，配套公共服务、生态环境、老旧小区仍然需要进行投资。

（2）城市风貌保护与更新。建立城市历史文化保护与传承体系，加大历史文化名胜名镇名村保护力度。将修复山水城传统格局，保护具有历史文化价值的街区、建筑及其影响地段的传统格局和风貌，推进历史文化遗产活化利用与完善城市功能结合。

（3）推动园区、核心区的智慧化改造。在核心城区、高新园区、经济技术开发区，可以通过推动城市更新将这些区域进行智慧化改造。一方面是推动这些地区的新旧动能转换、产业升级；另一方面也是为当地发展新基建提供试点和经验。

（十一）城市更新的建设模式

城市更新的建设模式主要有三种：

（1）拆除重建。是指大部分建筑都被推倒重来，按新的规划重新建设。最典型的是城中村拆迁、棚户区改造、老工厂的拆除等。

（2）有机更新。以原房屋建筑的保留为主，少量拆建，建筑承载的产业进行升级。此类更新因主要涉及商业不动产，市场化投资力量比较强。

（3）综合整治。不涉及房屋结构的拆除、改造，主要对房屋的配套设施和周边环境进行整治、更新。老旧小区改造、河道整治、公园再生等都属于此类。

(十二) 城市更新项目的实施主体

城市更新项目的实施主体主要包括以下三方面：

(1) 属于政府投资范围的公益性项目，由政府部门作为项目的实施主体；

(2) 属于半公益性的、资金能够自平衡的准公益性项目，由城投公司作为实施平台；

(3) 属于市场化范畴的、适宜社会资本直接承接的，可通过竞争性方式选择社会资本作为实施主体。

有的城市更新项目同时具有公益性、准公益性、经营性，因此实施主体也可以有多个。

(十三) 城市更新项目的筹资方式

城市更新项目采用不同的模式实施，所需的资金也需要多方不同的渠道筹集，主要有以下三种：

(1) 以政府作为实施主体的，只能通过财政预算内资金、地方专项债券筹集；

(2) 以平台公司作主体的，可以通过承接债券资金与配套融资、发行债券、政策性银行贷款、专项贷款等方式筹集资金；

(3) 以企业作为实施主体的，可以通过商业性银行贷款、项目收益债、信托、投资基金等方式募资。

(十四) 城市更新面临的难题

目前的城市更新项目遇到的主要难题：一是开发周期长。由于牵扯到的主体多，有些项目开发周期在 5~8 年，特别是城中村项目和涉及工业用地转性的项目，涉及不确定性的因素多。二是资金压力大。城市更新项目很多开发周期长是因为资金压力大，开发后无法赢利，或者在前期就没有商业模式，导致社会资本参与的积极性降低。三是利益平衡难。城市更新需要协调多方利益，多数需要政府、产权方、改造方、运营方等多方利益平衡。

（十五）实施城市更新行动的重要意义[①]

城市是我国经济、政治、文化、社会等方面活动的中心，在党和国家工作全局中具有举足轻重的地位。城市建设既是贯彻落实新发展理念的重要载体，又是构建新发展格局的重要支点。实施城市更新行动，推动城市结构调整优化和品质提升，转变城市开发建设方式，对全面提升城市发展质量、不断满足人民群众日益增长的美好生活需要、促进经济社会持续健康发展，具有重要而深远的意义。

（1）实施城市更新行动，是适应城市发展新形势、推动城市高质量发展的必然要求。改革开放以来，我国城镇化进程波澜壮阔，创造了世界城市发展史上的伟大奇迹。2019年我国常住人口城镇化率60.6%，已经步入城镇化较快发展的中后期，城市发展进入城市更新的重要时期，由大规模增量建设转为存量提质改造和增量结构调整并重，从"有没有"转向"好不好"。

（2）实施城市更新行动，是坚定实施扩大内需战略、构建新发展格局的重要路径。……实施城市更新行动，谋划推进一系列城市建设领域民生工程和发展工程，有利于充分释放我国发展的巨大潜力，形成新的经济增长点，培育发展新动能，畅通国内大循环，促进我国经济长期持续健康发展。

（3）实施城市更新行动，是推动城市开发建设方式转型、促进经济发展方式转变的有效途径。……实施城市更新行动，推动城市开发建设方式从粗放型外延式发展转向集约型内涵式发展，将建设重点由房地产主导的增量建设，逐步转向以提升城市品质为主的存量提质改造，促进资本、土地等要素根据市场规律和国家发展需求进行优化再配置，从源头上促进经济发展方式转变。

（4）实施城市更新行动，是推动解决城市发展中的突出问题和短板、提升人民群众获得感幸福感安全感的重大举措。……通过实施城市更新行动，及时回应群众关切，着力解决"城市病"等突出问题，补齐基础设施和公共服务设施短板，推动城市结构调整优化，提升城市品质，提高城市管理服务水平，让人民群众在城市生活得更方便、更舒心、更美好。

[①] 王蒙徽：《实施城市更新行动》，载中国建设新闻网，http：//www.chinajsb.cn/html/202011/17/15367.html，最后登录日期2021年1月8日。

(十六) 实施城市更新行动的目标任务[①]

实施城市更新行动,总体目标是建设宜居城市、绿色城市、韧性城市、智慧城市、人文城市,不断提升城市人居环境质量、人民生活质量、城市竞争力,走出一条中国特色城市发展道路。主要任务包括:

(1) 完善城市空间结构。健全城镇体系,构建以中心城市、都市圈、城市群为主体,大中小城市和小城镇协调发展的城镇格局,落实重大区域发展战略,促进国土空间均衡开发。建立健全区域与城市群发展协调机制,充分发挥各城市比较优势,促进城市分工协作,强化大城市对中小城市辐射带动作用,有序疏解特大城市非核心功能。推进区域重大基础设施和公共服务设施共建共享,建立功能完善、衔接紧密的城市群综合立体交通等现代设施网络体系,提高城市群综合承载能力。

(2) 实施城市生态修复和功能完善工程。坚持以资源环境承载能力为刚性约束条件,以建设美好人居环境为目标,合理确定城市规模、人口密度,优化城市布局,控制特大城市中心城区建设密度,促进公共服务设施合理布局。建立连续完整的生态基础设施标准和政策体系,完善城市生态系统,保护城市山体自然风貌,修复河湖水系和湿地等水体,加强绿色生态网络建设。补足城市基础设施短板,加强各类生活服务设施建设,增加公共活动空间,推动发展城市新业态,完善和提升城市功能。

(3) 强化历史文化保护,塑造城市风貌。建立城市历史文化保护与传承体系,加大历史文化名胜名城名镇名村保护力度,修复山水城传统格局,保护具有历史文化价值的街区、建筑及其影响地段的传统格局和风貌,推进历史文化遗产活化利用,不拆除历史建筑、不拆真遗存、不建假古董。全面开展城市设计工作,加强建筑设计管理,优化城市空间和建筑布局,加强新建高层建筑管控,治理"贪大、媚洋、求怪"的建筑乱象,塑造城市时代特色风貌。

(4) 加强居住社区建设。居住社区是城市居民生活和城市治理的基本单元,要以安全健康、设施完善、管理有序为目标,把居住社区建设成为满足

[①] 王蒙徽:《实施城市更新行动》,载中国建设新闻网,http://www.chinajsb.cn/html/202011/17/15367.html,最后登录日期2021年1月8日。

人民群众日常生活需求的完整单元。开展完整居住社区设施补短板行动，因地制宜对居住社区市政配套基础设施、公共服务设施等进行改造和建设。推动物业服务企业大力发展线上线下社区服务业，满足居民多样化需求。建立党委领导、政府组织、业主参与、企业服务的居住社区治理机制，推动城市管理进社区，提高物业管理覆盖率。开展美好环境与幸福生活共同缔造活动，发挥居民群众主体作用，共建共治共享美好家园。

（5）推进新型城市基础设施建设。加快推进基于信息化、数字化、智能化的新型城市基础设施建设和改造，全面提升城市建设水平和运行效率。加快推进城市信息模型（CIM）平台建设，打造智慧城市的基础操作平台。实施智能化市政基础设施建设和改造，提高运行效率和安全性能。协同发展智慧城市与智能网联汽车，打造智慧出行平台"车城网"。推进智慧社区建设，实现社区智能化管理。推动智能建造与建筑工业化协同发展，建设建筑产业互联网，推广钢结构装配式等新型建造方式，加快发展"中国建造"。

（6）加强城镇老旧小区改造。城镇老旧小区改造是重大的民生工程和发展工程。全面推进城镇老旧小区改造工作，进一步摸清底数，合理确定改造内容，科学编制改造规划和年度改造计划，有序组织实施，力争到"十四五"期末基本完成2000年前建成的需改造城镇老旧小区改造任务。不断健全统筹协调、居民参与、项目推进、长效管理等机制，建立改造资金政府与居民、社会力量合理共担机制，完善项目审批、技术标准、存量资源整合利用、财税金融土地支持等配套政策，确保改造工作顺利进行。

（7）增强城市防洪排涝能力。坚持系统思维、整体推进、综合治理，争取"十四五"期末城市内涝治理取得明显成效。统筹区域流域生态环境治理和城市建设，将山水林田湖草生态保护修复和城市开发建设有机结合，提升自然蓄水排水能力。统筹城市水资源利用和防灾减灾，系统化全域推进海绵城市建设，打造生态、安全、可持续的城市水循环系统。统筹城市防洪和排涝工作，科学规划和改造完善城市河道、堤防、水库、排水系统设施，加快建设和完善城市防洪排涝设施体系。

（8）推进以县城为重要载体的城镇化建设。县城是县域经济社会发展的中心和城乡融合发展的关键节点，在推动就地城镇化方面具有重要作用。实施强县工程，大力推动县城提质增效，加强县城基础设施和公共服务设施建设，改善县城人居环境，提高县城承载能力，更好吸纳农业转移人口。建立健全以县为单元统筹城乡的发展体系、服务体系、治理体系，促进一二三产业融合发展，统筹布局县城、中心镇、行政村基础设施和公共服务设施，建立政府、社会、村民共建共治共享机制。

七、政府债务

（一）负债

财政部 2018 年 11 月发布的《政府会计准则第 8 号——负债》（财会〔2018〕31 号）第二条规定："本准则所称负债，是指政府会计主体过去的经济业务或者事项形成的，预期会导致经济资源流出政府会计主体的现时义务。现时义务，是指政府会计主体在现行条件下已承担的义务。未来发生的经济业务或者事项形成的义务不属于现时义务，不应当确认为负债。"

第三条规定："符合本准则第二条规定的负债定义的义务，在同时满足以下条件时，确认为负债：（一）履行该义务很可能导致含有服务潜力或者经济利益的经济资源流出政府会计主体；（二）该义务的金额能够可靠地计量。"确认负债的必要条件之一是"金额能够可靠地计量"，但金额不能精确计量的未来支出责任，仍然可能有很多情况属于地方政府债务监管政策的范围。

（二）地方政府债务

地方政府债务是指地方机关事业单位及地方政府专门成立的基础设施性企业为提供基础性、公益性服务直接借入的债务，以及地方政府机关提供担保形成的债务。

（三）地方政府隐性债务

地方政府隐性债务是指为政府在法定政府债务限额之外直接或者承诺以财政资金偿还以及违法提供担保等方式举借的债务，主要包括国有企事业单位等替政府举借，由政府提供担保或财政资金支持偿还的债务；政府在设立政府投资基金、开展政府和社会资本合作（PPP）、政府购买服务等过程中，通过约定回购投资本金、承诺保底收益等形成的政府中长期支出事项债务。

（四）认定地方政府隐性债务的三个要件

认定地方政府隐性债务的要件具体包括三个方面：一是项目决策主体是政府，包括党委、人大和政府部门；二是资金最终用途是公益性项目建设；三是偿债资金最终来源为财政资金。

（五）地方政府合法举债方式

地方政府合法举债的方式有地方政府债券与专项债券两种。

（1）地方政府债券。

依据：《中华人民共和国预算法》第三十五条、《地方政府一般债务预算管理办法》（财预〔2016〕154号）、《地方政府专项债务预算管理办法》（财预〔2016〕155号）规定："经国务院批准的省、自治区、直辖市的预算中必需的建设投资的部分资金，可以在国务院确定的限额内，通过发行地方政府债券举借债务的方式筹措。举借债务的规模，由国务院报全国人民代表大会或者全国人民代表大会常务委员会批准。省、自治区、直辖市依照国务院下达的限额举借的债务，列入本级预算调整方案，报本级人民代表大会常务委员会批准。举借债务应当有偿还计划和稳定的偿还资金来源，只能用于公益性资本支出，不得用于经常性支出。"

"除前款规定外，地方政府及其所属部门不得以任何方式举借债务。"

"除法律另有规定外，地方政府及其所属部门不得为任何单位和个人的债务以任何方式提供担保。"

（2）专项债券。

①棚改专项债。

依据：《财政部　住房城乡建设部关于印发〈试点发行地方政府棚户区改造专项债券管理办法〉的通知》（财预〔2018〕28号）。

②收费公路专项债。

依据：《地方政府收费公路专项债券管理办法（试行）》（财预〔2017〕97号）。

③储备土地专项债。

依据：《财政部　国土资源部关于印发〈地方政府土地储备专项债券管

理办法（试行）〉的通知》（财预〔2017〕62号）。

（六）地方政府违规举债方式

（1）政府部门直接举债；

（2）财政出具承诺函，承诺将债务还款纳入财政预算；

（3）政府或政府部门违规担保；

（4）政府部门承诺回购股权、承诺收益；

（5）将公益性资产注入融资平台；

（6）人为调节政府性债务结构；

（7）明股实债等。

（七）规范的地方政府举债融资机制

按照《国务院关于加强地方政府性债务管理的意见》（国发〔2014〕43号）要求，规范的地方政府举债融资机制包括：

（1）赋予地方政府依法适度举债权限。经国务院批准，省、自治区、直辖市政府可以适度举借债务，市县级政府确需举借债务的由省、自治区、直辖市政府代为举借。明确划清政府与企业界限，政府债务只能通过政府及其部门举借，不得通过企事业单位等举借。

（2）建立规范的地方政府举债融资机制。地方政府举债采取政府债券方式。没有收益的公益性事业发展确需政府举借一般债务的，由地方政府发行一般债券融资，主要以一般公共预算收入偿还。有一定收益的公益性事业发展确需政府举借专项债务的，由地方政府通过发行专项债券融资，以对应的政府性基金或专项收入偿还。

（3）推广使用政府与社会资本合作模式。鼓励社会资本通过特许经营等方式，参与城市基础设施等有一定收益的公益性事业投资和运营。政府通过特许经营权、合理定价、财政补贴等事先公开的收益约定规则，使投资者有长期稳定收益。投资者按照市场化原则出资，按约定规则独资或与政府共同成立特别目的公司建设和运营合作项目。投资者或特别目的公司可以通过银行贷款、企业债、项目收益债券、资产证券化等市场化方式举债并承担偿债责任。政府对投资者或特别目的公司按约定规则依法承担特许经营权、合理定价、财政补贴等相关责任，不承担投资者或特别目的公司的偿债责任。

（4）加强政府或有债务监管。剥离融资平台公司政府融资职能，融资平台公司不得新增政府债务。地方政府新发生或有债务，要严格限定在依法担保的范围内，并根据担保合同依法承担相关责任。地方政府要加强对或有债务的统计分析和风险防控，做好相关监管工作。

（八）融资平台公司

《国务院关于加强地方政府融资平台公司管理有关问题的通知》（国发〔2010〕19号），是融资平台公司管理的纲领性文件，通知将地方政府融资平台公司定义为："指由地方政府及其部门和机构等通过财政拨款或注入土地、股权等资产设立，承担政府投资项目融资功能，并拥有独立法人资格的经济实体。"

八、综合类

（一）预算分类

《中华人民共和国预算法》规定，我国预算分为四大类，即一般公共预算、政府性基金预算、国有资本经营预算和社会保险基金预算。

（二）政府性基金预算

《中华人民共和国预算法》第九条规定："政府性基金预算是对依照法律、行政法规的规定在一定期限内向特定对象征收、收取或者以其他方式筹集的资金，专项用于特定公共事业发展的收支预算。政府性基金预算应当根据基金项目收入情况和实际支出需要，按基金项目编制，做到以收定支。"

（三）国有资本经营预算

《中华人民共和国预算法》第十条规定："国有资本经营预算是对国有资本收益作出支出安排的收支预算。国有资本经营预算应当按照收支平衡的原则编制，不列赤字，并安排资金调入一般公共预算。"

（四）"四大类"预算支出

"四大类"预算支出包括：一般公共预算支出按照经济性质分类，包括工资福利性支出、商品和服务支出、资本性支出和其他支出，国家发展改革委负责安排的中央预算内投资和自治区预算内投资均在一般公共预算中体现，属于资本性支出；政府性基金预算专项用于特定公共事业，有关部门的专项建设基金在政府性基金预算中体现；国有资本经营预算支出用于注入国有企业资本金，不指定具体用途；社会保险基金预算专项用于社会保险，没有资本性支出。

（五）"政府投资"项目

《政府投资条例》第二条规定："本条例所称政府投资，是指在中国境内使用预算安排的资金进行固定资产投资建设活动，包括新建、扩建、改建、技术改造等。"第六条规定："政府投资资金按项目安排，以直接投资方式为主；对确需支持的经营性项目，主要采取资本金注入方式，也可以适当采取投资补助、贷款贴息等方式。"第九条进一步规定："政府采取直接投资方式、资本金注入方式投资的项目（以下统称政府投资项目）……"

（六）地方政府债券

《地方政府债券发行管理办法》（财库〔2020〕43号）第二条规定："本办法所称地方政府债券，是指省、自治区、直辖市和经省级人民政府批准自办债券发行的计划单列市人民政府（以下称地方政府）发行的、约定一定期限内还本付息的政府债券。"

"地方政府债券包括一般债券和专项债券。一般债券是为没有收益的公益性项目发行，主要以一般公共预算收入作为还本付息资金来源的政府债券；专项债券是为有一定收益的公益性项目发行，以公益性项目对应的政府性基金收入或专项收入作为还本付息资金来源的政府债券。"

（七）TOD模式

TOD其实不是一个单词而是一个词组的缩写，它的英文全称为Transit-Oriented Development，即以公共交通为导向的城市发展模式。TOD模式是以轨道交通站点为中心，以400~800米（5~10分钟步行路程）为半径，进行高密度开发，打造集工作、商业、文化、教育、居住等为一体的混合功能区，实现生产生活生态高度和谐统一。TOD作为一种集合高效、开放、共享、激活等特性的城市发展新模式,可以实现资源有效利用、解决"城市病"、产城融合发展等。相比起单纯地体上盖,更具有宏观引导性。很显然,TOD意味着高质量、周到的城市规划和土地用地设计、设计建造形式等,最终实现从以汽车为中心的城市社区,转向以步行、自行车和公交系统为中心的城市。

(八) EOD 模式

EOD（Ecology-Oriented Development,生态设施导向发展模式）模式是以生态文明思想为引领,以可持续发展为目标,以生态保护和环境治理为基础,以特色产业运营为支撑,以区域综合开发为载体,采取产业链延伸、联合经营、组合开发等方式,推动公益性较强、收益性差的生态环境治理项目与收益较好的关联产业有效融合,统筹推进,一体化实施,将生态环境治理带来的经济价值内部化,是一种创新性的项目组织实施方式。

(九) EPC 模式

EPC（Engineering、Procurement、Construction）模式——设计、采购、施工总承包管理模式,是工程总承包管理的一种,项目业主将项目的设计、采购、施工等工作授予企业完成,其本质是工程项目管理模式,又叫交钥匙工程。在我国起源于采用世界银行贷款的罗平县鲁布革水电站。2003年,建设部颁布《关于培育发展工程总承包和工程项目管理企业的指导意见》（建市〔2003〕30号）,明确将EPC总承包模式作为一种主要的工程总承包模式予以政策推广。其目的是克服设计、采购、施工相互制约和相互脱节的矛盾,有利于设计、采购、施工各阶段工作的合理衔接,充分发挥项目设计在项目进度、成本和质量控制方面的引领作用,提升项目的管理效率。

(十) EPC 的适用范围

EPC模式下,由企业全部承担设计、采购和施工义务,但不承担融资和运营责任,项目建成后交钥匙给业主,业主支付建设成本和利润,由此可见,EPC的适用范围是有特定要求的。

一是项目的建造标准和使用功能明确,建设内容简单,造价易于控制,工程质量风险较小,否则就存在建设成本虚高和粗制滥造的风险。

二是 EPC 模式下，业主一般不介入项目实施过程的管理，对项目工序、造价、质量、安全的监督职能弱化，只适用于技术简单、隐蔽工程不多，且不涉及公共利益和公共安全的项目。

三是建设资金到位或有明确的资金来源，企业不需要承担融资责任。

根据 EPC 的特性，它作为项目管理模式，可以整合项目实施流程，提升管理效率。但如果当成一种合作建设模式，其性质与委托代建、BT 等别无二致，只是把设计和采购包括其中，更加剧了造价控制风险和质量风险而已。

（十一）城市总体规划

城市总体规划是指当地政府依据国民经济和社会发展规划以及当地的自然环境、资源条件、历史情况、现状特点，统筹兼顾、综合部署，为确定城市的规模和发展方向，协调城市空间布局等所做的一定期限内的综合部署和具体安排。城市总体规划是城市规划编制工作的第一阶段，也是城市建设和管理的依据。

（十二）控制性详细规划

控制性详细规划是指以城市总体规划或分区规划为依据，确定建设地区的土地使用性质和使用强度的控制指标、道路和工程管线控制性位置以及空间环境控制的规划要求。

（十三）项目审批制

《中共中央国务院关于深化投融资体制改革的意见》（中发〔2016〕18号）规定，"规范政府投资管理……改进和规范政府投资项目审批制，采用直接投资和资本金注入方式的项目……要在咨询机构评估、公众参与、专家评议、风险评估等科学论证基础上，严格审批项目建议书、可行性研究报告、初步设计……"

（十四）项目核准制

《国务院关于投资体制改革的决定》（国发〔2004〕20号）规定，对于企业不使用政府投资建设的项目，一律不再实行审批制。其中，政府仅对重大项目和限制类项目从维护社会公共利益角度进行核准。核准制项目由国家发展改革委定期颁布的《政府核准的投资项目目录》确定。

（十五）项目备案制

《国务院关于投资体制改革的决定》（国发〔2004〕20号）规定，健全备案制，对于《政府核准的投资项目目录》以外的企业投资项目，实行备案制，除国家另有规定外，由企业按照属地原则向地方政府投资主管部门备案。

（十六）政府投资基金

《政府投资基金暂行管理办法》（财预〔2015〕210号）第二条规定："本办法所称政府投资基金，是指由各级政府通过预算安排，以单独出资或与社会资本共同出资设立，采用股权投资等市场化方式，引导社会各类资本投资经济社会发展的重点领域和薄弱环节，支持相关产业和领域发展的资金。"第三条规定："本办法所称政府出资，是指财政部门通过一般公共预算、政府性基金预算、国有资本经营预算等安排的资金。"

第二章 片区开发相关法律、法规与政策文件摘编

一、总概：相关支持性文件

（一）《中共中央 国务院关于深化投融资体制改革的意见》（中发〔2016〕18号）

一、总体要求

……

——企业为主，政府引导。科学界定并严格控制政府投资范围，平等对待各类投资主体，确立企业投资主体地位，放宽放活社会投资，激发民间投资潜力和创新活力。充分发挥政府投资的引导作用和放大效应，完善政府和社会资本合作模式。

——放管结合，优化服务。将投资管理工作的立足点放到为企业投资活动做好服务上，在服务中实施管理，在管理中实现服务。更加注重事前政策引导、事中事后监管约束和过程服务，创新服务方式，简化服务流程，提高综合服务能力。

——创新机制，畅通渠道。打通投融资渠道，拓宽投资项目资金来源，充分挖掘社会资金潜力，让更多储蓄转化为有效投资，有效缓解投资项目融资难融资贵问题。

……

二、改善企业投资管理，充分激发社会投资动力和活力

（一）确立企业投资主体地位。坚持企业投资核准范围最小化，原则上由企业依法依规自主决策投资行为。……

（二）建立投资项目"三个清单"管理制度。及时修订并公布政府核准的投资项目目录，实行企业投资项目管理负面清单制度，除目录范围内的项目外，一律实行备案制，由企业按照有关规定向备案机关备案。……

……

（四）规范企业投资行为。各类企业要严格遵守城乡规划、土地管理、环境保护、安全生产等方面的法律法规，认真执行相关政策和标准规定，依法落实项目法人责任制、招标投标制、工程监理制和合同管理制，切实加强信用体系建设，自觉规范投资行为。……

三、完善政府投资体制，发挥好政府投资的引导和带动作用

（五）进一步明确政府投资范围。政府投资资金只投向市场不能有效配置资源的社会公益服务、公共基础设施、农业农村、生态环境保护和修复、重大科技进步、社会管理、国家安全等公共领域的项目，以非经营性项目为主，原则上不支持经营性项目。……

（六）优化政府投资安排方式。政府投资资金按项目安排，以直接投资方式为主。对确需支持的经营性项目，主要采取资本金注入方式投入，也可适当采取投资补助、贷款贴息等方式进行引导。……

（七）规范政府投资管理。……改进和规范政府投资项目审批制，采用直接投资和资本金注入方式的项目，……要在咨询机构评估、公众参与、专家评议、风险评估等科学论证基础上，严格审批项目建议书、可行性研究报告、初步设计。……

（二）《国务院关于改革铁路投融资体制加快推进铁路建设的意见》（国发〔2013〕33号）

四、加大力度盘活铁路用地资源，鼓励土地综合开发利用。支持铁路车站及线路用地综合开发。……参照《国务院关于城市优先发展公共交通的指导意见》（国发〔2012〕64号），按照土地利用总体规划和城市规划统筹安排铁路车站及线路周边用地，适度提高开发建设强度。创新节地技术，鼓励

对现有铁路建设用地的地上、地下空间进行综合开发。符合划拨用地目录的建设用地使用权可继续划拨；开发利用授权经营土地需要改变土地用途或向中国铁路总公司以外的单位、个人转让的，应当依法办理出让手续。地方政府要支持铁路企业进行车站及线路用地一体规划，按照市场化、集约化原则实施综合开发，以开发收益支持铁路发展。

（三）《国务院关于创新重点领域投融资机制鼓励社会投资的指导意见》（国发〔2014〕60号）

（十五）……鼓励按照"多式衔接、立体开发、功能融合、节约集约"的原则，对城市轨道交通站点周边、车辆段上盖进行土地综合开发，吸引社会资本参与城市轨道交通建设。

（四）《国务院关于推进国有资本投资、运营公司改革试点的实施意见》（国发〔2018〕23号）

（二）试点目标。通过改组组建国有资本投资、运营公司，构建国有资本投资、运营主体，改革国有资本授权经营体制，完善国有资产管理体制，实现国有资本所有权与企业经营权分离，实行国有资本市场化运作。发挥国有资本投资、运营公司平台作用，促进国有资本合理流动，优化国有资本投向，向重点行业、关键领域和优势企业集中，推动国有经济布局优化和结构调整……

（五）《国务院关于加快推进全国一体化在线政务服务平台建设的指导意见》（国发〔2018〕27号）

（二）优化政务服务流程。……整合优化企业开办、投资项目审批、工程建设项目审批、不动产登记等涉及多个部门、地区的事项办理流程，逐步做到一张清单告知、一张表单申报、一个标准受理、一个平台流转。积极推进多证合一、多图联审、多规合一、告知承诺、容缺受理、联审联办。通过流程优化、系统整合、数据共享、业务协同，实现审批更简、监管更强、服务更优，更多政务服务事项实现"一窗受理、一次办成"，为推动尽快实现企业开办时间再减一半、项目审批时间再砍一半、凡是没有法律法规依据的证明一律取消等改革目标提供有力支撑。

（六）《国务院关于印发改革国有资本授权经营体制方案的通知》（国发〔2019〕9号）

（二）基本原则

......

——坚持政企分开政资分开。坚持政府公共管理职能与国有资本出资人职能分开，依法理顺政府与国有企业的出资关系，依法确立国有企业的市场主体地位，最大限度减少政府对市场活动的直接干预。

——坚持权责明晰分类授权。政府授权出资人代表机构按照出资比例对国家出资企业履行出资人职责，科学界定出资人代表机构权责边界。国有企业享有完整的法人财产权和充分的经营自主权，承担国有资产保值增值责任。按照功能定位、治理能力、管理水平等企业发展实际情况，一企一策地对国有企业分类授权，做到权责对等、动态调整。

（七）《国务院关于推进国家级经济技术开发区创新提升打造改革开放新高地的意见》（国发〔2019〕11号）

三、赋予更大改革自主权

......

（八）优化开发建设主体和运营主体管理机制。支持地方人民政府对有条件的国家级经开区开发建设主体进行资产重组、股权结构调整优化……

......

六、加强要素保障和资源集约利用

（二十一）强化集约用地导向。……积极落实产业用地政策，支持国家级经开区内企业利用现有存量土地发展医疗、教育、科研等项目。……鼓励地方人民政府通过创新产业用地分类、鼓励土地混合使用、提高产业用地土地利用效率……

（八）《中共中央办公厅　国务院办公厅印发〈关于调整完善土地出让收入使用范围优先支持乡村振兴的意见〉》

一、总体要求

......

（三）总体目标。从"十四五"第一年开始，各省（自治区、直辖市）分年度稳步提高土地出让收入用于农业农村比例；到"十四五"期末，以省（自治区、直辖市）为单位核算，土地出让收益用于农业农村比例达到50%以上。

二、重点举措

（一）提高土地出让收入用于农业农村比例。以省（自治区、直辖市）为单位确定计提方式。各省（自治区、直辖市）可结合本地实际，从以下两种方式中选择一种组织实施：一是按照当年土地出让收益用于农业农村的资金占比逐步达到50%以上计提，若计提数小于土地出让收入8%的，则按不低于土地出让收入8%计提；二是按照当年土地出让收入用于农业农村的资金占比逐步达到10%以上计提。严禁以已有明确用途的土地出让收入作为偿债资金来源发行地方政府专项债券。……

（二）做好与相关政策衔接。从土地出让收益中计提的农业土地开发资金、农田水利建设资金、教育资金等，以及市、县政府缴纳的新增建设用地土地有偿使用费中，实际用于农业农村的部分，计入土地出让收入用于农业农村的支出。允许省级政府按照现行政策继续统筹土地出让收入用于支持"十三五"易地扶贫搬迁融资资金偿还。允许将已收储土地的出让收入，继续通过计提国有土地收益基金用于偿还因收储土地形成的地方政府债务，并作为土地出让成本性支出计算核定。……

（九）《国务院办公厅关于支持铁路建设实施土地综合开发的意见》（国办发〔2014〕37号）

（一）支持铁路建设与新型城镇化相结合。……通过市场方式供应土地，一体设计、统一联建方式开发利用土地……

……

（十一）采用市场化方式供应综合开发用地。……新建铁路项目未确定投资主体的，可在项目招标时，将土地综合开发权一并招标，新建铁路项目中标人同时取得土地综合开发权，相应用地可按开发分期约定一次或分期提供，供地价格按出让时的市场价确定。新建铁路项目已确定投资主体但未确定土地综合开发权的，综合开发用地采用招标拍卖挂牌方式供应，并将统一联建的铁路站场、线路工程及相关规划条件、铁路建设要求作为取得土地的前提条件。……

（十）《国务院办公厅关于促进开发区改革和创新发展的若干意见》（国办发〔2017〕7号）

（十五）推进开发区建设和运营模式创新。引导社会资本参与开发区建设，探索多元化的开发区运营模式。支持以各种所有制企业为主体，按照国家有关规定投资建设、运营开发区，或者托管现有的开发区，享受开发区相关政策。鼓励以政府和社会资本合作（PPP）模式进行开发区公共服务、基础设施类项目建设，鼓励社会资本在现有的开发区中投资建设、运营特色产业园，积极探索合作办园区的发展模式。……

（十一）《国务院办公厅关于进一步加强城市轨道交通规划建设管理的意见》（国办发〔2018〕52号）

（八）强化项目建设和运营资金保障。……鼓励开展多元化经营，加大站场综合开发力度。……

（十二）《国务院办公厅关于保持基础设施领域补短板力度的指导意见》（国办发〔2018〕101号）

一、总体要求

……

（二）基本原则。

……

——防范风险。坚持尽力而为、量力而行，根据地方财政承受能力和地方政府投资能力，严格项目建设条件审核，合理安排工程项目建设，坚决避免盲目投资、重复建设。规范地方政府举债融资，管控好新增项目融资的金融"闸门"，牢牢守住不发生系统性风险的底线。

……

三、配套政策措施

……

（六）合理保障融资平台公司正常融资需求。金融机构要在采取必要风险缓释措施的基础上，按照市场化原则保障融资平台公司合理融资需求，不得盲目抽贷、压贷或停贷，防范存量隐性债务资金链断裂风险。在严格依法解除违法违规担保关系的基础上，对必要的在建项目，允许融资平台公司在不扩大建设规模和防范风险的前提下与金融机构协商继续融资，避免出现工程烂尾。……支持转型中的融资平台公司和转型后市场化运作的国有企业，依法合规承接政府公益性项目，实行市场化经营、自负盈亏，地方政府以出资额为限承担责任。

……

（八）规范有序推进政府和社会资本合作（PPP）项目。鼓励地方依法合规采用政府和社会资本合作（PPP）等方式，撬动社会资本特别是民间投资投入补短板重大项目。对经核查符合规定的政府和社会资本合作（PPP）项目加大推进力度，严格兑现合法合规的政策承诺，尽快落实建设条件。积极推动符合条件的政府和社会资本合作（PPP）项目发行债券、规范开展资产证券化。加强政府和社会资本合作（PPP）项目可行性论证，合理确定项目主要内容和投资规模。规范政府和社会资本合作（PPP）操作，构建合理、清晰的权责利关系，发挥社会资本管理、运营优势，提高项目实施效率。……

（九）深化投资领域"放管服"改革。依托全国投资项目在线审批监管平台，对各类投资审批事项实行"一码运转、一口受理、一网通办"，发挥在线平台电子监察、实时监控功能，切实压减审批时间。加大在线平台应用力度，推动投资管理向服务引导转型，优化投资环境。……

（十三）《国务院办公厅关于全面推进城镇老旧小区改造工作的指导意见》（国办发〔2020〕23号）

一、总体要求

……

（三）工作目标。2020年新开工改造城镇老旧小区3.9万个，涉及居民近700万户；到2022年，基本形成城镇老旧小区改造制度框架、政策体系和工作机制；到"十四五"期末，结合各地实际，力争基本完成2000年底前建成的需改造城镇老旧小区改造任务。

二、明确改造任务

（一）明确改造对象范围。城镇老旧小区是指城市或县城（城关镇）建成年代较早、失养失修失管、市政配套设施不完善、社区服务设施不健全、居民改造意愿强烈的住宅小区（含单栋住宅楼）。各地要结合实际，合理界定本地区改造对象范围，重点改造2000年底前建成的老旧小区。

（二）合理确定改造内容。城镇老旧小区改造内容可分为基础类、完善类、提升类3类。

1. 基础类。为满足居民安全需要和基本生活需求的内容，主要是市政配套基础设施改造提升以及小区内建筑物屋面、外墙、楼梯等公共部位维修等。其中，改造提升市政配套基础设施包括改造提升小区内部及与小区联系的供水、排水、供电、弱电、道路、供气、供热、消防、安防、生活垃圾分类、移动通讯等基础设施，以及光纤入户、架空线规整（入地）等。

2. 完善类。为满足居民生活便利需要和改善型生活需求的内容，主要是环境及配套设施改造建设、小区内建筑节能改造、有条件的楼栋加装电梯等。其中，改造建设环境及配套设施包括拆除违法建设，整治小区及周边绿化、照明等环境，改造或建设小区及周边适老设施、无障碍设施、停车库（场）、电动自行车及汽车充电设施、智能快件箱、智能信包箱、文化休闲设施、体育健身设施、物业用房等配套设施。

3. 提升类。为丰富社区服务供给、提升居民生活品质、立足小区及周边实际条件积极推进的内容，主要是公共服务设施配套建设及其智慧化改造，包括改造或建设小区及周边的社区综合服务设施、卫生服务站等公共卫生设施、幼儿园等教育设施、周界防护等智能感知设施，以及养老、托育、助餐、家政保洁、便民市场、便利店、邮政快递末端综合服务站等社区专项服务设施。

（十四）《国务院办公厅转发国家发展改革委关于促进特色小镇规范健康发展意见的通知》（国办发〔2020〕33号）

（二）基本原则。

……

——市场主导、政府引导。厘清政府与市场的关系,引导市场主体扩大有效投资,创新投资运营管理方式,更好发挥政府公共设施配套和政策引导等作用,防止政府大包大揽。

……

二、主要任务

……

(六)突出企业主体地位。推进特色小镇市场化运作,以企业投入为主、以政府有效精准投资为辅,依法合规建立多元主体参与的特色小镇投资运营模式。……

……

(九)开展改革探索试验。……开展供地用地方式改革,鼓励建设用地多功能复合利用,盘活存量建设用地和低效土地,稳妥探索农村集体经营性建设用地直接入市交易。探索投融资机制改革,谋划与新型城镇化建设项目相匹配、财务可持续的投融资模式。

(十五)《财政部关于印发〈政府投资基金暂行管理办法〉的通知》(财预〔2015〕210号)

第七条 各级财政部门一般应在以下领域设立投资基金:

……

(四)支持基础设施和公共服务领域。为改革公共服务供给机制,创新公共设施投融资模式,鼓励和引导社会资本进入基础设施和公共服务领域,加快推进重大基础设施建设,提高公共服务质量和水平。

(十六)《财政部关于国有资本加大对公益性行业投入的指导意见》(财建〔2017〕743号)

(二)基本原则

……

综合施策。综合采取安排财政资金、划拨政府资产、国有资本投资运营公司资本配置、政府投资基金、政府和社会资本合作等方式,加大对公益性行业投入。

......

二、国有资本加大对公益性行业投入的主要形式

......

（四）按照预算管理、财政事权和支出责任划分等有关规定，中央财政与地方财政通过安排预算资金、划拨政府资产等，支持包括国有企业在内的各类主体更好地在公益性行业发挥作用。

（五）发挥国有资本投资运营公司资本配置功能，坚持市场化运作，探索有效的运营模式，通过开展投资融资、产业培育、资本整合，推动产业聚集和转型升级，优化国有资本布局结构。

......

（八）推广政府和社会资本合作，在财政、价格、土地、金融等方面加大支持力度。通过资本市场和开发性、政策性金融等多元融资渠道，吸引国有企业等社会资本参与公共产品和公共服务项目的投资、运营和管理，充分发挥市场机制作用，提高公共产品和公共服务供给管理与效率。

......

三、保障措施

......

（十二）规范地方政府注资行为。地方政府向包括国有企业在内的各类主体注资后不得以任何形式要求其替政府融资，不得新增各类隐性债务，地方政府不得将公益性资产、储备土地等注入国有企业等各类主体。

（十七）国家发展改革委、科技部等《关于促进具备条件的开发区向城市综合功能区转型的指导意见》（发改规划〔2015〕2832号）

（十八）积极引入社会资本。采取特许经营、公建民营、民办公助等方式，鼓励社会资本参与开发区公共产品和公共服务提供。优先在基础设施、资源环境、公共服务等领域推广政府和社会资本合作模式。探索开发区将基础设施、公益性基础建设项目及产业招商等服务项目整体外包。鼓励社会资本参与开发区融资平台公司存量公共服务项目改造运营。逐步扩大教育、医疗、养老、体育、文化等服务购买范围。

（十八）《发展改革委 财政部 国土资源部 银监会 铁路局关于进一步鼓励和扩大社会资本投资建设铁路的实施意见》（发改基础〔2015〕1610号）

（四）推广政府和社会资本合作（PPP）模式，运用特许经营、股权合作等方式，通过运输收益、相关开发收益等方式获取合理收益。

……

（十八）推动实施土地综合开发。社会资本投资铁路享受国家有关支持铁路建设实施土地综合开发的政策，通过开发铁路用地及站场毗邻区域土地、物业、商业、广告等资源提高收益。支持盘活既有铁路用地，在符合土地利用总体规划的前提下，鼓励新建项目按照一体规划、联动供应、立体开发、统筹建设的原则实施土地综合开发。各地要统筹做好铁路站场及毗邻地区相关规划，及时办理用地、规划许可等手续。

（十九）……在保障被征地拆迁群众合法权益的基础上，允许地方政府以国有土地入股参与铁路项目建设。社会资本投资的铁路项目用地，在用地政策上与政府投资的铁路项目实行同等政策。

……

（二十一）……鼓励金融机构为社会资本投资铁路项目创新担保方式，支持利用采矿权、特许经营权等进行担保贷款，积极探索利用铁路运输、土地综合开发等预期收益进行质押贷款。……

（十九）《国家发展改革委关于实施2018年推进新型城镇化建设重点任务的通知》（发改规划〔2018〕406号）

（十八）健全城镇化投融资机制。引导地方政府在新型城镇化建设中量力而行，防范化解隐性债务风险。强化财政资金和政府投资引导，提高资金使用效率。分类稳步推进地方融资平台公司市场化转型，剥离政府融资职能，支持转型中的融资平台公司及转型后的公益类国企依法合规承接政府公益类项目。推动地方国企提高收益上缴比例，用于新型城镇化建设。规范开发性、政策性、商业性金融和保险资金投入机制，审慎合规经营，加强风险评估，鼓励金融机构加强与城镇化项目规划和运营机构的合作。推动设立国家新型城镇化建设基金。……

（二十）《国家发展改革委关于培育发展现代化都市圈的指导意见》（发改规划〔2019〕328号）

（二十六）……鼓励社会资本参与都市圈建设与运营。允许都市圈内城乡建设用地增减挂钩节余指标跨地区调剂。……

（二十一）国家发展改革委、科技部、工业和信息化部、财政部《关于扩大战略性新兴产业投资 培育壮大新增长点增长极的指导意见》（发改高技〔2020〕1409号）

（七）……探索开展环境综合治理托管、生态环境导向的开发（EOD）模式等环境治理模式创新，提升环境治理服务水平，推动环保产业持续发展。……

（二十二）《生态环境部关于生态环境领域进一步深化"放管服"改革，推动经济高质量发展的指导意见》（环规财〔2018〕86号）

（十三）推进环境治理模式创新，提升环保产业发展效果。探索开展生态环境导向的城市开发（EOD）模式，推进生态环境治理与生态旅游、城镇开发等产业融合发展，在不同领域打造标杆示范项目。在生态文明建设示范区创建山水林田湖草生态保护修复工程试点中，对生态环境治理模式与机制创新的地区予以支持。推进与以生态环境质量改善为核心相适应的工程项目实施模式，强化建设与运营统筹，开展按效付费的生态环境绩效合同服务，提升整体生态环境改善绩效。……

（二十三）《文化和旅游部 财政部关于在文化领域推广政府和社会资本合作模式的指导意见》（文旅产业发〔2018〕96号）

三、规范项目实施

……

（三）优化回报机制。各级文化、财政部门要指导项目实施机构结合PPP模式特点，创新运营方式，根据项目特点确定项目回报机制。可依法依规为文化PPP项目配置经营性资源，为稳定投资回报、吸引社会投资创造条件。

鼓励通过盘活存量资产、挖掘文化价值、开发性资源补偿等方式提高项目的可经营性。

（二十四）《生态环境部全国工商联关于支持服务民营企业绿色发展的意见》（环综合〔2019〕6号）

（十一）大力发展环保产业

……探索生态环境导向的城市开发（EOD）模式和工业园区、小城镇环境综合治理托管服务模式。……

（二十五）《生态环境部办公厅　发展改革委办公厅　国家开发银行办公厅关于推荐生态环境导向的开发模式试点项目的通知》（环办科财函〔2020〕489号）

（一）试点目标

……探索将生态环境治理项目与资源、产业开发项目有效融合，解决生态环境治理缺乏资金来源渠道、总体投入不足、环境效益难以转化为经济收益等瓶颈问题，推动实现生态环境资源化、产业经济绿色化……

（二）试点内容

EOD模式是以生态文明思想为引领，以可持续发展为目标，以生态保护和环境治理为基础，以特色产业运营为支撑，以区域综合开发为载体，采取产业链延伸、联合经营、组合开发等方式，推动公益性较强、收益性差的生态环境治理项目与收益较好的关联产业有效融合，统筹推进，一体化实施，将生态环境治理带来的经济价值内部化，是一种创新性的项目组织实施方式。

试点内容包括：

……

3. 实施路径创新。充分发挥市场配置资源的决定性作用，着力打造良好的营商环境，激发市场主体活力。打破行业、企业、所有制界限，积极引入综合实力强、专业化水平高的市场主体参与试点工作。充分调动市场主体的能动性，鼓励拓展产业链，提高开发效率，保障生态环境持续改善。

4. 投融资模式创新。探索政府债券、政府投资基金、政府与社会资本合作（PPP）、组建投资运营公司、开发性金融、环保贷等多种投融资模式推进试点项目实施，推动建立多元化生态环境治理投融资机制。

二、项目建设用地

（一）《中华人民共和国土地管理法》

第四十五条　为了公共利益的需要，有下列情形之一，确需征收农民集体所有的土地的，可以依法实施征收：

……

（五）在土地利用总体规划确定的城镇建设用地范围内，经省级以上人民政府批准由县级以上地方人民政府组织实施的成片开发建设需要用地的；

……

前款规定的建设活动，应当符合国民经济和社会发展规划、土地利用总体规划、城乡规划和专项规划；第（四）项、第（五）项规定的建设活动，还应当纳入国民经济和社会发展年度计划；第（五）项规定的成片开发并应当符合国务院自然资源主管部门规定的标准。

（二）《闲置土地处置办法》（中华人民共和国国土资源部令第53号）

第二十一条　市、县国土资源主管部门供应土地应当符合下列要求，防止因政府、政府有关部门的行为造成土地闲置：

（一）土地权利清晰；（二）安置补偿落实到位；（三）没有法律经济纠纷；（四）地块位置、使用性质、容积率等规划条件明确；（五）具备动工开发所必需的其他基本条件。

（三）《中共中央　国务院关于建立国土空间规划体系并监督实施的若干意见》（自然资源部于2019年5月23日发布）

国土空间规划是国家空间发展的指南、可持续发展的空间蓝图，是各类开发保护建设活动的基本依据。建立国家空间规划体系并监督实施，将主体功能区规划、土地利用规划、城乡规划等空间规划融合为统一的国土空间规划，实现"多规合一"……

（四）《中共中央办公厅 国务院办公厅印发〈关于调整完善土地出让收入使用范围优先支持乡村振兴的意见〉》（2020年9月23日）

一、总体要求

……

（三）总体目标。从"十四五"第一年开始，各省（自治区、直辖市）分年度稳步提高土地出让收入用于农业农村比例；到"十四五"期末，以省（自治区、直辖市）为单位核算，土地出让收益用于农业农村比例达到50%以上。

二、重点举措

（一）提高土地出让收入用于农业农村比例。……严禁以已有明确用途的土地出让收入作为偿债资金来源发行地方政府专项债券。……

（二）做好与相关政策衔接。……允许省级政府按照现行政策继续统筹土地出让收入用于支持"十三五"易地扶贫搬迁融资资金偿还。允许将已收储土地的出让收入，继续通过计提国有土地收益基金用于偿还因收储土地形成的地方政府债务，并作为土地出让成本性支出计算核定。……

（五）加强对土地出让收入用于农业农村资金的核算。……规范土地出让收入管理，严禁变相减免土地出让收入，确保土地出让收入及时足额缴入国库。严格核定土地出让成本性支出，不得将与土地前期开发无关的基础设施和公益性项目建设成本纳入成本核算范围，虚增土地出让成本，缩减土地出让收益。

（五）《国务院办公厅关于支持铁路建设实施土地综合开发的意见》（国办发〔2014〕37号）

（十一）采用市场化方式供应综合开发用地。……新建铁路项目未确定投资主体的，可在项目招标时，将土地综合开发权一并招标，新建铁路项目中标人同时取得土地综合开发权……新建铁路项目已确定投资主体但未确定土地综合开发权的，综合开发用地采用招标拍卖挂牌方式供应，并将统一联建的铁路站场、线路工程及相关规划条件、铁路建设要求作为取得土地的前提条件。……

（六）《国务院办公厅转发财政部发展改革委人民银行关于在公共服务领域推广政府和社会资本合作模式指导意见的通知》（国办发〔2015〕42号）

（二十）多种方式保障项目用地。实行多样化土地供应，保障项目建设用地。对符合划拨用地目录的项目，可按划拨方式供地，划拨土地不得改变土地用途。建成的项目经依法批准可以抵押，土地使用权性质不变，待合同经营期满后，连同公共设施一并移交政府；实现抵押权后改变项目性质应该以有偿方式取得土地使用权的，应依法办理土地有偿使用手续。不符合划拨用地目录的项目，以租赁方式取得土地使用权的，租金收入参照土地出让收入纳入政府性基金预算管理。以作价出资或者入股方式取得土地使用权的，应当以市、县人民政府作为出资人，制订作价出资或者入股方案，经市、县人民政府批准后实施。

（七）《关于联合公布第三批政府和社会资本合作示范项目 加快推动示范项目建设的通知》（财金〔2016〕91号）

五、PPP项目用地应当符合土地利用总体规划和年度计划，依法办理建设用地审批手续。在实施建设用地供应时，不得直接以PPP项目为单位打包或成片供应土地，应当依据区域控制性详细规划确定的各宗地范围、用途和规划建设条件，分别确定各宗地的供应方式：

（一）符合《划拨用地目录》的，可以划拨方式供应；

（二）不符合《划拨用地目录》的，除公共租赁住房和政府投资建设不以营利为目的、具有公益性质的农产品批发市场用地可以作价出资方式供应外，其余土地均应以出让或租赁方式供应，及时足额收取土地有偿使用收入；

（三）依法需要以招标拍卖挂牌方式供应土地使用权的宗地或地块，在市、县国土资源主管部门编制供地方案、签订宗地出让（出租）合同、开展用地供后监管的前提下，可将通过竞争方式确定项目投资方和用地者的环节合并实施。

PPP项目主体或其他社会资本，除通过规范的土地市场取得合法土地权益外，不得违规取得未供应的土地使用权或变相取得土地收益，不得作为项目主体参与土地收储和前期开发等工作，不得借未供应的土地进行融资；PPP项目的资金来源与未来收益及清偿责任，不得与土地出让收入挂钩。

（八）《国家发展改革委办公厅关于开展产城融合示范区建设有关工作的通知》（发改办地区〔2015〕1710号）

产城融合示范区是指依托现有产业园区，在促进产业集聚、加快产业发展的同时，顺应发展规律，因势利导，按照产城融合发展的理念，加快产业园区从单一的生产型园区经济向综合型城市经济转型，为新型城镇化探索路径，发挥先行先试和示范带动作用，经过努力，该区域能够发展成为产业发展基础较好、城市服务功能完善、边界相对明晰的城市综合功能区。

……

（一）指导思想。……走以产兴城、以城带产、产城融合、城乡一体的发展道路，加快产业园区从单一的生产型园区经济向综合型城市经济转型，促进产城融合发展，提高资源利用效率，改善生态环境质量，保障和改善民生，为新型工业化和新型城镇化探索路径、提供示范，努力构建经济发展、社会和谐、人民幸福的良好格局，促进区域协同协调发展。

……

（二）基本原则。

1. 规划引领、有序发展。……
2. 市场调节、政府引导。……
3. 因地制宜、分类指导。……
4. 四化同步、以人为本。……
5. 集约高效、绿色低碳。……
6. 改革创新、先行先试。……

……

二、主要任务

（一）优化空间发展布局，推进产城融合发展。……统筹规划包括产业集聚区、人口集聚区、综合服务区、生态保护区等在内的功能分区，统筹推进城乡基础设施建设和公共服务设施建设，提升城市综合服务功能，实现产业发展、城市建设和人口集聚相互促进、融合发展。

（二）促进产业集聚发展，构建现代产业体系。……以新产业、新业态为导向，大力发展新一代信息技术、生物、高端装备制造、高端服务、现代物流等战略性新兴产业和高技术产业，不断优化产业结构。……

（三）加强基础设施建设，提升公共服务水平。进一步完善基础设施，促进示范区内各类基础设施互联互通，加快推进对外联系的跨区域重大基础设施建设。加强城乡基础设施连接，推动水电路气等基础设施城乡联网、共建共享。合理布局教育、医疗、文化、旅游、体育等公共服务设施，配套建设住居、商业、娱乐、休闲等设施，提升宜居宜业水平。

（四）注重生态环境保护建设，促进绿色低碳循环发展。……统筹新增建设用地和存量挖潜，加强对用地开发强度、土地投资强度等用地指标的整体控制。……

（五）完善城镇化体制机制，推进城乡发展一体化。按照政府主导、社会参与、市场运作的原则，进一步完善城乡建设投融资体制。……

（九）《自然资源部办公厅关于印发〈产业用地政策实施工作指引（2019年版）〉的通知》（自然资办发〔2019〕31号）

第十六条（以长期租赁、先租后让、租让结合、弹性年期方式供应国有建设用地使用权）

……

依法必须以招标拍卖挂牌方式出让国有建设用地使用权的土地实行先租后让、租让结合的，招标拍卖挂牌程序可在租赁供应时实施，在承租方使用租赁土地达到合同约定条件后需办理出让手续时，可采取协议方式出让。

……

第二十五条（土地供应前置条件）依据国土资规〔2015〕5号文件的规定，对政策允许将产业类型、生产技术、产业标准、产品品质要求作为土地供应前置条件的，设置供应前置条件时，市、县自然资源主管部门应当商请提出供应前置条件的部门，书面明确设置土地供应前置条件的理由或必要性、适用要求、具体内容表述及条件履约监管主体、监管措施、违约处理方式等。市、县自然资源主管部门认为相关前置条件不影响公平、公正竞争的，可以予以设置。……

（十）《自然资源部关于印发〈土地征收成片开发标准（试行）〉的通知》（自然资规〔2020〕5号）

一、本标准所称成片开发，是指在国土空间规划确定的城镇开发边界内的集中建设区，由县级以上地方人民政府组织的对一定范围的土地进行的综合性开发建设活动。

……

三、……土地征收成片开发方案应当包括下列内容：

（一）成片开发的位置、面积、范围和基础设施条件等基本情况；

（二）成片开发的必要性、主要用途和实现的功能；

（三）成片开发拟安排的建设项目、开发时序和年度实施计划；

（四）依据国土空间规划确定的一个完整的土地征收成片开发范围内基础设施、公共服务设施以及其他公益性用地比例；

（五）成片开发的土地利用效益以及经济、社会、生态效益评估。

……

县级以上地方人民政府编制土地征收成片开发方案时，应当充分听取人大代表、政协委员、社会公众和有关专家学者的意见。

四、土地征收成片开发方案应当充分征求成片开发范围内农村集体经济组织和农民的意见，并经集体经济组织成员的村民会议三分之二以上成员或者三分之二以上村民代表同意。……

五、省级人民政府应当组织人大代表、政协委员和土地、规划、经济、法律、产业等方面的专家组成专家委员会，对土地征收成片开发方案的科学性、必要性进行论证。论证结论应当作为批准土地征收成片开发方案的重要依据。

三、政府债务风险防范

(一)《中华人民共和国预算法》

第四条　预算由预算收入和预算支出组成。

政府的全部收入和支出都应当纳入预算。

第九十四条　各级政府、各部门、各单位违反本法规定举借债务或者为他人债务提供担保，或者挪用重点支出资金，或者在预算之外及超预算标准建设楼堂馆所的，责令改正，对负有直接责任的主管人员和其他直接责任人员给予撤职、开除的处分。

(二)《中华人民共和国政府采购法》

第六条　政府采购应当严格按照批准的预算执行。

(三)《政府投资条例》

第五条　……国家加强对政府投资资金的预算约束。政府及其有关部门不得违法违规举借债务筹措政府投资资金。

第六条　政府投资资金按项目安排，以直接投资方式为主；对确需支持的经营性项目，主要采取资本金注入方式，也可以适当采取投资补助、贷款贴息等方式。

第三十三条　有下列情形之一的，依照有关预算的法律、行政法规和国家有关规定追究法律责任：

(一) 政府及其有关部门违法违规举借债务筹措政府投资资金；……

第三十四条　项目单位有下列情形之一的，责令改正，根据具体情况，暂停、停止拨付资金或者收回已拨付的资金，暂停或者停止建设活动，对负有责任的领导人员和直接责任人员依法给予处分：

……

(五) 要求施工单位对政府投资项目垫资建设。

(四)《国务院关于加强地方政府性债务管理的意见》(国发〔2014〕43号)

一、总体要求

……

（二）基本原则。

……

分清责任。明确政府和企业的责任，政府债务不得通过企业举借，企业债务不得推给政府偿还，切实做到谁借谁还、风险自担。政府与社会资本合作的，按约定规则依法承担相关责任。

……

二、加快建立规范的地方政府举债融资机制

……

（二）建立规范的地方政府举债融资机制。地方政府举债采取政府债券方式。没有收益的公益性事业发展确需政府举借一般债务的，由地方政府发行一般债券融资，主要以一般公共预算收入偿还。有一定收益的公益性事业发展确需政府举借专项债务的，由地方政府通过发行专项债券融资，以对应的政府性基金或专项收入偿还。

（三）推广使用政府与社会资本合作模式。鼓励社会资本通过特许经营等方式，参与城市基础设施等有一定收益的公益性事业投资和运营。政府通过特许经营权、合理定价、财政补贴等事先公开的收益约定规则，使投资者有长期稳定收益。投资者按照市场化原则出资，按约定规则独自或与政府共同成立特别目的公司建设和运营合作项目。投资者或特别目的公司可以通过银行贷款、企业债、项目收益债券、资产证券化等市场化方式举债并承担偿债责任。政府对投资者或特别目的公司按约定规则依法承担特许经营权、合理定价、财政补贴等相关责任，不承担投资者或特别目的公司的偿债责任。

（四）加强政府或有债务监管。剥离融资平台公司政府融资职能，融资平台公司不得新增政府债务。……

……

四、控制和化解地方政府性债务风险

……

（三）严肃财经纪律。建立对违法违规融资和违规使用政府性债务资金的惩罚机制，加大对地方政府性债务管理的监督检查力度。地方政府及其所属部门不得在预算之外违法违规举借债务，不得以支持公益性事业发展名义举借债务用于经常性支出或楼堂馆所建设,不得挪用债务资金或改变既定资金用途;对企业的注资、财政补贴等行为必须依法合规,不得违法为任何单位和个人的债务以任何方式提供担保;不得违规干预金融机构等正常经营活动,不得强制金融机构等提供政府性融资。地方政府要进一步规范土地出让管理,坚决制止违法违规出让土地及融资行为。

五、完善配套制度

……

（三）强化债权人约束。金融机构等不得违法违规向地方政府提供融资,不得要求地方政府违法违规提供担保。……金融机构等违法违规提供政府性融资的,应自行承担相应损失,并按照商业银行法、银行业监督管理法等法律法规追究相关机构和人员的责任。

（五）《国务院办公厅关于深化农村公路管理养护体制改革的意见》（国办发〔2019〕45号）

（六）强化养护资金使用监督管理。……地方各级财政和交通运输主管部门要加强农村公路养护资金使用监管,严禁农村公路建设采用施工方带资的建设–移交（BT）模式,严禁地方以"建养一体化"名义新增隐性债务……

（六）《财政部关于对地方政府债务实行限额管理的实施意见》（财预〔2015〕225号）

二、建立健全地方政府债务风险防控机制

……

（三）健全地方政府债务监督和考核问责机制。地方各级政府要主动接受本级人大和社会监督,定期向社会公开政府债务限额、举借、使用、偿还等情况。地方政府举债要遵循市场化原则,强化市场约束。审计部门要依法加强债务审计监督,财政部门要加大对地方政府违规举债及债务风险的监控力度。要将政府债务管理作为硬指标纳入政绩考核,强化对地方政府领导干部的考核。地方政府主要负责人要作为第一责任人,切实抓好本级政府债务风险防控等各项工作。对地方政府防范化解政府债务风险不力的,要进行约谈、通报,必要时可以责令其减少或暂停举借新债。对地方政府违法举债或担保的，责令改正，并按照预算法规定追究相关人员责任。

三、妥善处理存量债务

……

（二）依法妥善处置或有债务。……对违法违规担保的或有债务，由政府、债务人与债权人共同协商，重新修订合同，明确责任，依法解除担保关系。地方政府通过政府和社会资本合作等方式减少政府债务余额腾出的限额空间，要优先用于解决上述或有债务代偿或转化问题。

（七）《财政部关于印发〈财政部驻各地财政监察专员办事处实施地方政府债务监督暂行办法〉的通知》（财预〔2016〕175号）

第十二条　专员办对地方政府融资行为进行监督，主要包括：

（一）除发行地方政府债券、外债转贷外，地方政府及其所属部门不得以任何方式举借债务，不得为任何单位和个人的债务以任何方式提供担保；

（二）地方政府及其所属部门参与社会资本合作项目，以及参与设立创业投资引导基金、产业投资引导基金等各类基金时，不得承诺回购其他出资人的投资本金，承担其他出资人投资本金的损失，或者向其他出资人承诺最低收益；

（三）地方政府及其所属部门、事业单位、社会团体，不得以机关事业单位及社会团体的国有资产为其他单位或企业融资进行抵押或质押；

（四）学校、幼儿园、医院等以公益为目的的事业单位、社会团体，不得以教育设施、医疗卫生设施和其他社会公益设施进行抵押融资；

（五）地方政府及其所属部门不得以政府债务对应的资产重复融资。

第十三条　专员办对融资平台公司融资行为进行监督，主要包括：

（一）地方政府及其所属部门将土地注入融资平台公司应当履行法定的出让或划拨程序，不得将公益性资产作为资本注入融资平台公司，不得将储备土地作为资产注入融资平台公司，不得承诺将储备土地预期出让收入作为融资平台公司偿债资金来源；

（二）只承担公益性项目建设或运营任务、主要依靠财政性资金偿还债务的融资平台公司，不得以财政性资金、国有资产抵（质）押或作为偿债来源进行融资（包括银行贷款、企业债券、公司债券、信托产品、中期票据、短期融资券等各种形式）；

（三）融资平台公司举借债务应当由企业决策机构决定，政府及其所属部门不得以文件、会议纪要、领导批示等任何形式要求或决定企业为政府举债或变相为政府举债；

（四）地方政府及其所属部门、公益目的事业单位和人民团体不得违反法律法规等规定，以出具担保函、承诺函、安慰函等任何形式为融资平台公司融资提供担保。

第十四条 专员办应当坚持"发现一起、查处一起、曝光一起"，及时制止地方政府和融资平台公司违法违规融资行为。

（八）财政部等六部委《关于进一步规范地方政府举债融资行为的通知》（财预〔2017〕50号）

二、切实加强融资平台公司融资管理

……地方政府不得将公益性资产、储备土地注入融资平台公司，不得承诺将储备土地预期出让收入作为融资平台公司偿债资金来源，不得利用政府性资源干预金融机构正常经营行为。……金融机构为融资平台公司等企业提供融资时，不得要求或接受地方政府及其所属部门以担保函、承诺函、安慰函等任何形式提供担保。……

三、规范政府与社会资本方的合作行为

……地方政府不得以借贷资金出资设立各类投资基金，严禁地方政府利用PPP、政府出资的各类投资基金等方式违法违规变相举债，除国务院另有规定外，地方政府及其所属部门参与PPP项目、设立政府出资的各类投资基金时，不得以任何方式承诺回购社会资本方的投资本金，不得以任何方式承担社会资本方的投资本金损失，不得以任何方式向社会资本方承诺最低收益，不得对有限合伙制基金等任何股权投资方式额外附加条款变相举债。

四、进一步健全规范的地方政府举债融资机制

全面贯彻落实依法治国战略，严格执行《预算法》和国发〔2014〕43号文件规定，健全规范的地方政府举债融资机制，地方政府举债一律采取在

国务院批准的限额内发行地方政府债券方式，除此以外地方政府及其所属部门不得以任何方式举借债务。地方政府及其所属部门不得以文件、会议纪要、领导批示等任何形式，要求或决定企业为政府举债或变相为政府举债。……地方政府及其所属部门不得为任何单位和个人的债务以任何方式提供担保，不得承诺为其他任何单位和个人的融资承担偿债责任。……

（九）《财政部关于坚决制止地方以政府购买服务名义违法违规融资的通知》（财预〔2017〕87号）

二、严格按照规定范围实施政府购买服务。政府购买服务内容应当严格限制在属于政府职责范围、适合采取市场化方式提供、社会力量能够承担的服务事项，重点是有预算安排的基本公共服务项目。科学制定并适时完善分级分部门政府购买服务指导性目录，增强指导性目录的约束力。对暂时未纳入指导性目录又确需购买的服务事项，应当报财政部门审核备案后调整实施。

严格按照《中华人民共和国政府采购法》确定的服务范围实施政府购买服务，不得将原材料、燃料、设备、产品等货物，以及建筑物和构筑物的新建、改建、扩建及其相关的装修、拆除、修缮等建设工程作为政府购买服务项目。严禁将铁路、公路、机场、通讯、水电煤气，以及教育、科技、医疗卫生、文化、体育等领域的基础设施建设，储备土地前期开发，农田水利等建设工程作为政府购买服务项目。严禁将建设工程与服务打包作为政府购买服务项目。严禁将金融机构、融资租赁公司等非金融机构提供的融资行为纳入政府购买服务范围。政府建设工程项目确需使用财政资金，应当依照《中华人民共和国政府采购法》及其实施条例、《中华人民共和国招标投标法》规范实施。

三、严格规范政府购买服务预算管理。政府购买服务要坚持先有预算、后购买服务，所需资金应当在既有年度预算中统筹考虑，不得把政府购买服务作为增加预算单位财政支出的依据。地方各级财政部门应当充分考虑实际财力水平，妥善做好政府购买服务支出与年度预算、中期财政规划的衔接，足额安排资金，保障服务承接主体合法权益。年度预算未安排资金的，不得实施政府购买服务。购买主体应当按照批准的预算执行，从部门预算经费或经批准的专项资金等既有年度预算中统筹安排购买服务资金。购买主体签订购买服务合同，应当确认涉及的财政支出已在年度预算和中期财政规划中安排。政府购买服务期限应严格限定在年度预算和中期财政规划期限内。党中央、国务院统一部署的棚户区改造、易地扶贫搬迁工作中涉及的政府购买服务事项，按照相关规定执行。

四、严禁利用或虚构政府购买服务合同违法违规融资。金融机构涉及政府购买服务的融资审查，必须符合政府预算管理制度相关要求，做到依法合规。承接主体利用政府购买服务合同向金融机构融资时，应当配合金融机构做好合规性管理，相关合同在购买内容和期限等方面必须符合政府购买服务有关法律和制度规定。地方政府及其部门不得利用或虚构政府购买服务合同为建设工程变相举债，不得通过政府购买服务向金融机构、融资租赁公司等非金融机构进行融资，不得以任何方式虚构或超越权限签订应付（收）账款合同帮助融资平台公司等企业融资。

（十）《财政部关于做好2018年地方政府债务管理工作的通知》（财预〔2018〕34号）

（四）落实全面实施绩效管理要求。建立健全"举债必问效、无效必问责"的政府债务资金绩效管理机制，……

……

（十）加快实现地方政府债券管理与项目严格对应。坚持以健全市场约束机制为导向，依法规范地方政府债券管理。严格遵循地方政府举借的债务只能用于公益性资本支出的法律规定，地方政府债券发行必须一律与公益性建设项目对应，一般债券和专项债券发行信息披露时均要将债券资金安排明确到具体项目；……

（十一）《财政部关于规范金融企业对地方政府和国有企业投融资行为有关问题的通知》（财金〔2018〕23号）

一、【总体要求】国有金融企业应严格落实《预算法》和《国务院关于加强地方政府性债务管理的意见》（国发〔2014〕43号）等要求，除购买地方政府债券外，不得直接或通过地方国有企事业单位等间接渠道为地方政府及其部门提供任何形式的融资，不得违规新增地方政府融资平台公司贷款。不得要求地方政府违法违规提供担保或承担偿债责任。不得提供债务性资金作为地方建设项目、政府投资基金或政府和社会资本合作（PPP）项目资本金。

二、【资本金审查】国有金融企业向参与地方建设的国有企业（含地方政府融资平台公司）或PPP项目提供融资，应按照"穿透原则"加强资本金审查，确保融资主体的资本金来源合法合规，融资项目满足规定的资本金比例要求。若发现存在以"名股实债"、股东借款、借贷资金等债务性资金和以公益性资产、储备土地等方式违规出资或出资不实的问题，国有金融企业不得向其提供融资。

三、【还款能力评估】国有金融企业参与地方建设融资，应审慎评估融资主体的还款能力和还款来源，确保其自有经营性现金流能够覆盖应还债务本息，不得要求或接受地方政府及其部门以任何方式提供担保、承诺回购投资本金、保本保收益等兜底安排，或以其他方式违规承担偿债责任。项目现金流涉及可行性缺口补助、政府付费、财政补贴等财政资金安排的，国有金融企业应严格核实地方政府履行相关程序的合规性和完备性。严禁国有金融企业向地方政府虚构或超越权限、财力签订的应付（收）账款协议提供融资。

……

十六、【监督检查】对财政部公开通报涉及地方政府违法违规举债担保行为的地方国有企业，国有金融企业应暂停或审慎提供融资和融资中介服务。财政部驻各地财政监察专员办事处根据本通知规定对国有金融企业及其分支机构进行监督检查，对相关违规行为及时予以制止和纠正，并依法进行处理。相关检查处理结果视情抄送有关金融监管部门。

四、片区开发及土地储备

（一）《国务院办公厅关于规范国有土地使用权出让收支管理的通知》（国办发〔2006〕100号）

二、将土地出让收支全额纳入预算，实行"收支两条线"管理

……收入全部缴入地方国库，支出一律通过地方基金预算从土地出让收

入中予以安排，实行彻底的"收支两条线"。……

……

三、规范土地出让收入使用范围，重点向新农村建设倾斜

土地出让收入使用范围：（一）征地和拆迁补偿支出。……（二）土地开发支出。……（三）支农支出。……（四）城市建设支出。……（五）其他支出。……

（二）《财政部 国土资源部 中国人民银行关于印发〈国有土地使用权出让收支管理办法〉的通知》（财综〔2006〕68号）

第四条 土地出让收支全额纳入地方政府基金预算管理。收入全部缴入地方国库，支出一律通过地方政府基金预算从土地出让收入中予以安排，实行彻底的"收支两条线"管理。……

……

第十三条 土地出让收入使用范围包括征地和拆迁补偿支出、土地开发支出、支农支出、城市建设支出以及其他支出。

第十四条 征地和拆迁补偿支出。包括土地补偿费、安置补助费、地上附着物和青苗补偿费、拆迁补偿费，按照地方人民政府批准的征地补偿方案、拆迁补偿方案以及财政部门核定的预算执行。

第十五条 土地开发支出。包括前期土地开发性支出以及财政部门规定的与前期土地开发相关的费用等，含因出让土地涉及的需要进行的相关道路、供水、供电、供气、排水、通讯、照明、土地平整等基础设施建设支出，以及相关需要支付的银行贷款本息等支出，按照财政部门核定的预算安排。

第十六条 支农支出。包括用于保持被征地农民原有生活水平补贴支出、补助被征地农民社会保障支出、农业土地开发支出以及农村基础设施建设支出。……

第十七条 城市建设支出。含完善国有土地使用功能的配套设施建设以及城市基础设施建设支出。具体包括：城市道路、桥涵、公共绿地、公共厕所、消防设施等基础设施建设支出。

第十八条 其他支出。包括土地出让业务费、缴纳新增建设用地有偿使

用费、国有土地收益基金支出、城镇廉租住房保障支出以及支付破产或改制国有企业职工安置费用等。……

（三）《财政部　国土资源部　中国人民银行　银监会关于规范土地储备和资金管理等相关问题的通知》（财综〔2016〕4号）

二、进一步规范土地储备行为

……土地储备工作只能由纳入名录管理的土地储备机构承担，各类城投公司等其他机构一律不得再从事新增土地储备工作。……

……

五、调整土地储备筹资方式

土地储备机构新增土地储备项目所需资金，应当严格按照规定纳入政府性基金预算，从国有土地收益基金、土地出让收入和其他财政资金中统筹安排，不足部分在国家核定的债务限额内通过省级政府代发地方政府债券筹集资金解决。自2016年1月1日起，各地不得再向银行业金融机构举借土地储备贷款。……

六、规范土地储备资金使用管理

根据《预算法》等法律法规规定，从2016年1月1日起，土地储备资金从以下渠道筹集：一是财政部门从已供应储备土地产生的土地出让收入中安排给土地储备机构的征地和拆迁补偿费用、土地开发费用等储备土地过程中发生的相关费用。二是财政部门从国有土地收益基金中安排用于土地储备的资金。三是发行地方政府债券筹集的土地储备资金。四是经财政部门批准可用于土地储备的其他资金。五是上述资金产生的利息收入。土地储备资金主要用于征收、收购、优先购买、收回土地以及储备土地供应前的前期开发等土地储备开支，不得用于土地储备机构日常经费开支。土地储备机构所需的日常经费，应当与土地储备资金实行分账核算，不得相互混用。

土地储备资金的使用范围包括：

（一）征收、收购、优先购买或收回土地需要支付的土地价款或征地和拆迁补偿费用。包括土地补偿费和安置补助费、地上附着物和青苗补偿费、拆迁补偿费，以及依法需要支付的与征收、收购、优先购买或收回土地有关的其他费用。

（二）征收、收购、优先购买或收回土地后进行必要的前期土地开发费用。储备土地的前期开发，仅限于与储备宗地相关的道路、供水、供电、供气、排水、通讯、照明、绿化、土地平整等基础设施建设。各地不得借土地储备前期开发，搭车进行与储备宗地无关的上述相关基础设施建设。

……

七、推动土地收储政府采购工作

地方国土资源主管部门应当积极探索政府购买土地征收、收购、收回涉及的拆迁安置补偿服务。土地储备机构应当积极探索通过政府采购实施储备土地的前期开发，包括与储备宗地相关的道路、供水、供电、供气、排水、通讯、照明、绿化、土地平整等基础设施建设。……项目承接主体或供应商应当严格履行合同义务，按合同约定数额获取报酬，不得与土地使用权出让收入挂钩，也不得以项目所涉及的土地名义融资或者变相融资。……

（四）《财政部　国土资源部关于印发〈地方政府土地储备专项债券管理办法（试行）〉的通知》（财预〔2017〕62号）

第六条　发行土地储备专项债券的土地储备项目应当有稳定的预期偿债资金来源，对应的政府性基金收入应当能够保障偿还债券本金和利息，实现项目收益和融资自求平衡。

第七条　土地储备专项债券纳入地方政府专项债务限额管理。土地储备专项债券收入、支出、还本、付息、发行费用等纳入政府性基金预算管理。

第八条　土地储备专项债券资金由财政部门纳入政府性基金预算管理，并由纳入国土资源部名录管理的土地储备机构专项用于土地储备，任何单位和个人不得截留、挤占和挪用，不得用于经常性支出。

（五）《财政部　国土资源部关于印发〈土地储备资金财务管理办法〉的通知》（财综〔2018〕8号）

第三条　本办法所称土地储备资金是指纳入国土资源部名录管理的土地储备机构按照国家有关规定征收、收购、优先购买、收回土地以及对其进行前期开发等所需的资金。

第四条　土地储备资金实行专款专用、分账核算，并实行预决算管理。

……

第五条　土地储备资金来源于下列渠道：

（一）财政部门从已供应储备土地产生的土地出让收入中安排给土地储备机构的征地和拆迁补偿费用、土地开发费用等储备土地过程中发生的相关费用；

（二）财政部门从国有土地收益基金中安排用于土地储备的资金；

（三）发行地方政府债券筹集的土地储备资金；

（四）经财政部门批准可用于土地储备的其他财政资金。

……

第八条　土地储备资金使用范围具体包括：

（一）征收、收购、优先购买或收回土地需要支付的土地价款或征地和拆迁补偿费用。包括土地补偿费和安置补助费、地上附着物和青苗补偿费、拆迁补偿费，以及依法需要支付的与征收、收购、优先购买或收回土地有关的其他费用。

（二）征收、收购、优先购买或收回土地后进行必要的前期土地开发费用。储备土地的前期开发，仅限于与储备宗地相关的道路、供水、供电、供气、排水、通讯、照明、绿化、土地平整等基础设施建设支出。

（六）《财政部　自然资源部关于印发〈土地储备项目预算管理办法（试行）〉的通知》（财预〔2019〕89号）

第二条　本办法所称土地储备是指县级（含）以上自然资源主管部门为调控土地市场、促进土地资源合理利用，依法取得土地，组织前期开发、储存以备供应的行为。

所称土地储备项目是指有关主管部门根据国民经济与社会发展规划、国土空间规划等，将拟收储或入库土地按照宗地、区域、工作时序、资金平衡等条件适当划分并纳入土地储备三年滚动计划和年度土地储备计划后形成的管理基本单元。……

……

第四条　土地储备项目从拟收储到供应涉及的收入、支出必须全部纳入财政预算。

土地储备项目预算按规定纳入地方政府性基金预算管理，年度预算执行中遵循以收定支、先收后支的原则。

第五条　土地储备项目应当实现总体收支平衡和年度收支平衡。

（一）总体收支平衡，是指项目全生命周期内，项目预期土地出让收入能够覆盖债务本息等成本。

（二）年度收支平衡，是指项目年度资金来源覆盖年度支出。

……

第九条　土地储备项目设立前，市、县自然资源主管部门应当组织土地储备机构开展前期研究，合理评估项目预期土地出让收入、土地储备成本，作为编制项目收支平衡方案的依据。

（一）预期土地出让收入。土地储备机构应当会同同级财政部门委托第三方评估机构根据土地区位、用途等规划条件以及基准地价，评估土地资产价值，合理测算预期土地出让收入。

（二）土地储备成本。土地储备机构应当根据当地征地和拆迁补偿标准、土地前期开发涉及的工程建设标准等合理测算土地储备成本。

……

第十八条　土地储备机构应当依据当地征地补偿标准、工程建设等标准，合理控制土地储备项目收储成本和前期开发成本。……

（七）《国土资源部　财政部　人民银行　银监会关于印发〈土地储备管理办法〉的通知》（国土资规〔2017〕17号）

（二）土地储备是指县级（含）以上国土资源主管部门为调控土地市场、促进土地资源合理利用，依法取得土地，组织前期开发、储存以备供应的行为。……

……

三、入库储备标准

……

（八）下列土地可以纳入储备范围：

1. 依法收回的国有土地；

2. 收购的土地；

3. 行使优先购买权取得的土地；

4. 已办理农用地转用、征收批准手续并完成征收的土地；

5. 其他依法取得的土地。

入库储备土地必须是产权清晰的土地。土地储备机构应对土地取得方式及程序的合规性、经济补偿、土地权利（包括用益物权和担保物权）等情况进行审核，不得为了收储而强制征收土地。对于取得方式及程序不合规、补偿不到位、土地权属不清晰、应办理相关不动产登记手续而尚未办理的土地，不得入库储备。

（八）《自然资源部关于印发〈土地征收成片开发标准（试行）〉的通知》（自然资规〔2020〕5号）

六、有下列情形之一的，不得批准土地征收成片开发方案：

（一）涉及占用永久基本农田的；

（二）市县区域内存在大量批而未供或者闲置土地的；

（三）各类开发区、城市新区土地利用效率低下的；

（四）已批准实施的土地征收成片开发连续两年未完成方案安排的年度实施计划的。

五、政府购买服务

（一）《中华人民共和国政府采购法》

第四条　政府采购工程进行招标投标的，适用招标投标法。

第六条　政府采购应当严格按照批准的预算执行。

（二）《中华人民共和国政府采购法实施条例》（中华人民共和国国务院令第658号）

第二条　政府采购法第二条所称财政性资金是指纳入预算管理的资金。以财政性资金作为还款来源的借贷资金，视同财政性资金。……

（三）《政府购买服务管理办法》（中华人民共和国财政部令102号）

第十条　以下各项不得纳入政府购买服务范围：

（一）不属于政府职责范围的服务事项；

（二）应当由政府直接履职的事项；

（三）政府采购法律、行政法规规定的货物和工程，以及将工程和服务打包的项目；

（四）融资行为；

（五）购买主体的人员招、聘用，以劳务派遣方式用工，以及设置公益性岗位等事项；

（六）法律、行政法规以及国务院规定的其他不得作为政府购买服务内容的事项。

第十一条　政府购买服务的具体范围和内容实行指导性目录管理，指导性目录依法予以公开。

第十六条　政府购买服务项目所需资金应当在相关部门预算中统筹安排，并与中期财政规划相衔接，未列入预算的项目不得实施。……

第二十条　购买主体实施政府购买服务项目绩效管理，应当开展事前绩效评估，定期对所购服务实施情况开展绩效评价，具备条件的项目可以运用第三方评价评估。

第二十四条　政府购买服务合同履行期限一般不超过1年；在预算保障的前提下，对于购买内容相对固定、连续性强、经费来源稳定、价格变化幅度小的政府购买服务项目，可以签订履行期限不超过3年的政府购买服务合同。

第二十五条　购买主体应当加强政府购买服务项目履约管理，开展绩效执行监控，及时掌握项目实施进度和绩效目标实现情况，督促承接主体严格履行合同，按照合同约定向承接主体支付款项。

第二十九条　承接主体可以依法依规使用政府购买服务合同向金融机构融资。购买主体不得以任何形式为承接主体的融资行为提供担保。

（四）《财政部　国土资源部　中国人民银行　银监会关于规范土地储备和资金管理等相关问题的通知》（财综〔2016〕4号）

七、推动土地收储政府采购工作

地方国土资源主管部门应当积极探索政府购买土地征收、收购、收回涉及的拆迁安置补偿服务。土地储备机构应当积极探索通过政府采购实施储备土地的前期开发，包括与储备宗地相关的道路、供水、供电、供气、排水、通讯、照明、绿化、土地平整等基础设施建设。……

（五）《财政部关于坚决制止地方以政府购买服务名义违法违规融资的通知》（财预〔2017〕87号）

二、严格按照规定范围实施政府购买服务。……科学制定并适时完善分级分部门政府购买服务指导性目录，增强指导性目录的约束力。对暂时未纳入指导性目录又确需购买的服务事项，应当报财政部门审核备案后调整实施。

……严禁将铁路、公路、机场、通讯、水电煤气，以及教育、科技、医疗卫生、文化、体育等领域的基础设施建设，储备土地前期开发，农田水利等建设工程作为政府购买服务项目。严禁将建设工程与服务打包作为政府购买服务项目。……政府建设工程项目确需使用财政资金，应当依照《中华人民共和国政府采购法》及其实施条例、《中华人民共和国招标投标法》规范实施。

三、严格规范政府购买服务预算管理。政府购买服务要坚持先有预算、后购买服务，所需资金应当在既有年度预算中统筹考虑……年度预算未安排资金的，不得实施政府购买服务。……

四、严禁利用或虚构政府购买服务合同违法违规融资。地方政府及其部门不得利用或虚构政府购买服务合同为建设工程变相举债，不得通过政府购买服务向金融机构、融资租赁公司等非金融机构进行融资，不得以任何方式虚构或超越权限签订应付（收）账款合同帮助融资平台公司等企业融资。

六、综合类

（一）《优化营商环境条例》（中华人民共和国国务院令第722号）

第三条　国家持续深化简政放权、放管结合、优化服务改革，最大限度减少政府对市场资源的直接配置，最大限度减少政府对市场活动的直接干预，加强和规范事中事后监管，着力提升政务服务能力和水平，切实降低制度性交易成本，更大激发市场活力和社会创造力，增强发展动力。……

第四条　优化营商环境应当坚持市场化、法治化、国际化原则，以市场主体需求为导向，以深刻转变政府职能为核心，创新体制机制、强化协同联动、完善法治保障，对标国际先进水平，为各类市场主体投资兴业营造稳定、公平、透明、可预期的良好环境。

第十二条　国家保障各类市场主体依法平等使用资金、技术、人力资源、土地使用权及其他自然资源等各类生产要素和公共服务资源。……

第三十一条　地方各级人民政府及其有关部门应当履行向市场主体依法作出的政策承诺以及依法订立的各类合同，不得以行政区划调整、政府换届、机构或者职能调整以及相关责任人更替等为由违约毁约。因国家利益、社会公共利益需要改变政策承诺、合同约定的，应当依照法定权限和程序进行，并依法对市场主体因此受到的损失予以补偿。

第四十二条　设区的市级以上地方人民政府应当按照国家有关规定，优化工程建设项目（不包括特殊工程和交通、水利、能源等领域的重大工程）审批流程，推行并联审批、多图联审、联合竣工验收等方式，简化审批手续，提高审批效能。……

第四十八条　政府及其有关部门应当按照构建亲清新型政商关系的要求，建立畅通有效的政企沟通机制，采取多种方式及时听取市场主体的反映和诉求，了解市场主体生产经营中遇到的困难和问题，并依法帮助其解决。……

（二）《中华人民共和国招标投标法实施条例》（中华人民共和国国务院令第613号）

第九条　除招标投标法第六十六条规定的可以不进行招标的特殊情况外，

有下列情形之一的，可以不进行招标：

……

（二）采购人依法能够自行建设、生产或者提供；

（三）已通过招标方式选定的特许经营项目投资人依法能够自行建设、生产或者提供。

……

（三）《政府投资条例》（中华人民共和国国务院令第712号）

第二条　本条例所称政府投资，是指在中国境内使用预算安排的资金进行固定资产投资建设活动，包括新建、扩建、改建、技术改造等。

第五条　政府投资应当与经济社会发展水平和财政收支状况相适应。国家加强对政府投资资金的预算约束。政府及其有关部门不得违法违规举借债务筹措政府投资资金。

第六条　政府投资资金按项目安排，以直接投资方式为主；对确需支持的经营性项目，主要采取资本金注入方式，也可以适当采取投资补助、贷款贴息等方式。……

第九条　政府采取直接投资方式、资本金注入方式投资的项目（以下统称政府投资项目），项目单位应当编制项目建议书、可行性研究报告、初步设计，按照政府投资管理权限和规定的程序，报投资主管部门或者其他有关部门审批。……

第十九条　财政部门应当根据经批准的预算，按照法律、行政法规和国库管理的有关规定，及时、足额办理政府投资资金拨付。

第二十三条　政府投资项目建设投资原则上不得超过经核定的投资概算。因国家政策调整、价格上涨、地质条件发生重大变化等原因确需增加投资概算的，项目单位应当提出调整方案及资金来源，按照规定的程序报原初步设计审批部门或者投资概算核定部门核定；涉及预算调整或者调剂的，依照有关预算的法律、行政法规和国家有关规定办理。

第三十三条　有下列情形之一的，依照有关预算的法律、行政法规和国家有关规定追究法律责任：

（一）政府及其有关部门违法违规举借债务筹措政府投资资金；

（二）未按照规定及时、足额办理政府投资资金拨付；

（三）转移、侵占、挪用政府投资资金。

第三十四条　项目单位有下列情形之一的，责令改正，根据具体情况，暂停、停止拨付资金或者收回已拨付的资金，暂停或者停止建设活动，对负有责任的领导人员和直接责任人员依法给予处分：

（一）未经批准或者不符合规定的建设条件开工建设政府投资项目；

（二）弄虚作假骗取政府投资项目审批或者投资补助、贷款贴息等政府投资资金；

（三）未经批准变更政府投资项目的建设地点或者对建设规模、建设内容等作较大变更；

（四）擅自增加投资概算；

（五）要求施工单位对政府投资项目垫资建设；

（六）无正当理由不实施或者不按照建设工期实施已批准的政府投资项目。

（四）《企业投资项目核准和备案管理办法》（中华人民共和国国家发展和改革委员会令第2号）

第十二条　除涉及国家秘密的项目外，项目核准、备案通过全国投资项目在线审批监管平台（以下简称在线平台）实行网上受理、办理、监管和服务，实现核准、备案过程和结果的可查询、可监督。

第十三条　项目核准、备案机关以及其他有关部门统一使用在线平台生成的项目代码办理相关手续。

（五）《工程建设项目施工招标投标办法》（国家发展改革委等七部委令第30号发布，国家发展改革委第九部委令第23号修正）

第三条　工程建设项目符合《工程建设项目招标范围和规模标准规定》（国家计委令第3号）规定的范围和标准的，必须通过招标选择施工单位。

任何单位和个人不得将依法必须进行招标的项目化整为零或者以其他任何方式规避招标。

第八条 依法必须招标的工程建设项目，应当具备下列条件才能进行施工招标：

（一）招标人已经依法成立；

（二）初步设计及概算应当履行审批手续的，已经批准；

（三）有相应资金或资金来源已经落实；

（四）有招标所需的设计图纸及技术资料。

（六）《基础设施和公用事业特许经营管理办法》（六部委令第25号）

第十九条 ……向用户收费不足以覆盖特许经营建设、运营成本及合理收益的，可由政府提供可行性缺口补助，包括政府授予特许经营项目相关的其他开发经营权益。

（七）《企业国有资产交易监督管理办法》（国务院国资委 财政部令第32号）

第二条 企业国有资产交易应当遵守国家法律法规和政策规定，有利于国有经济布局和结构调整优化，充分发挥市场配置资源作用，遵循等价有偿和公开公平公正的原则，在依法设立的产权交易机构中公开进行，国家法律法规另有规定的从其规定。

第三条 本办法所称企业国有资产交易行为包括：

（一）履行出资人职责的机构、国有及国有控股企业、国有实际控制企业转让其对企业各种形式出资所形成权益的行为；

（二）国有及国有控股企业、国有实际控制企业增加资本的行为（以下称企业增资），政府以增加资本金方式对国家出资企业的投入除外；

（三）国有及国有控股企业、国有实际控制企业的重大资产转让行为（以下称企业资产转让）。

（八）《国务院办公厅关于建立国有企业违规经营投资责任追究制度的意见》（国办发〔2016〕63号）

二、责任追究范围

国有企业经营管理有关人员违反国家法律法规和企业内部管理规定，未履行或未正确履行职责致使发生下列情形造成国有资产损失以及其他严重不良后果的，应当追究责任：

（一）集团管控方面。所属子企业发生重大违纪违法问题，造成重大资产损失，影响其持续经营能力或造成严重不良后果；未履行或未正确履行职责致使集团发生较大资产损失，对生产经营、财务状况产生重大影响；对集团重大风险隐患、内控缺陷等问题失察，或虽发现但没有及时报告、处理，造成重大风险等。

（二）购销管理方面。未按照规定订立、履行合同，未履行或未正确履行职责致使合同标的价格明显不公允；交易行为虚假或违规开展"空转"贸易；利用关联交易输送利益；未按照规定进行招标或未执行招标结果；违反规定提供赊销信用、资质、担保（含抵押、质押等）或预付款项，利用业务预付或物资交易等方式变相融资或投资；违规开展商品期货、期权等衍生业务；未按规定对应收款项及时追索或采取有效保全措施等。

（三）工程承包建设方面。未按规定对合同标的进行调查论证，未经授权或超越授权投标，中标价格严重低于成本，造成企业资产损失；违反规定擅自签订或变更合同，合同约定未经严格审查，存在重大疏漏；工程物资未按规定招标；违反规定转包、分包；工程组织管理混乱，致使工程质量不达标，工程成本严重超支；违反合同约定超计价、超进度付款等。

（四）转让产权、上市公司股权和资产方面。未按规定履行决策和审批程序或超越授权范围转让；财务审计和资产评估违反相关规定；组织提供和披露虚假信息，操纵中介机构出具虚假财务审计、资产评估鉴证结果；未按相关规定执行回避制度，造成资产损失；违反相关规定和公开公平交易原则，低价转让企业产权、上市公司股权和资产等。

（五）固定资产投资方面。未按规定进行可行性研究或风险分析；项目概算未经严格审查，严重偏离实际；未按规定履行决策和审批程序擅自投资，造成资产损失；购建项目未按规定招标，干预或操纵招标；外部环境发生重大变化，未按规定及时调整投资方案并采取止损措施；擅自变更工程设计、建设内容；项目管理混乱，致使建设严重拖期、成本明显高于同类项目等。

（六）投资并购方面。投资并购未按规定开展尽职调查，或尽职调查未进行风险分析等，存在重大疏漏；财务审计、资产评估或估值违反相关规定，或投资并购过程中授意、指使中介机构或有关单位出具虚假报告；未按规定履行决策和审批程序，决策未充分考虑重大风险因素，未制定风险防范预案；违规以各种形式为其他合资合作方提供垫资，或通过高溢价并购等手段向关联方输送利益；投资合同、协议及标的企业公司章程中国有权益保护条款缺失，对标的企业管理失控；投资参股后未行使股东权利，发生重大变化未及时采取止损措施；违反合同约定提前支付并购价款等。

（七）改组改制方面。未按规定履行决策和审批程序；未按规定组织开展清产核资、财务审计和资产评估；故意转移、隐匿国有资产或向中介机构提供虚假信息，操纵中介机构出具虚假清产核资、财务审计与资产评估鉴证结果；将国有资产以明显不公允低价折股、出售或无偿分给其他单位或个人；在发展混合所有制经济、实施员工持股计划等改组改制过程中变相套取、私分国有股权；未按规定收取国有资产转让价款；改制后的公司章程中国有权益保护条款缺失等。

（八）资金管理方面。违反决策和审批程序或超越权限批准资金支出；设立"小金库"；违规集资、发行股票（债券）、捐赠、担保、委托理财、拆借资金或开立信用证、办理银行票据；虚列支出套取资金；违规以个人名义留存资金、收支结算、开立银行账户；违规超发、滥发职工薪酬福利；因财务内控缺失，发生侵占、盗取、欺诈等。

（九）风险管理方面。内控及风险管理制度缺失，内控流程存在重大缺陷或内部控制执行不力；对经营投资重大风险未能及时分析、识别、评估、预警和应对；对企业规章制度、经济合同和重要决策的法律审核不到位；过度负债危及企业持续经营，恶意逃废金融债务；瞒报、漏报重大风险及风险损失事件，指使编制虚假财务报告，企业账实严重不符等。

（十）其他违反规定，应当追究责任的情形。

（九）《中共中央 国务院关于全面实施预算绩效管理的意见》（中发〔2018〕34号）

（五）实施政策和项目预算绩效管理。将政策和项目全面纳入绩效管理，从数量、质量、时效、成本、效益等方面，综合衡量政策和项目预算资金使用效果。对实施期超过一年的重大政策和项目实行全周期跟踪问效，建立动态评价调整机制，政策到期、绩效低下的政策和项目要及时清理退出。

……

（九）开展绩效评价和结果应用。通过自评和外部评价相结合的方式，对预算执行情况开展绩效评价。各部门各单位对预算执行情况以及政策、项目实施效果开展绩效自评，评价结果报送本级财政部门。……

（十）《国务院关于加强固定资产投资项目资本金管理的通知》（国发〔2019〕26号）

一、进一步完善投资项目资本金制度

（一）明确投资项目资本金制度的适用范围和性质。该制度适用于我国境内的企业投资项目和政府投资的经营性项目。投资项目资本金作为项目总投资中由投资者认缴的出资额，对投资项目来说必须是非债务性资金，项目法人不承担这部分资金的任何债务和利息。投资者可按其出资比例享有所有者权益，也可转让其出资，但不得以任何方式抽回。……

……

二、适当调整基础设施项目最低资本金比例

（四）港口、沿海及内河航运项目，项目最低资本金比例由25%调整为20%。

（五）机场项目最低资本金比例维持25%不变，其他基础设施项目维持20%不变。其中，公路（含政府收费公路）、铁路、城建、物流、生态环保、社会民生等领域的补短板基础设施项目，在投资回报机制明确、收益可靠、风险可控的前提下，可以适当降低项目最低资本金比例，但下调不得超过5个百分点。……

……

三、鼓励依法依规筹措重大投资项目资本金

（七）对基础设施领域和国家鼓励发展的行业，鼓励项目法人和项目投资方通过发行权益型、股权类金融工具，多渠道规范筹措投资项目资本金。

（八）通过发行金融工具等方式筹措的各类资金，按照国家统一的会计制度应当分类为权益工具的,可以认定为投资项目资本金,但不得超过资本金总额的50%。存在下列情形之一的,不得认定为投资项目资本金:

1. 存在本息回购承诺、兜底保障等收益附加条件;

2. 当期债务性资金偿还前,可以分红或取得收益;

3. 在清算时受偿顺序优先于其他债务性资金。

(九)地方各级政府及其有关部门可统筹使用本级预算资金、上级补助资金等各类财政资金筹集项目资本金,可按有关规定将政府专项债券作为符合条件的重大项目资本金。

四、严格规范管理,加强风险防范

(十)项目借贷资金和不符合国家规定的股东借款、"名股实债"等资金,不得作为投资项目资本金。筹措投资项目资本金,不得违规增加地方政府隐性债务,不得违反国家关于国有企业资产负债率相关要求。不得拖欠工程款。

(十一)金融机构在认定投资项目资本金时,应严格区分投资项目与项目投资方,依据不同的资金来源与投资项目的权责关系判定其权益或债务属性,对资本金的真实性、合规性和投资收益、贷款风险进行全面审查,并自主决定是否发放贷款以及贷款数量和比例。……

(十一)《财政部关于财政资金注资政府投资基金支持产业发展的指导意见》(财建〔2015〕1062号)

二、合理运用政府投资基金聚焦支持重点产业

……

(二)问题导向、分类施策。针对产业重点领域和薄弱环节,相机采取创业投资引导基金、产业投资基金等形式予以支持。其中:对战略性新兴产业等新兴产业及中小企业,可通过创业投资引导基金,加强资金、技术和市场相融合。对集成电路等战略主导产业及行业龙头企业,可通过产业投资基金直接投资,实现产业重点突破和跨越发展。

(三)加强引导、有序推进。通过一般公共预算、政府性基金预算、国有资本经营预算等安排对政府投资基金注资,发挥财政资金引导作用,引导社会资金投资经济社会发展的重点领域和薄弱环节。同时,要合理控制政府

投资基金规模，不得在同一行业或领域重复设立基金。结合产业发展阶段性特点和要求，适时调整政府投资基金作用的领域；对市场能够充分发挥作用的领域，要及时退出。

（十二）《国家发展改革委关于印发〈政府出资产业投资基金管理暂行办法〉的通知》（发改财金规〔2016〕2800号）

第二条 本办法所称政府出资产业投资基金，是指有政府出资，主要投资于非公开交易企业股权的股权投资基金和创业投资基金。

第三条 政府出资资金来源包括财政预算内投资、中央和地方各类专项建设基金及其他财政性资金。

第十三条 政府出资产业投资基金的投资方向，应符合区域规划、区域政策、产业政策、投资政策及其他国家宏观管理政策，能够充分发挥政府资金在特定领域的引导作用和放大效应，有效提高政府资金使用效率。

第二十四条 政府出资产业投资基金应主要投资于以下领域：

……

（二）基础设施领域。着力解决经济社会发展中偏远地区基础设施建设滞后、结构性供需不匹配等问题，提高公共产品供给质量和效率，切实推进城乡、区域、人群基本服务均等化。

（三）住房保障领域。着力解决城镇住房困难家庭及新市民住房问题，完善住房保障供应方式，加快推进棚户区改造，完善保障性安居工程配套基础设施，有序推进旧住宅小区综合整治、危旧住房和非成套住房改造，切实增强政府住房保障可持续提供能力。

（四）生态环境领域。着力解决生态环境保护中存在的污染物排放量大面广，环境污染严重，山水林田湖缺乏保护，生态损害大，生态环境脆弱、风险高等问题，切实推进生态环境质量改善。

（十三）《国家发展改革委关于依法依规加强PPP项目投资和建设管理的通知》（发改投资规〔2019〕1098号）

一、全面、深入开展PPP项目可行性论证和审查

（一）PPP项目涉及公共资源配置和公众利益保障，其建设的必要性、

可行性等重大事项应由政府研究认可。按照国务院关于"加强PPP项目可行性论证,合理确定项目主要内容和投资规模"的要求,所有拟采用PPP模式的项目,均要开展可行性论证。通过可行性论证审查的项目,方可采用PPP模式建设实施。

……

二、严格依法依规履行项目决策程序

(四)PPP项目要严格执行《政府投资条例》、《企业投资项目核准和备案管理条例》,依法依规履行审批、核准、备案程序。采取政府资本金注入方式的PPP项目,按照《政府投资条例》规定,实行审批制。列入《政府核准的投资项目目录》的企业投资项目,按照《企业投资项目核准和备案管理条例》规定,实行核准制。对于实行备案制的企业投资项目,拟采用PPP模式的,要严格论证项目可行性和PPP模式必要性。

(五)未依法依规履行审批、核准、备案及可行性论证和审查程序的PPP项目,为不规范项目,不得开工建设。不得以实施方案审查等任何形式规避或替代项目审批、核准、备案,以及可行性论证和审查程序。

(六)实施方案、招投标文件、合同的主要内容应与经批准的可行性研究报告、核准文件、备案信息保持一致。实施方案、招投标文件、合同或建设中出现以下情形的,应当报请原审批、核准、备案机关重新履行项目审核备程序:(1)项目建设地点发生变化;(2)项目建设规模和主要建设内容发生较大变化;(3)项目建设标准发生较大变化;(4)项目投资规模超过批复投资的10%。

……

四、严格执行国务院关于固定资产投资项目资本金制度的各项规定

(九)按照国务院有关规定,"投资项目资本金对投资项目来说是非债务性资金,项目法人不承担这部分资金的任何利息和债务;投资者可按其出资的比例依法享有所有者权益,也可转让其出资,但不得以任何方式抽回"。各行业固定资产投资项目资本金必须满足国务院规定的最低比例要求,防止过度举债融资等问题。

（十四）《国家发展改革委办公厅关于进一步做好〈必须招标的工程项目规定〉和〈必须招标的基础设施和公用事业项目范围规定〉实施工作的通知》（发改办法规〔2020〕770号）

一、准确理解依法必须招标的工程建设项目范围

（一）关于使用国有资金的项目。16号令第二条第（一）项中"预算资金"，是指《预算法》规定的预算资金，包括一般公共预算资金、政府性基金预算资金、国有资本经营预算资金、社会保险基金预算资金。第（二）项中"占控股或者主导地位"，参照《公司法》第二百一十六条关于控股股东和实际控制人的理解执行，即"其出资额占有限责任公司资本总额百分之五十以上或者其持有的股份占股份有限公司股本总额百分之五十以上的股东；出资额或者持有股份的比例虽然不足百分之五十，但依其出资额或者持有的股份所享有的表决权已足以对股东会、股东大会的决议产生重大影响的股东"；国有企业事业单位通过投资关系、协议或者其他安排，能够实际支配项目建设的，也属于占控股或者主导地位。项目中国有资金的比例，应当按照项目资金来源中所有国有资金之和计算。

（二）关于项目与单项采购的关系。16号令第二条至第四条及843号文第二条规定范围的项目，其勘察、设计、施工、监理以及与工程建设有关的重要设备、材料等的单项采购分别达到16号令第五条规定的相应单项合同价估算标准的，该单项采购必须招标；该项目中未达到前述相应标准的单项采购，不属于16号令规定的必须招标范畴。

（三）关于招标范围列举事项。依法必须招标的工程建设项目范围和规模标准，应当严格执行《招标投标法》第三条和16号令、843号文规定；法律、行政法规或者国务院对必须进行招标的其他项目范围有规定的，依照其规定。没有法律、行政法规或者国务院规定依据的，对16号令第五条第一款第（三）项中没有明确列举规定的服务事项、843号文第二条中没有明确列举规定的项目，不得强制要求招标。

（四）关于同一项目中的合并采购。16号令第五条规定的"同一项目中可以合并进行的勘察、设计、施工、监理以及与工程建设有关的重要设备、

材料等的采购,合同估算价合计达到前款规定标准的,必须招标",目的是防止发包方通过化整为零方式规避招标。其中"同一项目中可以合并进行",是指根据项目实际,以及行业标准或行业惯例,符合科学性、经济性、可操作性要求,同一项目中适宜放在一起进行采购的同类采购项目。

(五)关于总承包招标的规模标准。对于16号令第二条至第四条规定范围内的项目,发包人依法对工程以及与工程建设有关的货物、服务全部或者部分实行总承包发包的,总承包中施工、货物、服务等各部分的估算价中,只要有一项达到16号令第五条规定相应标准,即施工部分估算价达到400万元以上,或者货物部分达到200万元以上,或者服务部分达到100万元以上,则整个总承包发包应当招标。

(十五)《社会资本参与国土空间生态修复案例(第一批)》(自然资源部印发)

2019年以来,自然资源部陆续出台了《关于探索利用市场化方式推进矿山生态修复的意见》(自然资规〔2019〕6号)、《关于开展全域土地综合整治试点工作的通知》(自然资发〔2019〕194号)等政策文件。在实践中,各地积极探索市场化运作、科学性修复、开发式治理,摸索出一些社会资本参与生态保护修复的新模式、新路径、新做法,涌现出一批具有推广和借鉴作用的典型案例。

实操篇

第三章　片区开发中常见实务问题与合规要点

自 2017 年下半年以来，随着 PPP 模式规范严管政策的不断出台，中国的 PPP 进入了发展的分水岭，尤其是《财政部关于推进政府和社会资本合作规范发展的实施意见》（财金〔2019〕10 号）的出台更是对 PPP 产生了重大而深远的影响，政府付费类 PPP 项目的实施基本上成为不可能，使用者付费及可行性缺口补助类项目也因财承空间的限制越来越少，大量原采用 PPP 模式的片区综合开发类项目改为采用政府与社会资本的"合作开发"模式。笔者在服务地方政府投融资项目过程中，经常受托审查一些县市政府拟签约的"片区合作开发""城镇综合开发"之类的合作协议或框架协议。在各类媒体上也随处可听可见某地政府与某集团（上市）公司签约某"片区土地综合开发""地区整体开发""城镇综合开发""示范新区开发"等合作开发项目的新闻报道。该类合作开发多是以签署"战略合作协议""合作（框架）协议书"的形式确定双方的合作关系及合作的主要边界条件；合作的原则基本都是"优势互补、资源共享、合作共赢、共同发展"；合作的内容基本为：城镇化建设、工业园区开发、乡村振兴、农业资源开发、市政基础设施建设、总部基地建设、文旅综合体、城中村改造、园区拓展开发、老旧街区提档升级改造等方面；合作的方式多数为：社会资本方作为项目投资建设人，与市政府授权的国有企业或国有平台公司共同出资注册组建项目公司，由项目公司负责项目的综合开发。其中，社会资本方（投资人）主要负责项目投融资、施工和管理，为项目提供资金、技术和管理资源支撑，保证项目的顺利推进，也有部分项目的实施通过引入"开发投资基金"模式开发建设和运营管理。

按照《国务院关于加强地方政府性债务管理的意见》（国发〔2014〕43号）的规定："（三）严肃财经纪律。建立对违法违规融资和违规使用政府性债务资金的惩罚机制，加大对地方政府性债务管理的监督检查力度。……地方政府及其所属部门不得在预算之外违法违规举借债务，不得以支持公益性事业发展名义举借债务用于经常性支出或楼堂馆所建设，不得挪用债务资金或改变既定资金用途；对企业的注资、财政补贴等行为必须依法合规，不得违法为任何单位和个人的债务以任何方式提供担保；不得违规干预金融机构等正常经营活动，不得强制金融机构等提供政府性融资。……地方政府要进一步规范土地出让管理，坚决制止违法违规出让土地及融资行为。"

笔者认为，在目前防范化解地方政府隐性债务风险，《政府投资条例》等规范地方政府投融资行为、防控隐性债务风险的一系列政策不断出台并严格实施的大背景下，任何投融资模式的选择和应用都不能突破和逾越法律和政策红线，更不能带来政府违规举债和隐性债务的风险，必须在依法规范的前提下打好组合拳、权衡多种要素选择和确定片区开发项目的投融资模式。为此，有必要对采用"合作开发"模式实施政府与社会资本合作项目（本文统称为片区合作开发类项目）的合规性进行深入探讨，以期对采用此模式实施的项目起到风险提示和防范作用。

一、片区合作开发中的相关实务问题

1. ABO 与 PPP 的区别是什么？

答：ABO 与 PPP 的区别包括：

（1）适用范围不同。

按照财金〔2019〕10 号文的规定，PPP 项目应"属于公共服务领域的公益性项目，合作期限原则上在 10 年以上，按规定履行物有所值评价、财政承受能力论证程序"。

ABO 模式通过与地方国有企业合作，重点是处理政府垄断经营特征、对社会资本吸引力不强、区域性特征显著的大型公共服务项目。这类项目一般在区域建设发展中的占比较大，要么收益来源不足，高度依赖地方财政；要么属于政府垄断经营范围，市场化不充分，采用 ABO 模式一定程度上能填补

PPP 的应用缺口。

（2）实施模式不同。

PPP 项目因受制于严格的过程监管，要求项目边界条件清楚。一般通过 BOT（Build – Operate – Transfer，建设－经营－转让）、TOT（Transfer – Operate – Transfer，移交－经营－移交）、ROT（Retrofit – Operate – Transfer，重构－运营－移交）等模式实施，PPP 项目包构成不会很复杂，一般体现为单个项目或几个相关子项目的简单打包。

ABO 模式以实现区域内同类项目的统筹安排为突出优势。被授权企业要能成为辖区内特定领域的统一业主，以更好地实现区域同类项目的整体规划、分期实施，科学处理项目进度和区域发展需求的关系，平衡资金使用安排。

（3）对合作对象的要求不同。

PPP 要求社会资本为本级政府所属融资平台之外的市场化企业，本质上鼓励公私合作，要求社会资本提供投融资、建设、运营管理等专业服务。

ABO 模式重点应聚焦公公合作，授权合作对象应以行业经验和资源优势突出的属地大型国企为主，在通过资源整合实现项目投融资、建设、运营管理等专业服务之外，还要兼顾国有资产管理、资本运营、相关资源开发等职能。在 ABO 模式下，被授权企业可以做 PPP 或业务分包，也可以自行投资、建设、运营，自主性较强。

（4）确定合作对象的方式不同。

PPP 模式下确定社会资本必须经过政府采购。而 ABO 模式在确定项目业主时可以直接授权。笔者认为，甚至可以说典型的 ABO 特点之一就是直接授权。从合理性上看，地方政府对属地国企的授权经营是约定俗成的惯例，也是内部自主权的体现，不少地方国企通过长期的授权经营积累了丰富的行业经验和区域资源，盲目要求公开竞争不但不现实，而且未必有益；从合规性上说，地方政府对属地国企的直接授权符合以管资本为主的国有资本授权经营体制改革方向。

2. ABO 模式的具体操作流程有哪些？

答：ABO 的具体操作流程包括：

（1）确定授权签约主体。ABO 模式下，实质授权主体为地方政府。在实际操作中，一般由地方政府授权行业主管部门代表自己签署授权经营协议。

如果授权范围内的项目所涉及的行业构成较为复杂，也可以由地方政府直接作为签约主体。

（2）确定被授权对象。ABO模式下的被授权对象应该以属地大型国有企业为主，因此，可以不通过公开竞争方式引入所谓社会投资人。但是并非所有属地国企都有能力承担ABO业务，ABO以区域特定领域的整体建设运营为主，需要在本地某一行业有区域综合服务能力的大型国企才具备承担ABO的条件。

（3）确定协议核心条款。规范的ABO项目需完善授权经营范围及转让授权的权利，确定授权经营协议核心条款，约束政企双方的边界。

（4）签署授权经营协议。由获得政府授权的签约主体和属地大型国企签署授权经营协议。ABO模式下，将形成区域特定领域内国有资产授权经营的长期稳定安排，体现了资产所有权和经营权的分离，并不发生资产所有权的转移。

（5）提供区域整体服务。由被授权地方国企作为项目业主，充分整合行业资源，通过竞争性方式选择项目建设、运营等相关单位。

3. 如何判断片区开发采用"F+EPC"（Finance + Engineering, Procurement, Construction，融资+设计、采购、施工）模式是否违规？

答：可以从项目的投资定性、资金来源和企业性质三个维度分析：

（1）项目是否属于政府投资项目；

（2）项目资金来源是否为财政，是否固化或相对固化支出责任；

（3）企业性质是否为政府融资平台。

4. 哪些采用"F+EPC"模式的项目存在合规的可能性？

答：（1）从按立项主体划分的角度来分析，企业投资项目不受《政府投资条例》约束，采取"F+EPC"模式的，不是违规举债。

（2）从理论层面上来说，在政府投资项目之中，对于有收益的、不依赖财政支付的部分，"F+EPC"模式不纳入违规举债。

（3）按支出责任划分的合规边界分析。在无收益的政府投资公益性项目中，①当穿透来看财政终将承担付款责任的情况下，②将本应按期向施工单位支付的工程款项，③以固化或相对固化支出责任的形式，延后若干时间支付的行为，属于违规举债。符合上述三个条件的，一定是违规举债；不完全符合上述三个条件的，要结合具体情况做判断。

（4）按平台角色划分的合规边界分析。①在政府与平台、平台与施工单位均依约按期付款，且时段基本一致，也即平台仅承担管理职责时，应当不判定为违规。②在政府与平台、平台与施工单位均发生延期付款、违约拖欠、垫资等行为，即平台公司承担为政府融资职能时，判定为违规。③在政府与平台、平台与施工单位均依约付款，但政府滞后于平台付款的情况下，是否判定为违规垫资，尚无明文规定的直接表述。地方政府延期支付其刚性支出责任的情况，属于违规举债，反之亦是。

5. 片区特许开发中，政府派出的片区开发主管部门作为政府投资项目主体是否合规？

答：开发主管部门（多为开发区管委会）作为政府派出机构，依照政府授权，负有组织指定区域的开发建设、经济发展、社会管理等相关职能，符合相关规定。

6. 片区特许开发中，财政收入应该全额纳入预算进入国库，社会资本如何分取？

答：社会资本投资人没有权利分取财政收益分成，财政收益分成总额仅仅是社会资本获得支付款项的上限额度（且有可能有扣除，依约定）。

获得财政收益分成的是与社会资本合作的片区开发建设主管部门。社会资本（包括合规转型平台）只能按照约定依照绩效考核获得应得的收益。

7. 片区特许开发项目应该按审批、核准、备案哪种程序履行立项手续呢？

答：一般情况下，片区特许开发属于"使用政府财政资金的项目"，受到《政府投资条例》的规范和约束，必须履行立项审批程序。

特殊情况下，对于仅含有厂房建设和租售运营管理等企业投资项目内容，不使用财政资金的，适用企业投资管理的相关政策法规。

8. 片区特许开发项目中，是否含有移交手续的就属于政府投资项目，就走采购程序？不含有移交手续的就属于企业投资项目，就不必走采购程序？但同时，也无法安排政府的支出责任？

答：受到《政府投资条例》规范和约束的项目，在使用财政资金的过程中，必须依照财政资金使用的相关规定履行采购程序。履行程序的判断依据为是否使用财政资金。另外，即使项目属于企业投资项目，也不构成"不能安排政府财政支出责任"的充分必要条件。

9. 片区开发中财政补贴是否属于违规举债模式？

答：采用财政补贴方式的片区开发，属于违规举债的模式。在社会资本预期能够获得合理投资回报的理性假设前提下，与地方政府合作协议中的财政补贴内容应当是可以获得的，因此这种补贴必然存在刚性的成分，即使加上"财政增收"的限制，也不能改变其刚性特征，于是便会构成兜底承诺的固定回报条款。

10. 片区开发中是否可以采用一二级联动收益分成模式？

答：一二级联动的收益分成模式是很早就被列入违规的土地出让的做法。《财政部 国土资源部 中国人民银行 银监会关于规范土地储备和资金管理等相关问题的通知》（财综〔2016〕4号）也有明确规定："项目承接主体或供应商应当严格履行合同义务，按合同约定数额获取报酬，不得与土地使用权出让收入挂钩，也不得以项目所涉及的土地名义融资或者变相融资。"同时，将土地出让收入分成款项用于偿还先期一级开发投入，也属于违规举债的行为。

采取捆绑、非正常条件限制等，操控招拍挂过程实现低价获取土地的方式，也属于严重的违规行为。

11. 片区开发中的土地一级开发（"七通一平"）是否可以采用"社会资本把钱支付给政府用于征拆款，再通过从项目未来财政收益分成收回该部分投资"的模式？

答：从总的范围来说，土地一级开发包括征收（取得）、建设（"七通一平"）、储备、出让四个大的环节，"七通一平"的建设环节属于土地前期开发，可以使用这种模式。

12. 片区特许开发模式中提到的专项资金，与地方政府专项债是什么关系？

答：专项债和专项资金是两个概念。专项债和一般债还有其他债，本质上都是债。专项资金是一种资金管理模式，是把规定财政收入来源按财政规定归集起来用于规定项目的一种财政资金管理模式。

13. 土地出让收入要全额纳入预算进入国库，投入前期土地开发费用的社会资本怎么才能得到自己的投资收益？

答：社会资本投资人没有权利分取财政收益分成，财政收益分成总额仅仅是社会资本获得支付款项的上限额度（且有可能有扣除，依约定）。

获得财政收益分成的是与社会资本合作的片区开发建设主管部门。社会资本（包括合规转型平台）只能按照约定依照绩效考核获得应得的收益。

14. 片区开发的预算资金基于怎样的安排能够合规地回流到项目上(社会资本)？

答：财政收入按照分成机制拨付给片区开发主管部门后，片区开发主管部门按照绩效考核的结果（包括但不限于招商引资、固投引入、规划落实、财政增收等诸多指标），依照片区开发主管部门与承担片区特许开发项目的社会资本投资人（项目主体）之间的协议，向社会资本支付相应的合同款项。

15. 片区开发中，片区招商融资属于违规举债吗？

答："通过招商引资的方式确定片区开发建设和施工单位，然后以招商奖励的渠道支付投资成本和加成"的所谓"招商引资"融资模式，同样属于违规举债。

16. 片区开发模式中，增收支付和资金池属于违规举债吗？

答：（1）"增收支付"模式不能解决合规性问题。在无运营无绩效、仅针对既往工程无其他对价、符合财政增收即无条件支付的情形下，等同于"附财政增收条件的BT模式"，仍属于违规举债。

（2）"资金池"模式也不能解决合规性问题。"资金池"其本身合规性很好，但它仍然属于财政领域的资金使用范畴，将其作为举债还款来源，仍然是违规行为。

17. 是否所有的基建项目都不得采用施工企业垫资的方式？

答：并不是所有的基建项目都不得采用施工企业垫资的方式。在当前财政与金融严控形势下，平台公司都在寻求市场化转型的路径。平台进行转型后，根据国家相关政策性规定，可以受托开展政府的公益性基础设施建设项目，那么在此情况下，"政府投资项目"就转化为了"国有企业投资项目"。

因此，若转型后的平台公司开展公益性项目，将仍然可以采用施工企业垫资的模式。

18. 实践中 EPC 模式存在哪些风险？

答：采用 EPC（Engineering、Procurement、Construction，设计、采购、施工总承包管理模式）建设的政府基建项目，本质上是建造－移交，也是融资－建设行为，如果没有专项资金或明确的资金来源，实质上就形成了政府隐性债务和违规举债。从法律层面来看，当前的很多 EPC 项目往往隐含了垫资建设、市场竞争不充分等风险。实践中业主通常通过一纸协议将项目开发权授予企业，规避招标采购流程，或者招标也仅是走过场，存在违反招标投标法或政府采购法的风险。

从投资控制角度来看，政府不参与项目实施过程的管理，监督职能弱化，把项目的设计、采购交给企业，往往存在过度设计和粗制滥造的现象，造成投资增加、质量下降，隐含了损害公共利益和公共安全的风险。

从融资角度来看，EPC 模式的项目自身不具备融资条件，很难得到银行和金融机构的支持，而愿意参与 EPC 的企业往往是施工企业，资金实力上很难垫资完成项目建设，一旦自有资金不能保障，就加剧了质量和进度风险。

从合同履行角度来看，项目建成后，政府就要支付建设成本和利润，如果没有专项资金或充足的财力支撑，很容易造成政府违约，如果被认定为违规举债，企业得不到偿付的风险就更大。

19. 片区委托开发（优先受益权型）模式的特征有哪些？

答：（1）依据《国务院办公厅关于促进开发区改革和创新发展的若干意见》（国办发〔2017〕7号）："推进开发区建设和运营模式创新。……按照国家有关规定投资建设、运营开发区，或者托管现有的开发区，享受开发区相关政策。"

（2）核心交付内容是受托开发片区的综合性营商环境。

（3）地方政府与其邀请投资人的投资，处于共担风险、共享收益的类似于股份合作的关系，但基于财政收入的特殊性，这种股份合作关系，并不意味着按比例分配收益，而是类似于优先股/优先受益权，在项目收益达标的情况下，获取定额收益。

（4）对于综合营商环境（社会经济发展指标）而不是建筑工程质量工期的绩效考核，是项目模式的必须组成部分。

（5）封闭区域内增量考核和专项资金使用制度是模式的常见标配。

20. 片区开发的盈利模式有哪些？

答：（1）老旧城区整体开发的盈利模式。

实施城市更新行动，以完善城市功能为导向，对老旧城区进行整体开发是地方政府"十四五"期间的主要任务之一，也是片区开发中比较常见的类型。这一类型的片区开发，核心在于"整体更新"，需要将城市功能的升级与完善、基础设施与公共服务的"补短板强弱项"同步进行。一是以片区中腾空的土地作为项目主要收益来源，用有收益的经营性土地出让平衡公益性的基础设施投入，实现公益性的总体建设目标；二是对片区中的低效土地进行再开发，根据更新后的城市规划与低效用地再开发的有关办法，通过商业收益弥补公共服务的持续投入；三是将城市更新与"新旧动能转换"相结合，通过整体的升级改造，带动片区的产业升级与现代化发展，通过风貌保护、城市遗产保护等形式，推动整个区域的经济可持续发展。

（2）都市圈小城镇开发的盈利模式。

都市圈小城镇是依托交通设施的发展，在都市圈、城市群中形成一个个的节点小城镇，以交通节点为核心展开的片区开发。

盈利模式主要有：一是要实现多种交通设施的综合开发，以此来扩大对外辐射范围，由此就能获得更多的生产资料、资本、人口的聚集；二是要改善小城镇内部的交通设施，实现交通资源的相对均衡，以此提升整体的区域价值；三是根据周边的优势产业，承接一部分物流中转及对应的产业转移功能，更大限度地发挥交通基础设施的价值，通过产业实现长期的收益。

（3）生态文旅开发的盈利模式。

一是依托地方核心旅游资源与历史文化，将文旅品牌、核心景区、配套玩乐等进行升级，打造符合时代需求的、现代化的新型旅游片区；二是将新经济、新业态与文旅进行有机结合，以文旅品牌为入口，持续挖掘流量红利，避免传统旅游过于明显的"淡旺季"；三是重康养而轻地产，生态文旅带来的游客是季节性的、流动性的，旅游地产的规模应当控制适度，将更多的区域打造成生态康养、休闲度假区域，满足不同层次、时间长度的消费需求。

（4）宜居宜业新城开发的盈利模式。

一是将产业新城建设与新型城镇化工作相结合，通过承接城镇化职能实现基础设施建设的收益平衡，并将城镇化导入的人口作为产业发展的基石；二是从基础产业入手发展，让产业伴随片区共同发展；三是关注产业转移的导向，内陆地区承接沿海地区、落后地区承接发达地区的产业转移是必然的历程，依托产业转移实现园区的起步；四是关注产出与投入的同步，适度建设、减少片区开发产生的债务负担。

21. 《中华人民共和国预算法》的修订对隐性债务形成有哪些重大影响？

答：（1）各级政府、各部门、各单位的支出必须以经批准的预算为依据，未列入预算的不得支出；

（2）政府性基金预算、国有资本经营预算和社会保险基金预算的收支范围，按照法律、行政法规和国务院的规定执行；

（3）地方各级预算按照量入为出、收支平衡的原则编制，除法律法规另有规定外，不列赤字；

（4）除在国务院确定的限额内，通过发行地方政府债券举借债务，地方政府及其所属部门不得以任何方式举借债务。

22. 财政部对隐性债务的认定口径是什么？

答：（1）法定债务限额外；

（2）政府违法提供担保；

（3）按实质认定而非只看字面表述。

23. 城投公司参与政府项目建设，如何避免还款资金来源于财政，而是体现为城投公司企业经营收入？

答：城投公司参与政府项目建设，避免还款资金来源于财政，而是体现为城投公司企业经营收入主要包括四个方面：

（1）城投公司以项目承建方的身份参与政府项目建设；

（2）城投公司参与有收益的政府项目建设；

（3）政府向城投公司提供运营补贴；

（4）城投公司以自身经营收入为还款来源申请流动资金融资。

24. 城投公司承建政府项目要如何合规获得政府资金？

答：城投公司承建政府项目主要通过以下方式合规获得政府资金：

（1）按合法程序纳入政府预算；

（2）把地方财政承受能力和中长期财政可持续作为重要约束条件；

（3）依法合规承接政府投资项目，防止地方政府恶意拖欠工程款；

（4）地方政府在合规的条件下给予补助或补贴。

25. 政府补贴何种情况下可能形成隐性债务？

答：政府补贴形成隐性债务表现为：

（1）政府补贴需要政府出具文件承诺支付，因此也有可能形成隐性债务；

（2）因政府中期财政规划期限为3年，政府补贴文件有可能超过3年，因此可能形成隐性债务。

26. 老旧小区改造是否会形成隐性债务？

答：老旧小区改造不会形成隐性债务，表现为：

（1）社会资本方为主进行的，不会形成隐性债务；

（2）是商业性项目，不会形成隐性债务。

27. 老旧小区改造的融资模式有哪些？

答：（1）社会资本方提供资金；

（2）政府补贴；

（3）金融机构融资；

（4）受益者付费。

28. 老旧小区改造与城市更新的主要区别是什么？

答：（1）老旧小区改造只包括住宅，城市更新包括住宅、商业项目和工业项目；

（2）老旧小区改造只包括改造升级，城市更新包括改造升级、功能变更和拆除重建；

（3）老旧小区改造不涉及土地一级开发，城市更新涉及土地一二级开发；

（4）老旧小区改造可能有政府补贴，城市更新政府一般没有补贴。

29. 土地指标流转业务融资是否会形成隐性债务？

答：土地指标流转业务融资会形成隐性债务，主要体现在：

（1）跨省交易收入必须归省财政专户所有，融资可能形成隐性债务；

（2）省内交易可授权企业经营，收入归财政的，融资可能形成隐性债务；

（3）省内交易可授权企业经营，收入归企业的，融资不会形成隐性债务。

30. 金融机构选择融资平台有什么偏好？

答：（1）筹资能力强的融资平台；

（2）有发债记录或评级达到发债要求的融资平台；

（3）处于整体债务水平比较低的区域；

（4）地市级融资平台。

二、片区开发的负面清单

片区开发项目投资金额大、子项目繁多、建设周期长，涉及的政策法律法规等众多，如何理解把握并很好地加以应用，是面对片区开发项目的政府、社会资本、中介机构等各方都关心和关注的问题。为此，我们首先总结了片区开发的负面清单。

（一）政企关系方面

（1）不得以任何形式要求平台公司为政府举债或承担政府融资功能。

（2）政府债务不得通过企业举借，企业债务不得推给政府偿还。

（3）不得要求融资平台为无收益的公益性项目融资。

（4）不得违规干预平台公司日常运营和市场化融资。

（5）不得拖欠依合同应当支付的款项。

（6）不得为平台公司进行与政府信用挂钩的误导性宣传。

（二）资产关系方面

（1）不得将学校、医院、城市公园、市政道路等公益性资产注入平台公司。

（2）不得将储备土地注入平台公司。

（3）不得将尚未启动或完成拆迁的生地，采用定向挂牌方式违规出让给平台公司。

（三）融资担保方面

（1）不得采取抵押及融资租赁等方式，利用不能或不宜变现的公益性资产进行融资。

（2）地方政府不得以任何直接、间接形式为融资行为提供担保、承诺、兜底。

（3）地方政府不得以任何方式虚构或超越权限签订应付（收）账款合同帮助企业融资。

（四）土地融资方面

（1）不得授权平台公司承担土地储备职能和进行土地储备融资。

（2）不得承诺将储备土地预期出让收入作为平台公司偿债资金来源。

（3）土储贷款、土地出让收益分成、"一二级联动"属于违规的融资模式。

（4）政府不得违法违规出让土地进行融资。

（5）地方各级政府不得以土地储备名义为非土地储备机构举借政府债务。

（6）地方各级政府不得通过地方政府债券以外的任何方式举借土地储备债务。

（7）地方各级政府不得以储备土地为任何单位和个人的债务以任何方式提供担保。

（五）政府购买服务方面

（1）不得超出规定范围实施政府购买服务。

（2）不得将货物、建设工程单独或与服务打包作为政府购买服务项目。

（3）严禁将铁路、公路、机场、通讯、水电煤气，以及教育、科技、医疗卫生、文化、体育等领域的基础设施建设，储备土地前期开发，农田水利等建设工程作为政府购买服务项目。

（4）严禁将融资行为纳入政府购买服务范围。

（5）严格规范政府购买服务预算管理，政府购买服务要坚持先有预算、后购买服务，所需资金应当在既有年度预算中统筹考虑，不得把政府购买服务作为增加预算单位财政支出的依据。年度预算未安排资金的，不得实施政府购买服务。

（6）政府购买服务期限不得超出年度预算和中期财政规划期限。

（7）涉及的财政支出未在年度预算和中期财政规划中安排的，不得与购买主体签订购买服务合同。

（8）严禁利用或虚构政府购买服务合同违法违规融资。

（9）地方政府及其部门不得利用或虚构政府购买服务合同为建设工程变相举债，不得通过政府购买服务向金融机构、融资租赁公司等非金融机构进行融资，不得以任何方式虚构或超越权限签订应付（收）账款合同帮助融资平台公司等企业融资。

（六）土地一级开发方面

（1）不得将储备土地注入平台公司。

（2）不得将尚未启动或完成拆迁补偿的生地，采用定向挂牌方式违规出让给平台公司。

（3）不得授权平台公司承担土地储备职能和进行土地储备融资。

（4）不得承诺将储备土地预期出让收入作为平台公司偿债资金来源。

（5）非土地储备机构不得从事土地储备的工作。

（6）土地储备机构除地方债券外不得融资，也不得向金融机构融资。

（7）委托环节不得挂钩土地出让收入，不要求以土地出让收入作为还款来源。

项目承接主体或供应商应当严格履行合同义务，按合同约定数额获取报酬，不得与土地使用权出让收入挂钩，也不得以项目所涉及的土地名义融资或者变相融资。

按照《关于联合公布第三批政府和社会资本合作示范项目　加快推动示范项目建设的通知》（财金〔2016〕91号）"不得借未供应的土地进行

融资，……不得与土地出让收入挂钩"的规定，同样适用于PPP项目之外的情形，包括土地出让收入扣除征拆成本和税费之后净收益分成的模式，仍然属于违规行为。

（8）购买服务不得打包"七通一平"工程。

按照《财政部关于坚决制止地方以政府购买服务名义违法违规融资的通知》（财预〔2017〕87号）"严禁将……基础设施建设，储备土地前期开发，农田水利等建设工程作为政府购买服务项目。严禁将建设工程与服务打包作为政府购买服务项目"的规定，包括《财政部 国土资源部 中国人民银行 银监会关于规范土地储备和资金管理等相关问题的通知》（财综〔2016〕4号）所述的"与储备宗地相关的道路、供水、供电、供气、排水、通讯、照明、绿化、土地平整等基础设施建设（七通一平）"在内的储备土地的前期开发，仍然不可作为购买服务内容。

（9）片区开发项目不直接约定土地整理开发收益分成。

部分片区开发项目的合作协议中约定："项目土地出让收入扣除省市级提留部分及各专项资金外全部返还给项目公司经营使用，作为项目红线范围内的建设资金，用于偿还前期融资、土地供地前的开发（含土地、房屋的征地补偿及安置）、道路管网、基础设施建设费用。"上述条款中涉及土地整理项目工程范围，且将项目土地出让收入扣除省市级提留部分及各专项资金外全部返还给项目公司的约定明显违规。

（10）不能利用土地一级开发违规举债。

严控一级土地开发中的违规举债行为，是地方政府债务监管工作的重点，2019年5月20日，财政部、自然资源部出台《土地储备项目预算管理办法（试行）》（财预〔2019〕89号），提出了"土地储备项目从拟收储到供应涉及的收入、支出必须全部纳入财政预算"和在预算中遵循"先收后支"的总体原则。这是主管部门加强土地收支管理，规范土地一级开发行为的重要举措。显然，此办法实施后的土地一级开发项目中，社会资本投资当中用于征地拆迁以供（政府）收购收回土地的资金，必须列入地方政府财政预算，成为地方政府财政收入的一部分，按照预算管理的要求规范使用，而不允许从收入中直接偿还相应款项，否则属于变相违规举债。

(11) 不能将土地整理服务直接约定为片区开发的合作内容。

《财政部 国土资源部 中国人民银行 银监会关于规范土地储备和资金管理等相关问题的通知》（财综〔2016〕4号）提出："土地储备工作只能由纳入名录管理的土地储备机构承担，各类城投公司等其他机构一律不得再从事新增土地储备工作。"《土地储备资金财务管理办法》（财综〔2018〕8号）第十四条规定："……其中：属于政府采购和政府购买服务范围的，应当按照规定分别编制政府采购和政府购买服务预算。"由此可以看出，土地整理只能由土地储备机构承担，并通过政府购买服务方式进行，不能直接约定为政府与社会资本的合作内容。

（七）政企合作方面

（1）没有预算，未履行相关审批流程和手续，未确定建设资金来源不能签署合作协议，更不能进行实质性施工建设。

（2）未依法采用竞争性程序，不能直接与社会投资人成立项目公司，也不能约定由项目公司承担片区开发的投资建设运营责任。

（3）社会资本方中标后，不走依法招标程序，不能直接指定由其全资或控股公司承担项目建设。

（4）合作协议中的部分子项目约定了纳入财政预算支出，但未走采购程序，不能直接指定实施主体等。

（5）不能直接将"土地一级整理、土地前期开发"等的内容约定由社会资本或项目公司负责等。

（6）片区开发项目合作内容应包含实质性的运营内容。

片区综合开发是以新型城镇化、区域经济提质增效可持续发展为宗旨，以土地开发利用和产业导入为基础，以项目、片区自求平衡再平衡和增量财力产出为关键，政府与社会资本合作，通过长期契约关系构建集成化的合作内容和相对市场化的合作机制，打造一个集成的公共产品，并自成体系封闭运作，一般以区域增量收入作为投资回报的重要来源。

如合作范围和产出标准仅仅为土地开发整理和公共基础设施建设的项目，同时，既无运营内容又依靠财政资金兜底付费的项目，不属于合规的片区综合开发项目。

（八）政府债务风险方面

（1）除规范采用PPP模式外，不能要求政府将还款来源纳入财政预算，更不能约定政府方给予固定回报、到期回购等。

（2）不能直接约定将"储备土地预期出让收入或收益分成"作为融资平台公司偿债资金来源。

（3）不能要求政府或所属国有公司变相担保等，严重违反财政部等六部委《关于进一步规范地方政府举债融资行为的通知》（财预〔2017〕50号）等规范性文件规定的内容。

（九）专项债券方面

（1）严禁将新增专项债券资金用于置换存量债务，绝不允许搞形象工程、面子工程。

（2）新增专项债券资金依法不得用于经常性支出，严禁用于发放工资、单位运行经费、发放养老金、支付利息等，严禁用于商业化运作的产业项目、企业补贴等。

（3）坚持不安排土地储备项目、不安排产业项目、不安排房地产相关项目。

（十）金融机构融资方面

1. 原则要求

（1）国有金融企业应严格落实《中华人民共和国预算法》和《国务院关于加强地方政府性债务管理的意见》（国发〔2014〕43号）等要求，除购买地方政府债券外，不得直接或通过地方国有企事业单位等间接渠道为地方政府及其部门提供任何形式的融资。

（2）不得违规新增地方政府融资平台公司贷款。

（3）不得要求地方政府违法违规提供担保或承担偿债责任。

（4）不得提供债务性资金作为地方建设项目、政府投资基金或政府和社会资本合作（PPP）项目资本金。

2. 资本金审查方面

（1）国有金融企业向参与地方建设的国有企业（含地方政府融资平台公司）或 PPP 项目提供融资，应按照"穿透原则"加强资本金审查，确保融资主体的资本金来源合法合规，融资项目满足规定的资本金比例要求。

（2）对存在以"名股实债"、股东借款、借贷资金等债务性资金和以公益性资产、储备土地等方式违规出资或出资不实的问题，国有金融企业不得向其提供融资。

3. 还款能力评估方面

（1）国有金融企业参与地方建设融资，应审慎评估融资主体的还款能力和还款来源，确保其自有经营性现金流能够覆盖应还债务本息，不得要求或接受地方政府及其部门以任何方式提供担保、承诺回购投资本金、保本保收益等兜底安排，或以其他方式违规承担偿债责任。

（2）项目现金流涉及可行性缺口补助、政府付费、财政补贴等财政资金安排的，国有金融企业应严格核实地方政府履行相关程序的合规性和完备性。

（3）严禁国有金融企业向地方政府虚构或超越权限、财力签订的应付（收）账款协议提供融资。

4. 投资基金方面

（1）国有金融企业与地方政府及其部门合作设立各类投资基金，应严格遵守有关监管规定，不得要求或接受地方政府及其部门作出承诺回购投资本金、保本保收益等兜底安排。

（2）不得通过结构化融资安排或采取多层嵌套等方式将投资基金异化为债务融资平台。

5. 政策性开发性金融方面

（1）严禁为地方政府和国有企业提供各类违规融资。

（2）不得要求或接受地方政府出具任何形式明示或暗示承担偿债责任的文件。

（3）不得通过任何形式违法违规增加地方政府债务负担。

6. 合作方式方面

国有金融企业应将严格遵守国家地方政府债务管理法律法规和政策规定

作为合规管理的重要内容，切实转变业务模式，依法规范对地方建设项目提供融资，原则上不得采取与地方政府及其部门签署一揽子协议、备忘录、会议纪要等方式开展业务，不得对地方政府及其部门统一授信。

7. 金融中介业务方面

（1）国有金融企业为地方政府融资平台公司等地方国有企业在境内外发行债券提供中介服务时，应进行审慎评估，不得向无财务能力和稳定还款来源的主体发放债券。

（2）对于发债企业收入来源中涉及财政资金安排的，应当尽职调查，认真核实财政资金安排的合规性和真实性。

（3）在债券募集说明书等文件中，不得披露所在地区财政收支、政府债务数据等明示或暗示存在政府信用支持的信息。

（4）严禁与政府信用挂钩的误导性宣传，并应在相关发债说明书中明确，地方政府作为出资人仅以出资额为限承担有限责任，相关举借债务由地方国有企业作为独立法人负责偿还。

8. 融资担保方面

政府性融资担保机构应按照市场化方式运作，依法依规开展融资担保服务，自主经营、自负盈亏，不得要求或接受地方政府以任何形式在出资范围之外承担责任。

9. 出资管理

（1）国有金融企业应加强对股东资质的审查。

（2）国有金融企业股东应以自有资金入股国有金融企业，且确保资金来源合法，严禁虚假出资、出资不实或抽逃出资，严禁代持国有金融企业股权。

（3）除法律法规另有规定外，以非自有资金出资的股权不得享受股权增值收益，并按"实际出资与期末净资产孰低"原则予以清退。

（4）国有金融企业股东用金融企业股权质押融资，应遵守法律法规和相关监管规定，不得损害其他股东和金融企业的利益。

10. 财务约束方面

国有金融企业应按照"实质重于形式"的原则，充足提取资产减值准备，严格计算占用资本，不得以有无政府背景作为资产风险的判断标准。

11. 产权管理方面

国有金融企业应聚焦主业，严格遵守国有金融资产管理有关规定，做好与地方政府及其部门合作所形成股权资产的登记、评估、转让、清算、退出等工作。合理设置机构法人层级，压缩管理级次，降低组织结构复杂程度，原则上同类一级子公司只能限定为一家。

12. 其他方面

（1）严禁金融机构要求或接受党委、人大、政府及其部门出具担保性质文件或签署担保性质协议。

（2）金融机构信贷风险评价体系、信用评级机构的评估和评级，不得与政府信用挂钩。

（3）规范开发性、政策性金融机构业务经营，加强授信风险评估，不得随意提供中长期、低利率融资，避免简单将偿债风险后移。

（4）金融机构应当严格规范融资管理，切实加强风险识别和防范，落实企业举债准入条件，按商业化原则履行相关程序，审慎评估举债人财务能力和还款来源。

（5）金融机构为融资平台公司等企业提供融资时，不得要求或接受地方政府及其所属部门以担保函、承诺函、安慰函等任何形式提供担保。

（6）对金融机构违法违规向地方政府提供融资、要求或接受地方政府提供担保承诺的，依法依规追究金融机构及其相关负责人和授信审批人员责任。

三、片区合作开发项目的合规性探讨与分析

（一）片区合作开发项目的主要合作边界

项目的合作开发协议是整个合作项目实施的关键和基础保障，对于合作的范围和内容应从项目实施的运作方式、合作事项、融投资安排、回报机制、风险分配、权利义务等方面进行充分细致的考虑和安排。特别是要充分考虑政府支出责任的合法合规性和财政承受能力，以及项目付费机制的合法合规性等，目的是保证合作协议的合法有效以及双方在合作过程中的可行性和实操性。

(二) 片区合作开发的主要合作内容

(1) 能否将土地开发、土地整理投资事项等作为合作开发内容。

依据《土地储备资金财务管理办法》(财综〔2018〕8 号) 的规定, 地方政府在实施土地储备项目时可以将工程和拆迁安置补偿服务分别通过政府采购和政府购买服务预算实施。一般合作开发协议约定合作内容为项目合作区域内的工程建设, 包括市政基础设施建设, 公共、公益设施建设, 非经营性建设工程、产业的导入和发展等, 有的也包括了项目合作区域内的征地拆迁安置补偿投资等。但大部分或基本上所有的片区开发类项目的合作内容都包含土地开发、土地整理投资服务等内容。

(2) 约定将项目范围内的建设用地出让金中地方政府留存款提留后的剩余资金作为支付项目开发的费用, 属于违规。

(3) 需采用政府采购或购买服务方式支付费用的项目, 不能作为合作开发内容写进合作开发协议中, 直接约定由社会投资人实施, 如项目策划咨询、投融资咨询、设计、规划咨询、全过程建设管理服务、征迁投资服务、工程代建等。

(4) 在合作开发协议中对甲方 (政府或政府授权的国有企业或平台公司) 职责或义务的以下约定涉嫌违规:

甲方为项目公司 (乙方) 融资 (贷款) 之目的出具相关书面文件或办理相关手续等内容。

在建设期内, 甲方为乙方安排不低于××亿元的基础设施及配套设施的代建任务。

中标人可指定所控股的企业或全资公司承继中标人在本协议项下的权利和义务。

甲方应保证乙方依据本协议从事土地整理投资业务并取得相应土地整理投资服务费的合法有效性等。

签署的合作开发协议中未包含项目运营、绩效考核等内容属于违规。

(三) 片区合作开发的合作主体及参与主体

政府或政府授权的行业主管部门作为片区开发项目的采购主体, 在采用与社会资本合作的模式时, 对合作主体的确定以符合《中华人民共和国预算法》《中华人民共和国政府采购法》《中华人民共和国招标投标法》《政府投资条例》《基础设施和公用事业特许经营管理办法》等相关法律法规规定为前提，为此应注意以下两点：

（1）无论是选择社会投资人实施片区开发投资建设运营项目，还是实施合作范围内的子项目，均应当履行招标采购程序，包括需要按照相关法律法规走竞争性程序的，如果需要纳入政府购买服务范围的项目，应符合相关法律法规规定和要求，不能直接指定实施主体，否则存在程序违规的风险。

（2）未采用竞争性程序，直接与社会投资人成立项目公司，约定由项目公司承担片区开发的投资建设运营责任，或约定社会资本方中标后，直接指定由其全资或控股公司承担项目建设任务等，均可能造成合作协议被确认无效的法律后果。

（四）片区合作开发的主要合作模式

实务中的合作开发模式主要有PPP模式、ABO模式、"F+EPC"模式或"投资人+EPC"模式、片区特许（经营）开发模式、园区委托运营商模式、片区综合开发市场化融资模式等。无论选择哪一种模式，均应依法合规且不能带来政府违规举债及隐性债务风险。下面重点对ABO模式和"F+EPC"模式的合规性进行分析。

1. 关于ABO模式

ABO即授权-建设-运营，在片区开发被大力提倡并推广实施的当下，ABO无疑是备受关注也是最为热门的"关键词"之一，也是近期各领域专家讨论最为热烈的话题。实务中有人理解ABO是由政府授权单位履行业主职责，依约提供所需公共产品及服务，政府履行规则制定、绩效考核等职责，同时支付授权运营费用的合作模式。也有人理解ABO是地方政府通过竞争性程序或直接签署协议方式授权相关企业作为项目业主，并由其向政府方提供项目的投融资、建设及运营服务，政府方按约定给予一定财政资金支持，合作期满后将项目设施再移交给政府方的合作方式。

在当下规范地方政府融资举债、防范金融风险的政策背景下，ABO模式如何依法合规地应用？笔者有如下建议。

(1) ABO模式下授权项目业主应经过竞争性程序。

实务中有专家认为，ABO主要针对的是公共服务和基础设施建设领域，实质上是一种"公公合营"模式。在授权国有平台或公司作为项目业主时，采用政府直接授权的方式尚属可行，但如果是其他社会投资人参与，尤其是民营资本参与，这种直接授权的模式必然存在巨大的风险。为此建议，任何涉及其他非地方政府所属国有企业或平台公司的社会投资人参与时，都必须坚持采用合法合规的竞争性采购程序。如未通过竞争性程序确定社会资本投资人，存在因程序不合法不合规而导致合作协议主体不适格的法律风险，进而可能因合作协议违反政府采购法等相关法律导致无效，也将给合作各方主体带来不可估量的损失。

(2) 采用政府购买服务的ABO模式。

ABO一般属于政府采购行为，履行了相关政府采购手续（服务或工程）的ABO项目本身即是合规的，如果项目业主是平台公司或国有企业，其以自身市场化主体身份进行融资时，如政府不承担兜底责任，应该视为是合规的。但依据2020年3月1日生效的《政府购买服务管理办法》，政府采购法律、行政法规规定的货物和工程，以及将工程和服务打包的项目及融资行为，是不能纳入政府购买服务项目范围的。

(3) 采用特许经营的ABO模式。

不纳入政府购买服务范围的ABO模式，政府只是按照《基础设施和公用事业特许经营管理办法》采购和授权特许经营权投资、建设和运营的主体，没有对运营本身进行保底支付，政府并不承担支付费用的责任，实质上只是授权特许运营，只是采购项目的特许经营主体。有专家认为，对于采用财政补助的片区特许合作开发模式，在当某一部分未来财政支出责任被固化下来，有可能成为受托开发机构融资的还款来源时，可能会存在违规举债的风险。因此要求财政对社会资本或项目建设成本等不承担兜底责任，财政部门仅承担依照既定财政预算和计划、专项资金管理办法等向片区开发主管部门拨付开发建设和经济发展等资金的责任。且付费要依据绩效考核的结果，否则也会涉嫌"固定回报"。

(4）通过 ABO 实施的委托建设运营开发区模式。

对片区委托开发依据的是《国务院办公厅关于促进开发区改革和创新发展的若干意见》（国办发〔2017〕7号），其中要求"推进开发区建设和运营模式创新。……按照国家有关规定投资建设、运营开发区，或者托管现有的开发区，享受开发区相关政策"。有专家认为，通过混合型 ABO 进行的委托建设运营开发区筹资模式，在实质上隔离了新增的政府债务负担，地方财政增收则企业有收益，地方财政不增收则企业无收益。尽管模式较为复杂，但因其政企债务的良好隔离、与城镇化的紧密切合、可融资性的充分体现，而使其通过独立或与 PPP 及地方债组合的方式，逐渐发展成为基础设施建设的主要模式。

2. 关于"F+EPC"模式

实务中的"F+EPC"模式一般是某政府平台公司作为建设单位负责承建和实施，社会资本方负责项目建设资金的筹集与项目设计、采购、施工总承包，建设完成后由国有企业或政府平台公司按照合同约定的投资收益平均每年偿还社会资本方的项目投资及建设成本和一定的利润。其具有以下特征：

（1）"F+EPC"模式是工程建设领域的融资模式。政府在建设期不需要投入资金，项目的资金全部是投资人用自有资金或融资来的资金进行投入，而且投资人本身（或联合体成员）具有施工资质即为施工企业，投资人同时也是该工程的施工总承包单位。

（2）该融资模式下政府许可带资承包或垫资建设，有悖《政府投资条例》的规定和要求。

（3）该模式在规定的时间建成后不需要运营，由政府在一定期限内进行回购，类似早被禁止的 BT（建设-移交）建设模式，涉嫌固定回报和违规举债，不符合我国现行法律法规以及政策性规定。

为此建议，在选择合作开发项目合作方式时，应积极探索避免采用违规的"融资+EPC"模式，而是采用合规的"投资+EPC"模式。

（五）片区合作开发项目的招标内容和采购标的

实务中，大多数片区合作开发类项目采取的是"成本认定+合理收益"

方法确定和测算项目回报机制，项目的采购标的一般为工程建安费下浮报价、工程建设投资收益率上浮报价两部分，也有的把"年化收益率""固定资产投资收益率"等作为采购标的。有专家认为，片区特许开发或委托建设运营类项目，如招标内容对应的工程建设、财务投资及征地拆迁等均无任何运营内容，仅仅涉及工程投融资与工程建设，显然与片区综合开发机制核心内涵的"增量财政、挂钩绩效和风险承担"的回报机制存在实质性的区别，根据相关法律法规及规范性文件规定，一般会被认定为违规举债及固定回报。

（1）片区综合开发项目的采购主体为政府、政府授权的行业主管部门或事业单位，项目的合作内容主要是公共基础设施和公共服务，资金来源包括政府投资补助、资本金注入、投资补助、贷款贴息和项目运营等；根据《中华人民共和国政府采购法》《中华人民共和国招标投标法》及其实施条例、《基础设施和公用事业特许经营管理办法》等相关规定，均需依法通过竞争性方式选择项目投资人。

（2）所有涉及政府补贴或付费的项目或服务财务指标均应当通过招标采购竞争报价确定，否则存在无法通过考核结算或决算的风险。

（六）片区合作开发项目的回报机制

项目的回报机制是指社会资本或投资人取得回报的资金来源或方式，包括使用者付费、政府付费、可行性缺口补助等方式，在确定合作开发类项目的回报方式时，应严格执行《国务院关于加强地方政府性债务管理的意见》（国发〔2014〕43号）、财政部等六部委《关于进一步规范地方政府举债融资行为的通知》（财预〔2017〕50号）、《财政部关于坚决制止地方以政府购买服务名义违法违规融资的通知》（财预〔2017〕87号）、《财政部关于做好2018年地方政府债务管理工作的通知》（财预〔2018〕34号）等规范性文件的规定，尤其谨防带来政府违规举债及隐性债务风险。

（1）合作协议约定的"先预算后支付"投资回报原则，应仅针对符合《中华人民共和国政府采购法》《政府购买服务管理办法》中规定的条件和要求，需要先预算后支付的项目，对于项目的投资建设回报，不能约定此原则，即使约定亦属于无效并涉嫌违法违规运作。

（2）按照《财政部 自然资源部关于印发〈土地储备项目预算管理办法（试行）〉的通知》（财预〔2019〕89号）规定："土地储备项目从拟收储到供应涉及的收入、支出必须全部纳入财政预算。……土地储备项目预算按规定纳入地方政府性基金预算管理，年度预算执行中遵循以收定支、先收后支的原则。"

按照财预〔2017〕50号文的规定："储备土地的预期出让收入不能作为项目还款或投资回报资金来源，土地出让金的收益分成也不能直接作为项目还款来源。"

（3）不能约定"将政府留存相关税收、非税收入部分，列入财政预算全额拨付给甲方，作为甲方支付项目开发费用的资金来源，全额支付至项目公司"。

（4）约定"将建设用地出让金中地方政府留存款提留后的剩余资金，作为支付项目开发的费用，全额支付给项目公司"等，应符合财政预算管理的相关规定。但如果将上述资金作为偿还债务的来源，则涉嫌违规。

（5）对社会投资人的融资或投资回报，政府方禁止也无义务提供相关的保障，如提供履约担保、出具相关手续、给予增资承诺等，否则将带来政府隐性债务风险。

（6）对于符合政府付费或缺口补助的项目，应遵循"按效付费"的原则，须经绩效考核后才能付费，否则涉嫌固定回报。

（七）关于片区开发项目的立项

无论是政府审批还是企业投资核准的新建项目，拿到投资项目在线审批监管平台20位项目立项代码"准生证"，是项目招标实施的前提条件。根据2017年2月1日起施行的《企业投资项目核准和备案管理条例》及相关行政法规规章，按照《产业结构调整指导目录》和《企业投资项目核准目录》关于备案类和核准类的规定，采取备案或核准取得20位项目立项代码。

（八）片区合作开发实务中应注意的问题

（1）合作协议约定的"先预算后支付"原则，应仅针对符合《中华人民共和国政府采购法》《政府购买服务管理办法》中规定的条件和要求，需要先预算后支付的项目，对于项目的投资建设回报，不能约定此原则，即使约定亦属于无效并涉嫌违法违规运作。

（2）对于合作范围内包含的使用者付费项目或有运营收入的项目，全部的运营责任均应由社会投资人或项目公司承担，政府不应承担更不能大包大揽。

（3）对于符合政府付费或缺口补助的项目，应遵循"按效付费"的原则，需经绩效考核后才能付费，否则涉嫌固定回报。

（4）对社会投资人的融资或投资回报，政府方禁止也无义务提供相关的保障，如提供履约担保、出具相关手续、给予增资承诺等，否则会带来政府隐性债务风险。

（5）约定"将政府留存相关税收、非税收入部分，列入财政预算全额拨付给甲方，作为甲方支付项目开发费用的资金来源，全额支付至项目公司"；约定"将建设用地出让金中地方政府留存款提留后的剩余资金，作为支付项目开发的费用，全额支付给项目公司"等，应符合财政预算管理的相关规定。但如果将上述资金作为偿还债务的来源，则涉嫌违规，不但投资人将遭受巨大损失，政府方相关人员也将被追责问责。

（6）按照财预〔2017〕87号文的规定，储备土地的预期出让收入不能作为项目还款或投资回报资金来源，土地出让金的收益分成能否作为项目还款来源，应结合合作开发的模式以及财政部门预算管理的相关规定确认。

（7）如需对项目的建设或运营投入一定的财政资金，在没有预算或未确定建设资金来源，未履行政府决算手续及项目前期立项审批等手续前，可以签署合作框架协议（在协议的效力问题上应约定"此协议只是合作意向，对双方均不具有法律约束力"），但不应签署施工建设类的合同，更不能开始实际施工建设，否则可能会因合同无效导致停工的法律后果。

（8）如将项目的合作范围和产出标准仅约定为土地整理和公共基础设施建设，无运营内容又依靠财政资金兜底或政府付费的片区合作开发类项目，属于违法违规运作，实务中也不具有实操性和可行性。

（9）严防土地一级开发及土地整理服务的违规风险。

一是不能利用土地一级开发违规举债。

严控一级土地开发中的违规举债行为，是地方政府债务监管工作的重点，2019年5月20日，财政部、自然资源部出台《土地储备项目预算管理办法（试行）》（财预〔2019〕89号），提出了"土地储备项目从拟收储到供应涉及的收入、支出必须全部纳入财政预算"和在预算中遵循"先收后支"的总体原则。这是主管部门加强土地收支管理，规范土地一级开发行为的重要举措。显然，此办法实施后的土地一级开发项目中，社会资本投资当中用于征地拆迁以供（政府）收购收回土地的资金，必须列入地方政府财政预算，成为地方政府财政收入的一部分按照预算管理的要求规范使用，而不允许从收入中直接偿还相应款项，否则属于变相违规举债。

二是不能将土地整理服务直接约定为片区开发的合作内容。

财综〔2016〕4号提出："土地储备工作只能由纳入名录管理的土地储备机构承担，各类城投公司等其他机构一律不得再从事新增土地储备工作。"《土地储备资金财务管理办法》（财综〔2018〕8号）第十四条规定："……其中：属于政府采购和政府购买服务范围的，应当按照规定分别编制政府采购和政府购买服务预算。"由此可以看出，土地整理只能由土地储备机构承担，并通过政府购买服务方式进行，不能直接约定为政府与社会资本的合作内容。

（10）严格遵守《中华人民共和国政府采购法》和《中华人民共和国招标投标法》的规定确定子项目实施主体。

需采用政府购买服务方式支付费用的项目和应通过招投标的项目，如项目设计、规划咨询、全过程建设管理服务、征迁投资服务等，应通过政府采购的程序选择确定实施主体，不能作为合作开发的内容写进合作开发协议中，直接约定由社会投资人实施，更不能约定政府方有保证社会资本方取得上述服务的合同义务，否则存在审计无法通过的风险，会导致无法付费的结果。

四、片区开发项目的违规认定

（一）采用财政补贴方式的片区开发，属于违规举债的模式

具体来说，在社会资本预期能够获得合理投资回报的理性假设前提下，与地方政府合作协议中的财政补贴内容应当是可以获得的，而不至于陷入"俄罗斯轮盘赌"，因此这种补贴必然存在刚性的成分，即使加上"财政增收"的限制，也不能改变其刚性特征，所以便会构成兜底承诺的固定回报条款。

一般公共预算不足以支持大多数片区开发项目支出责任，同时，由于财金〔2019〕10号文禁止了利用政府性基金安排PPP项目运营补贴的做法，在管理库中的PPP项目，采取土地出让收入作为片区开发项目支出来源安排的做法也是不允许的。

（二）一二级联动属于违规行为

一二级联动的收益分成模式很早就被列入违规的土地出让方式。财综〔2016〕4号文也有明确规定："项目承接主体或供应商应当严格履行合同义务，按合同约定数额获取报酬，不得与土地使用权出让收入挂钩，也不得以项目所涉及的土地名义融资或者变相融资。"同时，将土地出让收入分成款项用于偿还先期一级开发投入，也属于违规举债的行为。此外，采取捆绑、非正常条件限制等操控招拍挂过程实现低价获取土地的方式，也属于严重的违规行为。

（三）片区招商融资属于违规举债

近两年来，一种"通过招商引资的方式确定片区开发建设和施工单位，然后以招商奖励的渠道支付投资成本和加成"的所谓"招商引资"融资模式，被"创新"出来。作为一种过渡性很强的"半成品模式"，这一模式也同样属于违规举债。

在施工单位确定能够获得合理投资回报的理性假设条件下，相当于是确定了招商引资的考核结果，则变成了固定回报的违规模式。另外，通过招商引资的方式确定片区开发建设单位（施工单位），改变了确定施工单位的招采程序，或者未履行程序，也造成了程序违规。

"招商引资"融资模式的另一个侧面，曾经在PPP项目管理库内的极少数片区开发PPP项目中有所显现，这些PPP项目的共同特征，一是弱化招商引资绩效考核，二是泛泛使用政府性基金收入（而未必限定在项目合作区域内），表现为由简单的基础设施建设项目经由"BT/BOT延长版"类模式，向高级片区开发模式发展的一种中间过渡类型。

（四）增收支付和资金池属于违规举债

1. "增收支付"模式不能解决合规性问题

在一些开发模式中，规定了以"合作区域财政增收额度（一定比例）作为支付资金来源"的情形，即常说的"有增收支付，无增收不支付"，意图借助"支付责任的不确定性"绕开"触及违规举债所需的确定性"。

但是，这种支出责任实质上可以视为一种"有条件负债"或"或有负债"，属于"或有的违规举债"。在施工单位确定能够获得合理投资回报的理性假设条件下，必然需要采取某种形式来确保财政增收，这样便成了固定回报的违规模式。

在无运营无绩效、仅针对既往工程无其他对价、符合财政增收即无条件支付的情形下，等同于"附财政增收条件的BT模式"，仍属于违规举债。

2. "资金池"模式也不能解决合规性问题

"资金池"一词来源于金融领域，在财政领域中，通常称为专项资金使用制度，是将财政收入的一定比例用于某个专门项目的一种资金管理制度，它来源于数十年前开始实行的财政分成机制。专项资金制度是沿用数十年的制度，其本身合规性很好，但它仍然属于财政领域的资金使用范畴，将其用于违规举债还款来源，仍然是违规行为，尤其是在收入不能覆盖投资本息的情形下，社会资本投资人和金融机构所要求的投资回报，必然需要某种确定的保证，而当项目自身收益不足时，这种确定保证的唯一来源只有违规的财政兜底承诺。"资金池"仅仅使项目款项的支付更加具有确定性，并没有改变项目原有违规举债的性质。因此，对于收入不能覆盖投资本息的财政付款项目，延后了固化（或相对固化）的财政支出责任的情况，仍然属于违规举债。

五、片区开发中 PPP 项目的负面清单

（一）PPP 项目主体资格负面清单

参照《政府和社会资本合作模式操作指南（试行）》（财金〔2014〕113号）的规定，政府或其指定的有关职能部门或事业单位可作为项目实施机构，负责项目准备、采购、监管和移交等工作，鼓励国有控股企业、民营企业、混合所有制企业等各类型企业积极参与提供公共服务。大力推动融资平台公司与政府脱钩，进行市场化改制，健全完善公司治理结构，对已经建立现代企业制度、实现市场化运营的，在其承担的地方政府债务已纳入政府财政预算、得到妥善处置并明确公告今后不再承担地方政府举债融资职能的前提下，可作为社会资本参与当地政府和社会资本合作项目，通过与政府签订合同的方式，明确责权利关系。

（1）政府方：国有企业或融资平台公司不得作为政府方签署 PPP 项目合同（示范项目）；

（2）社会资本方：未按《国务院办公厅转发财政部发展改革委人民银行关于在公共服务领域推广政府和社会资本合作模式指导意见的通知》（国办发〔2015〕42号）要求剥离政府性债务并承诺不再承担融资平台职能的本地融资平台公司不得作为社会资本方。

（二）PPP 项目适用范围负面清单

PPP 模式主要适用于政府负有提供责任又适宜市场化运作的公共服务、基础设施类项目。燃气、供电、供水、供热、污水及垃圾处理等市政设施，公路、铁路、机场、城市轨道交通等交通设施，医疗、旅游、教育培训、健康养老等公共服务项目，水利、资源环境和生态保护等项目均可推行 PPP 模式。新型城镇化试点项目，应优先考虑采用 PPP 模式建设。

不适宜用 PPP 模式建设的项目：不属于公共服务领域，政府不负有提供义务的，如商业地产开发、招商引资项目等；因涉及国家安全或重大公共利益等，不适宜由社会资本承担的；仅涉及工程建设，无运营内容的。

（三）PPP 项目合作内容负面清单

（1）采用建设–移交（BT）方式实施的。

（2）合作期限（含建设期在内）低于10年的。

（四）PPP 项目实施程序负面清单

（1）项目不符合城市总体规划和各类专项规划的；新建项目未按规定程序完成可行性研究、立项等项目前期工作的。

（2）未按规定开展"两个论证"的。包括已进入采购阶段但未开展物有所值评价或财政承受能力论证的；虽已开展物有所值评价和财政承受能力论证，但评价方法和程序不符合规定的。

（3）尚未进入采购阶段但所属本级政府当前及以后年度财政承受能力已超过10%上限的。

（4）已进入采购阶段或执行阶段的项目，未按政府采购相关规定选择社会资本合作方的。

（5）采购文件中设置歧视性条款、影响社会资本平等参与的。

（6）未按规定履行立项、土地、环评等审批手续，国有资产审批、评估手续的。

（7）实施方案未按规定履行审批手续的。

（五）PPP 项目资本金出资要求负面清单

（1）违反相关法律和政策规定，未按时足额缴纳项目资本金、以债务性资金充当资本金或由第三方代持社会资本方股份的。

（2）违反项目资本金国家规定的比例，项目公司股东未以自有资金按时足额缴纳资本金的。

（六）PPP 项目融资担保负面清单

（1）由政府或政府指定机构回购社会资本投资本金或兜底本金损失的；政府向社会资本承诺固定收益回报的；政府及其部门为项目债务提供任何形式担保的；存在其他违法违规举债担保行为的。

（2）采用固定回报、回购安排、明股实债等方式进行变相融资的。

(七) PPP 项目风险责任负面清单

原则上，项目设计、建造、财务和运营维护等商业风险由社会资本承担，法律、政策和最低需求等风险由政府承担，不可抗力等风险由政府和社会资本合理共担。不得约定将项目运营责任返包给政府方出资代表承担或另行指定社会资本方以外的第三方承担。

(八) PPP 项目按效付费负面清单

(1) 通过政府付费或可行性缺口补助方式获得回报，但未建立与项目产出绩效相挂钩的付费机制的。

(2) 政府付费或可行性缺口补助在项目合作期内未连续、平滑支付，导致某一时期内财政支出压力激增的。

(3) 项目建设成本不参与绩效考核，或实际与绩效考核结果挂钩部分占比不足30%，固化政府支出责任的。

要建立完全与项目产出绩效相挂钩的付费机制，不得通过降低考核标准等方式，提前锁定、固化政府支出责任。

(九) PPP 项目土地管理负面清单

PPP 项目用地应当符合土地利用总体规划和年度计划，依法办理建设用地审批手续。在实施建设用地供应时，不得直接以 PPP 项目为单位打包或成片供应土地；PPP 项目主体或其他社会资本，除通过规范的土地市场取得合法土地权益外，不得违规取得未供应的土地使用权或变相取得土地收益；不得作为项目主体参与土地收储和前期开发等工作；不得借未供应的土地进行融资；PPP 项目的资金来源与未来收益及清偿责任，不得与土地出让收入挂钩。

(十) PPP 项目银行融资负面清单

国有金融企业应以 PPP 项目规范运作作为融资前提条件，对于未落实项目资本金来源、未按规定开展物有所值评价、财政承受能力论证的以及物有所值评价、财政承受能力论证等相关信息没有充分披露的 PPP 项目，不得提供融资。

（十一）PPP 项目财政支出负面清单

（1）每一年度本级全部 PPP 项目从一般公共预算列支的财政支出超过当年本级一般公共预算支出 10% 的。

（2）新签约项目从政府性基金预算、国有资本经营预算安排 PPP 项目运营补贴支出的。

（3）对财政支出责任占比超过 7% 的地区进行风险提示，对超过 10% 的地区严禁新项目入库。

（十二）PPP 项目规范管理负面清单

按照《财政部关于推进政府和社会资本合作规范发展的实施意见》（财金〔2019〕10 号）的规定，各级财政部门要将规范运作放在首位，严格按照要求实施规范的 PPP 项目，不得出现以下行为：

（1）存在政府方或政府方出资代表向社会资本回购投资本金、承诺固定回报或保障最低收益的。通过签订阴阳合同，由政府方或政府方出资代表为项目融资提供各种形式的担保、还款承诺等方式，由政府实际兜底项目投资建设运营风险的。

（2）本级政府所属的各类融资平台公司、融资平台公司参股并能对其经营活动构成实质性影响的国有企业作为社会资本参与本级 PPP 项目的。社会资本方实际只承担项目建设、不承担项目运营责任，或政府支出事项与项目产出绩效脱钩的。

（3）未经法定程序选择社会资本方的。未按规定通过物有所值评价、财政承受能力论证或规避财政承受能力 10% 红线，自行以 PPP 名义实施的。

（4）以债务性资金充当项目资本金，虚假出资或出资不实的。

（5）未按规定及时充分披露项目信息或披露虚假项目信息，严重影响行使公众知情权和社会监督权的。

第四章 片区开发与政府债务风险防范

地方政府债务是指地方机关事业单位及地方政府专门成立的基础设施性企业为提供基础性、公益性服务直接借入的债务和地方政府机关提供担保形成的债务。隐性债务是指为政府在法定政府债务限额之外直接或者承诺以财政资金偿还以及违法提供担保等方式举借的债务，主要包括：国有企事业单位等替政府举借，由政府提供担保或财政资金支持偿还的债务；政府在设立政府投资基金、开展政府和社会资本合作（PPP）、政府购买服务等过程中，通过约定回购投资本金、承诺保底收益等形成的政府中长期支出事项债务。

2013年中央经济工作会议指出："要把控制和化解地方政府性债务风险作为经济工作的重要任务，把短期应对措施和长期制度建设结合起来，做好化解地方政府性债务风险各项工作。"2015年中央经济工作会议指出："要有效化解地方政府债务风险，做好地方政府存量债务置换工作，完善全口径政府债务管理，改进地方政府债券发行办法。"2017年7月全国金融工作会议指出，"各级地方党委和政府要树立正确政绩观，严控地方政府债务增量，终身问责，倒查责任"。同年7月中共中央政治局会议提出"要积极稳妥化解累积的地方政府债务风险，有效规范地方政府举债融资，坚决遏制隐性债务增量"。中共中央政治局会议是对全国金融工作会议严控地方政府债务增量这一精神的落实。

2020年《中华人民共和国预算法》第三十五条规定："……经国务院批准的省、自治区、直辖市的预算中必需的建设投资的部分资金，可以在国务院确定的限额内，通过发行地方政府债券举借债务的方式筹措。举借债务的规模,由国务院报全国人民代表大会或者全国人民代表大会常务委员会批准。省、自治区、直辖市依照国务院下达的限额举借的债务,列入本级预算调整方案,报本级人民代表大会常务委员会批准。举借的债务应当有偿还计划和稳定的偿还资金来源,只能用于公益性资本支出,不得用于经常性支出。除前款规定外,地方政府及其所属部门不得以任何方式举借债务。除法律另有规定外,地方政府及其所属部门不得为任何单位和个人的债务以任何方式提供担保……"即赋予了地方政府合法的举债权限。

《国务院关于加强地方政府性债务管理的意见》(国发〔2014〕43号,以下简称"43号文")规定:"二、加快建立规范的地方政府举债融资机制(一)赋予地方政府依法适度举债权限。经国务院批准,省、自治区、直辖市政府可以适度举借债务,市县级政府确需举借债务的由省、自治区、直辖市政府代为举借。明确划清政府与企业界限,政府债务只能通过政府及其部门举借,不得通过企事业单位等举借。(二)建立规范的地方政府举债融资机制。地方政府举债采取政府债券方式。没有收益的公益性事业发展确需政府举借一般债务的,由地方政府发行一般债券融资,主要以一般公共预算收入偿还。有一定收益的公益性事业发展确需政府举借专项债务的,由地方政府通过发行专项债券融资,以对应的政府性基金或专项收入偿还。(三)推广使用政府与社会资本合作模式。鼓励社会资本通过特许经营等方式,参与城市基础设施等有一定收益的公益性事业投资和运营。政府通过特许经营权、合理定价、财政补贴等事先公开的收益约定规则,使投资者有长期稳定收益。投资者按照市场化原则出资,按约定规则独自或与政府共同成立特别目的公司建设和运营合作项目。投资者或特别目的公司可以通过银行贷款、企业债、项目收益债券、资产证券化等市场化方式举债并承担偿债责任。政府对投资者或特别目的公司按约定规则依法承担特许经营权、合理定价、财政补贴等相关责任,不承担投资者或特别目的公司的偿债责任。(四)加强政府或有债务监管。剥离融资平台公司政府融资职能,融资平台公司不得新增政府债务。地方政府新发生或有债务,要严格限定在依法担保的范围内,并根据担保合同依法承担相关责任。地方政府要加强对或有债务的统计分析和风险防控,做好相关监管工作。"43号文中明确了"赋予地方政府依法适度举债权限"。

经过几年的时间，中央从地方政府存量债务的处理、债务规模、债务预算管理、债务控制及债务的风险预警等方面建立起地方政府举债融资的有效监管机制和体系。

一、政府违规举债融资的方式与法律风险

判定限额外违规举债的充分条件是：造成了财政终将承担的、固化或相对固化的、延期支出责任。应具备的条件是：

（1）必须是穿透来看应由财政承担的支出责任，不使用财政资金的情况，不纳入违规举债。

（2）必须是固化（或相对固化）的支出责任，即具有承诺或兜底性质的。合规PPP形成的支出责任不纳入违规举债的主要原因即在于其支出责任是建立在对建设运营绩效考核基础之上的。

（3）必须是延期支付的支出责任，当期支付的情形，不纳入违规举债。

同时满足上述三项条件的，必定是违规举债；不同时满足的，需要视情况而判定。

（一）合规的举债融资模式

目前，PPP模式和专项债模式是《中华人民共和国预算法》《国务院关于加强地方政府性债务管理的意见》（国发〔2014〕43号）等相关法规政策文件明确推行的合规举债融资模式，但项目实践中，仍存在一定的违规举债风险。根据《财政部关于推进政府和社会资本合作规范发展的实施意见》（财金〔2019〕10号）的规定："三、加强项目规范管理　各级财政部门要将规范运作放在首位，严格按照要求实施规范的PPP项目，不得出现以下行为：（一）存在政府方或政府方出资代表向社会资本回购投资本金、承诺固定回报或保障最低收益的。通过签订阴阳合同，或由政府方或政府方出资代表为项目融资提供各种形式的担保、还款承诺等方式，由政府实际兜底项目投资建设运营风险的。……对于存在本条（一）项情形，已入库项目应当予以清退，项目形成的财政支出责任，应当认定为地方政府隐性债务，依法依规提请有关部门对相关单位及个人予以严肃问责。"显然，如在PPP项目实

施过程中存在政府兜底的，将被认定为政府隐性债务，项目直接退库，提请问责。

根据《财政部关于印发〈地方政府专项债务预算管理办法〉的通知》（财预〔2016〕155号）等，违规严重的，相关地区专项债券发行资格将被暂停，相关人员将被依法追责。

（二）地方政府违规举债担保的主要形式

1. 政府部门直接举债

《中华人民共和国预算法》规定，"地方政府举借债务一律通过发行地方政府债券方式筹措，除此以外地方政府及其所属部门不得以任何方式举借债务"。《财政部 国土资源部 中国人民银行 银监会关于规范土地储备和资金管理等相关问题的通知》（财综〔2016〕4号）进一步明确，"自2016年1月1日起，各地不得再向银行业金融机构举借土地储备贷款"。

2. 用财政资金作为还款来源偿还企业债务

根据《中华人民共和国预算法》和相关规定，以2014年年底为界，除经甄别确认的15.4万亿元存量地方政府债务，以及后续年度全国人大批准额度内的新增地方政府债券、地方政府负有偿还责任的外债转贷款可以分类纳入预算管理外，不得新增其他地方政府债务，更不得将企业债务列入财政预算支出。

3. 假借其他主体举债

《国务院关于加强地方政府性债务管理的意见》（国发〔2014〕43号）明确要求，"明确划清政府与企业界限，政府债务只能通过政府及其部门举借，不得通过企事业单位等举借。剥离融资平台公司政府融资职能，融资平台公司不得新增政府债务"。《财政部关于印发〈财政部驻各地财政监察专员办事处实施地方政府债务监督暂行办法〉的通知》（财预〔2016〕175号）明确规定，"融资平台公司举借债务应当由企业决策机构决定，政府及其所属部门不得以文件、会议纪要、领导批示等任何形式要求或决定企业为政府举债或变相为政府举债"。实践中，有政府通过会议纪要形式，同意国有公司以银行贷款、信托产品或私募债等方式融资，部分资金由区政府主要负责人批准用于相关政府项目,这一做法违反了取消融资平台公司政府融资功能的规定,属于违规举债。

4. 滥用投融资模式举债

(1) 明股实债方式举债。主要包括在政府和社会资本合作(PPP)、专项建设基金、政府投资基金等新型投融资模式中,政府及其部门、或其控制的企业与投资主体约定到期回购股权、保证固定收益等。

(2) 利用违规运作模式举债。2020年《中华人民共和国预算法》出台后,地方各级政府及所属机关事业单位、社会团体等以委托单位建设并承担逐年回购责任方式(BT模式)融资属于举借政府债务行为,但部分地方政府仍在违规使用。

(3) 混淆运作模式隐性举债。有的通过签订"委托代建购买服务协议",将"委托代建"和"政府购买服务"两种模式混淆运用违规举债。

(4) 违法违规提供担保。《中华人民共和国预算法》要求,"除法律另有规定外,地方政府及其所属部门不得为任何单位和个人的债务以任何方式提供担保"。《中华人民共和国担保法》规定"国家机关不得为保证人,但经国务院批准为使用外国政府或者国际经济组织贷款进行转贷的除外;学校、幼儿园、医院等以公益为目的的事业单位、社会团体不得为保证人"等。违反上述规定的都属于违规举债。

(三) 违规举债融资模式的认定

对违规举债主要结合《中华人民共和国预算法》、国务院及财政部等相关规章制度、规范性文件等的相关规定进行认定。

(1) 举债时是否符合《中华人民共和国预算法》和《中华人民共和国政府采购法》等"先有预算后有支出"及相关的招标采购程序要求具备的条件。

(2) 如是政府投资项目,是否违反《政府投资条例》"国家加强对政府投资资金的预算约束。政府及其有关部门不得违法违规举借债务筹措政府投资资金"以及"政府投资项目不得由施工单位垫资建设"的要求。

(3) 是否符合国发〔2014〕43号文对债务责任主体的要求,在政府与企业之间划清了债务的界限："分清责任。明确政府和企业的责任，政府债务不得通过企业举借，企业债务不得推给政府偿还，切实做到谁借谁还、风险自担。"

（4）举债行为是否违背了财政部等六部委《关于进一步规范地方政府举债融资行为的通知》（财预〔2017〕50号）"地方政府及其所属部门不得以文件、会议纪要、领导批示等任何形式，要求或决定企业为政府举债或变相为政府举债"的各项规定和要求等。

（四）违规举债融资的后果及法律风险

违规举债融资一旦被查处和认定，地方政府往往会协商、协调解除相关合同、撤销政府所作出决议或担保函，并通过退还、延期支付、借新还旧、债务置换等方式进行整改。但还应因此承担相应的法律风险和后果。

1. 对于相关单位而言

地方政府债务管理实行严控增量、终身问责、倒查责任，债务管理作为硬指标被纳入政绩考核。

（1）相关责任单位将面临行政问责风险，相关责任人将面临党纪处分、行政问责以及玩忽职守、滥用职权等刑事风险。

（2）金融机构及其相关负责人和授信审批人员将被依法依规追责，金融机构将自行承担相应损失或被下调评价等级等。

（3）地方政府将面临整改、违约失信、营商环境恶化、被列入投融资"黑名单"等风险。

（4）中介机构、法律服务机构违法违规为融资平台公司出具相关报告、法律意见书等的，单位及相关从业人员将被依法依规追责。

2. 对于所签署的合同而言

（1）违规举债融资所涉合同。

对于政府违规举债融资所涉合同的效力，需结合《中华人民共和国预算法》《中华人民共和国政府采购法》及其实施条例、《中华人民共和国民法典》《最高人民法院关于审理行政协议案件若干问题的规定》（法释〔2019〕17号）等进行综合判断。如存在违反法定招标程序、串标等情形的，属法定无效；如不属于法定无效情形，而仅仅违反《中华人民共和国预算法》第三十五条禁止违规举债的规定，不能因此认定合同无效。

（2）对于政府或政府方提供担保的合同。

政府或政府方通过安慰函、承诺函或会议纪要等方式提供担保，担保行为和担保合同应属于无效，但担保人仍应根据其过错程度承担相应的民事责任。

二、严禁地方政府违规举债行为

（一）不得通过企事业单位等违规举债

（1）地方政府及其所属部门不得为任何单位和个人的债务以任何方式提供担保。

（2）地方政府及其所属部门不得承诺为其他任何单位和个人的融资承担偿债责任。

（3）地方政府及其所属部门不得为企业举债承担偿还责任或提供担保。

（4）地方政府及其所属部门不得为企业融资提供财政资金安排、代扣代还等说明或承诺。

（5）地方政府及其所属部门、事业单位、社会团体，不得以机关事业单位及社会团体的国有资产为其他单位或企业融资进行抵押或质押。

（6）地方政府及其所属部门不得以文件、会议纪要、领导批示等任何形式要求或决定企业为政府举债或变相为政府举债。

（7）各类财政支持政策要纳入预算管理，并不得与企业偿债责任直接或间接挂钩。

（8）企业债务不得推给政府偿还。

（二）不得通过融资平台违规举债

（1）除另有规定外，地方各级政府及其所属部门、机构和主要依靠财政拨款的经费补助事业单位，均不得以财政性收入、行政事业等单位的国有资产，或其他任何直接、间接形式为融资平台公司融资行为提供担保。

（2）地方政府及其所属部门、公益目的事业单位和人民团体不得违反法律法规等规定，以出具担保函、承诺函、安慰函等任何形式为融资平台公司融资提供担保。

（3）只承担公益性项目建设或运营任务、主要依靠财政性资金偿还债务的融资平台公司，不得以财政性资金、国有资产抵（质）押或作为偿债来源进行融资（包括银行贷款、企业债券、公司债券、信托产品、中期票据、短期融资券等各种形式）。

（4）地方政府及其所属部门不得将公益性资产作为资本注入融资平台公司。

（5）地方政府及其所属部门不得将储备土地作为资产注入融资平台公司。

（6）地方政府及其所属部门不得承诺将储备土地预期出让收入作为融资平台公司偿债资金来源。

（7）地方政府及其所属部门不得干预融资平台公司日常运营和市场化融资。

（8）严禁安排财政资金为融资平台公司市场化融资买单。

（三）不得利用土地融资违规举债

（1）政府不得违法违规出让土地进行融资。

（2）地方各级政府不得以土地储备名义为非土地储备机构举借政府债务。

（3）地方各级政府不得通过地方政府债券以外的任何方式举借土地储备债务。

（4）地方各级政府不得以储备土地为任何单位和个人的债务以任何方式提供担保。

（四）不得利用PPP模式违规举债

（1）严禁以PPP项目名义举借政府债务。

（2）严禁通过保底承诺、回购安排、明股实债等方式进行变相融资，将项目包装成PPP项目。

（3）除法律另有规定外，严禁各级政府及其部门为社会资本或项目公司提供融资担保，防止企业债务向政府转移。

（4）除国务院另有规定外，地方政府及其所属部门参与PPP项目时，不得以任何方式承诺回购社会资本方的投资本金。

（5）地方政府及其所属部门不得以任何方式承担社会资本方的投资本金损失。

（6）地方政府及其所属部门不得以任何方式向社会资本方承诺最低收益。

（7）地方政府及其所属部门不得对有限合伙制基金等任何股权投资方式额外附加条款变相举债。

（8）严禁融资平台公司通过保底承诺等方式参与政府和社会资本合作项目，进行变相融资。

（9）政府或政府指定机构回购社会资本投资本金或兜底本金损失的PPP项目须从项目库中清退。

（10）政府及其部门为项目债务提供任何形式担保的PPP项目须从项目库中清退。

（五）不得以政府购买服务名义违规举债

（1）不得把政府购买服务作为增加预算单位财政支出的依据。

（2）年度预算未安排资金的，不得实施政府购买服务。

（3）地方政府及其部门不得利用或虚构政府购买服务合同为建设工程变相举债。

（4）地方政府及其部门不得以任何方式虚构或超越权限签订应付（收）账款合同帮助融资平台公司等企业融资。

（5）不得将原材料、燃料、设备、产品等货物，以及建筑物和构筑物的新建、改建、扩建及其相关的装修、拆除、修缮等建设工程作为政府购买服务项目。

（6）严禁将铁路、公路、机场、通讯、水电煤气，以及教育、科技、医疗卫生、文化、体育等领域的基础设施建设，储备土地前期开发，农田水利等建设工程作为政府购买服务项目。

（7）严禁将建设工程与服务打包作为政府购买服务项目。

（8）严禁将金融机构、融资租赁公司等非金融机构提供的融资行为纳入政府购买服务范围。

（9）不得通过政府购买服务向金融机构、融资租赁公司等非金融机构进行融资。

（六）不得违规出资设立基金

（1）地方政府不得以借贷资金出资设立各类投资基金。

（2）地方政府及其所属部门参与设立创业投资引导基金、产业投资引导基金等各类基金时，不得承诺回购其他出资人的投资本金，承担其他出资人投资本金的损失，或者向其他出资人承诺最低收益。除国务院另有规定外，地方政府及其所属部门设立政府出资的各类投资基金时不得以任何方式承诺回购社会资本方的投资本金，不得以任何方式承担社会资本方的投资本金损失，不得以任何方式向社会资本方承诺最低收益，不得对有限合伙制基金等任何股权投资方式额外附加条款变相举债。

三、片区特许开发项目的合规性判断

（一）政府部门间的支出责任不是违规举债

依照地方政府债务管理的一般习惯，政府机关部门之间及与事业单位之间的资金往来，不甄别为地方政府债务。因此，地方政府（财政）依照其资金管理办法向片区开发主管部门做出的定向定期不定额拨款安排，并不能甄别为地方政府债务。

（二）针对付费财政不承担兜底责任

财政部门仅承担依照既定财政预算和计划、专项资金管理办法等向片区开发主管部门拨付开发建设和经济发展等资金的责任，并不对特许经营项目的开发建设成本和购买服务费用承担兜底责任，项目单位需要根据对项目风险的判断自行作出投资决策。

同时，按照《政府会计准则第8号——负债》（财会〔2018〕31号）的规定："该义务的金额能够可靠地计量。……未来发生的经济业务或者事项形成的义务不属于现时义务,不应当确认为负债。"由于未来提取金额并不确定,甚至连是否支付也不确定,因此也并不能列为地方政府负债。

(三)片区开发主管部门依绩效付费

片区开发主管部门与项目主体之间关系,是依照托管开发区协议,根据托管开发建设的绩效情况,包括但不限于财政收入增量、经济发展、环境建设、社会效益等多方面考核标准,而支付的购买服务和采购工程协议项下的付款义务。

(四)划分具体类别进行合规性判断

自负盈亏的片区特许开发模式,是由若干采购工程和购买服务子项目组成的项目集合,不增加财政额外支出责任,模式本身不构成违规举债。

财政补助的片区特许开发模式,在当某一部分未来财政支出责任被固化下来,有可能成为受托开发机构融资的还款来源时,则应当注意厘清这种支出责任与违规举债行为的界限,地方政府应尽量采取地方债或PPP等合规模式实施。

(五)针对投入财政资金的协议方式进行合规性判断

如需对项目建设或运营投入一定的财政资金,在没有预算或未确定建设资金来源,未履行政府决策手续及项目前期立项审批等手续前,可以签署合作框架协议(在协议的效力问题上应约定"此协议只是合作意向,对双方均不具有法律约束力"),不应签署施工建设类的合同,更不能开始实际施工建设,否则可能会因合同无效导致停工的法律后果,进而引发纠纷或诉讼。

(六)针对片区开发项目的合作范围和产出标准进行合规性判断

如将片区开发项目的合作范围和产出标准仅约定为土地整理和公共基础设施建设,无运营内容又依靠财政资金兜底或政府付费的片区合作开发类项目,属于违法违规运作。

(七)针对片区开发项目的土地开发、整理服务的约定进行合规性判断

在片区合作开发项目中,不能将土地开发、土地整理服务直接约定为片

区开发的合作内容。《财政部 国土资源部 中国人民银行 银监会关于规范土地储备和资金管理等相关问题的通知》(财综〔2016〕4号)、《土地储备资金财务管理办法》(财综〔2018〕8号)规定:"……土地整理只能由土地储备机构承担,并通过政府采购和购买服务方式进行,不能直接约定为政府与社会资本的合作内容。"

(八)不能利用土地一级开发违规举债

(1)土地储备收入全部纳入预算管理。《财政部 自然资源部关于印发〈土地储备项目预算管理办法(试行)〉的通知》(财预〔2019〕89号),提出了"土地储备项目从拟收储到供应涉及的收入、支出必须全部纳入财政预算",应按照预算管理的要求规范使用,不允许从收入中直接偿还相应款项,否则属于变相违规举债。

(2)储备土地的预期出让收入不能作为项目还款或投资回报资金来源,土地出让金收益分成也不能作为项目还款来源。

(3)所有与土地出让收入挂钩的资金均不能在合同中明确作为项目资金来源。不能在合作协议中约定:"储备土地的预期出让收入、建设用地出让金中地方政府留存款提留后的剩余资金、政府留存相关税收、非税收入部分,列入财政预算全额拨付给甲方,作为甲方支付项目开发费用的资金来源,全额支付至项目公司。"

四、财政部通报的违规举债案例

(一)楚雄州禄丰县违法违规举债担保行为整改及问责情况[①]

1. 违法违规举债担保情况

经禄丰县政府常务会议、县委常委会议和县人大常委会研究同意,2016年7月,禄丰水务投资公司与中江国际信托股份有限公司签订信托融资协议,计划融资2亿元。禄丰县人大常委会、人民政府、财政局出具决议、承诺函,承诺将还款资金列入同期财政支出预算,由县财政统筹安排资金按时足额偿

[①] 载财政部网站,http://yss.mof.gov.cn/zhuantilanmu/dfzgl/ccwz/201807/t20180717_2963202.htm,最后登录日期2021年1月8日。

还。截至2017年2月底，该笔融资到位2亿元。

2. 依法依规整改情况

经与有关方面协商一致，禄丰县撤回了禄丰县人大常委会、人民政府、财政局出具的承诺函。楚雄州人大常委会撤销了禄丰县人大常委会将还款资金列入同年财政预算的决议。

3. 相关责任人问责处理情况

一是对负有主要领导责任的禄丰县委常委、宣传部长朱某（时任禄丰县委常委、副县长）给予党内严重警告处分。二是对负有主要领导责任的禄丰县政协副主席李某（时任禄丰县人大常委会副主任）给予党内警告处分。三是对负有直接责任的禄丰县金融办主任丁某给予撤职处分。四是对负有直接责任的禄丰县水务局党委副书记、局长杨某给予撤职处分。五是责令禄丰县人大常委会党组向禄丰县委作出书面检查，责令禄丰县人民政府向楚雄州人民政府作出书面检查，并在全省通报。

（二）普洱市景东县违法违规举债担保行为整改及问责情况[①]

1. 违法违规举债担保情况

经景东县四班子联席会议、政府常务会议、县委常委会议和县人大常委会研究同意，2016年9月，景东银生水务公司与中江国际信托股份有限公司签订信托融资协议，计划融资1.8亿元。景东县人大常委会、人民政府、财政局出具决议、承诺函，承诺将还款资金列入同期财政预算，由县财政安排财政资金或其他可支配资金按期足额偿还。截至2017年2月底，该笔融资到位1.8亿元。

2. 依法依规整改情况

经与有关方面协商一致，景东县撤回了景东县人大常委会、人民政府、财政局出具的承诺函。普洱市人大常委会撤销了景东县人大常委会将还款资金列入同年财政预算的决议。

[①] 载财政部网站，http://yss.mof.gov.cn/zhuantilanmu/dfzgl/ccwz/201807/t20180717_2963202.htm，最后登录日期2021年1月8日。

3. 相关责任人问责处理情况

一是对负有主要领导责任的景东县委常委、常务副县长汪某给予党内严重警告处分。二是对负有主要领导责任的景东县人大常委会副调研员许某（时任景东县人大常委会党组副书记、副主任）给予党内警告处分。三是对负有直接责任的景东县财政局副局长、县金融办主任杨某给予行政记大过处分。四是对负有直接责任的景东县银生水务公司总经理周某给予撤职处分。五是责令景东县人大常委会党组向景东县委作出书面检查，责令景东县人民政府向普洱市人民政府作出书面检查，并在全省通报。

（三）贺州市违法违规举债担保行为整改及问责情况[①]

1. 违法违规举债担保情况

2016年10月，贺州市人民政府印发《贺州市人民政府关于与国银金融租赁股份有限公司合作开展融资租赁项目的批复》，一是同意将该市鞍山西路等市政道路、排洪河桥等79项公益性资产无偿划入广西贺州市灵贺投资开发有限公司（以下简称"灵贺投资公司"），虚增灵贺投资公司固定资产规模；二是同意以灵贺投资公司名下鞍山西路等市政道路、排洪河桥等79项公益性资产作为租赁物，采用售后回租形式与国银金融租赁股份有限公司（以下简称"国银租赁"）合作开展融资租赁项目；三是授权贺州市市政管理局作为政府购买服务的购买主体，代表市政府与灵贺投资公司签署《政府购买服务协议》，采购期限12年，采购金额合计23.5亿元，要求市财政局负责将采购资金纳入本级政府同期年度财政预算和政府购买服务采购预算管理；四是同意将《政府购买服务协议》项下的应收账款等所有权益质押给国银租赁，将《政府购买服务协议》项下的采购资金用于归还融资租赁项下的租金。2017年3月，灵贺投资公司与国银金融租赁股份有限公司签订融资租赁协议，通过售后回租方式以上述没有收益的市政道路、排洪河桥等公益性资产融资13亿元，并将《政府购买服务协议》项下的应收账款等所有权益质押给国银租赁，以购买服务采购款作为租金还款来源。

[①] 载财政部网站，http：//yss.mof.gov.cn/zhuantilanmu/dfzgl/ccwz/201807/t20180717_2963299.htm，最后登录日期2021年1月8日。

2. 依法依规整改情况

贺州市人民政府及相关部门经协商有关方面后收回相关函件等材料，并终止融资租赁业务，废除原签订的相关合同，贺州市灵贺投资开发有限公司将融资租赁业务已到账的6亿元租赁本金全部退回。

3. 相关责任人问责处理情况

依据《中华人民共和国预算法》《行政机关公务员处分条例》《中国共产党问责条例》等有关规定，广西壮族自治区贺州市对违法违规举债担保问题相关责任人员作出如下处理：一是对负有领导责任的时任贺州市人民政府党组成员、副市长陈某给予通报问责。二是对负有主要领导责任的时任贺州市国资委副主任梁某给予记过处分。三是对负有主要领导责任的时任贺州市财政局副局长张某给予记过处分。四是对负有主要领导责任的时任贺州市城市建设投资开发有限公司（以下简称"贺州城投公司"）党委书记、董事长何某给予开除党籍处分，并在司法程序终结后开除公职；对负直接责任的时任贺州城投公司副总经理、灵贺投资公司董事长谢某给予降级处分；对负重要领导责任的时任贺州城投公司副总经理常某给予诫勉。五是对负有领导责任的时任贺州市市政管理局局长黄某给予诫勉。同时，贺州市人民政府向广西壮族自治区人民政府作出了深刻书面检查，贺州市国资委、财政局以及贺州城投公司向贺州市人民政府作出了深刻检查。

广西壮族自治区反映，针对来宾市、贺州市违法违规举债担保问题，将进一步认真反思、深刻剖析、吸取教训，全面贯彻落实党中央、国务院关于防范化解重大风险的决策部署，不断规范政府举债行为，树立正确政绩观，切实维护经济安全和社会稳定，加强学习宣传，提高风险防控意识，严格责任追究，依法依规问责，坚决打赢防范化解重大风险攻坚战。

党中央、国务院高度重视防范化解地方政府债务风险工作。广西壮族自治区认真贯彻落实党中央、国务院重大决策部署，问责处理个别市县违法违规举债担保行为，对遏制本地区违法违规举债、防范地方债务风险具有积极意义。下一步，对涉嫌违法违规举债担保的其他地区和金融机构，待相关省级政府和监管部门依法依规处理后，财政部将及时通报处理结果，发挥典型案例警示作用。各有关方面要全面贯彻党的十九大精神，按照中央经济工作会议、全国金融工作会议、国务院常务会议等部署，牢固树立"四个意识"，树立正确的政绩观、正确的发展观，坚持新发展理念，按照高质量发展的要求，转变经济发展方式，着力振兴实体经济，坚定推进改革，切实加强地方政府债务管理，促进经济平稳健康发展。

（四）池州经济技术开发区管委会违法违规举债担保行为整改及问责情况[①]

1. 违法违规举债担保情况

经财政部驻安徽省财政监察专员办事处核查确认，2016年6月，经池州经济技术开发区管委会专题会议研究同意，池州市平天湖建设工程有限公司（以下简称"平天湖公司"）以6.3亿元将其建设的金光大道等22条市政道路资产转让给其全资子公司池州金达建设投资有限公司（以下简称"金达公司"），池州经济技术开发区财政局与金达公司签订购买上述22条道路运营服务名义的政府购买服务协议，总价款7.8亿元。金达公司实际并无提供道路运营服务的相关资质，也未提供相关服务。2016年7月，金达公司以上述虚构的政府购买服务协议中对池州经济技术开发区财政局的应收购买服务费7.8亿元作为质押担保，向交通银行池州分行贷款5亿元，并用于向平天湖公司购买上述22条道路资产。平天湖公司收到相关融资资金后，主要用于缴纳池州经济技术开发区土地闲置费、支付土地竞买保证金以及经济技术开发区园区建设支出。池州经济技术开发区以政府购买服务名义，支持企业通过应收账款抵质押融资实际替政府举债的行为，违反了《中华人民共和国预算法》《国务院关于加强地方政府性债务管理的意见》（国发〔2014〕43号）等法律文件和制度规定。

2. 依法依规整改情况

（1）解除政府购买服务协议。

2017年9月，池州经济技术开发区管委会解除了开发区财政局与金达

[①] 载财政部网站，http://yss.mof.gov.cn/zhuantilanmu/dfzgl/ccwz/201807/t20180717_2963095.htm，最后登录日期2021年1月8日。

公司签订的《关于经开区金光大道等22条道路运营服务项目政府购买服务协议》。

（2）协商撤销《应收账款质押协议》及相关融资要件。

2017年9月，金达公司协商交通银行池州分行签订了《关于撤销〈应收账款质押协议〉及相关融资要件的协议》，将金达公司提供的融资项目文件和《应收账款质押合同》予以撤销。

（3）归还银行贷款。

截至目前，池州经济技术开发区的5亿元贷款全部归还。

此外，池州市市长办公会议专门听取汇报，要求全市深刻吸取池州经济技术开发区管委会违法违规举债担保的教训，举一反三，全面摸排，并制订《池州市政府购买服务摸底排查工作方案》，全面排查整改以政府购买服务名义违法违规举债问题。

3. 相关责任人问责处理情况

鉴于池州经济技术开发区管委会能够及时整改，相关责任人主动承认错误，积极配合整改，未造成重大损失，安徽省、池州市对相关责任人作出以下处分：①对负有主要领导责任的池州经济技术开发区党工委委员、副调研员方某给予降级处分。②对负有重要领导责任的池州经济技术开发区财政局局长盛某给予记大过处分。③对负有直接责任的平天湖公司副总经理、金达公司董事长、法定代表人方某给予撤职处分。④责成池州市政府向安徽省人民政府作出深刻检查，并由相关省级部门向全省通报；对在本起违法违规举债中负有重要领导责任的池州经济技术开发区党工委书记、管委会主任程某，将按照干部管理权限依法依规依纪予以处理。

安徽省反映，下一步将以习近平新时代中国特色社会主义思想为指导，全面贯彻落实党的十九大精神，严格执行《中华人民共和国预算法》和《国务院关于加强地方政府性债务管理的意见》（国发〔2014〕43号）等相关法律政策规定，深刻吸取教训，举一反三，严格规范政府举债行为，积极稳妥处置隐性债务风险，坚决打赢防范化解重大风险攻坚战。

（五）宁波市依法问责个别地区以 BT 方式违法违规举债问题防范财政金融风险[1]

1. 违法违规举债情况

经财政部驻宁波市财政监察专员办事处核查确认，新《中华人民共和国预算法》（2014 年修订）自 2015 年 1 月 1 日起施行后，鄞州区财政局继续每年与鄞州区城市建设投资发展有限公司（以下简称鄞州城投）签订协议，约定回购鄞州城投委托建设的市政道路和公租房。其中，2015 年签订《回购协议》，约定回购金额 2.02 亿元；2016 年签订 5 份《回购协议》，合计约定回购金额 2.19 亿元。鄞州区财政局与鄞州城投签订回购协议以建设 - 移交（BT）方式举债的行为，违反了《中华人民共和国预算法》《国务院关于加强地方政府性债务管理的意见》（国发〔2014〕43 号）等法律文件和制度规定。

2. 依法依规整改情况

2017 年 5 月 4 日，鄞州区财政局、鄞州区城投公司终止了 2015 年、2016 年分别签订的《回购协议》。

3. 相关责任人问责处理情况

宁波市依据《中华人民共和国预算法》《行政机关公务员处分条例》等有关规定，作出如下处理：

对负有直接责任的鄞州区财政局国资办副主任江某给予行政降级处分。对负有直接责任的鄞州区城投公司董事长张某给予行政撤职处分。宁波市政府领导约谈鄞州区政府主要领导，严肃批评教育，并责令鄞州区政府向宁波市政府作出深刻检查，剖析原因，严防类似问题再发生。

宁波市反映，下一步将切实加强组织领导，进一步提高思想认识，充分吸取鄞州区违法违规举债行为的深刻教训，督促各级政府、部门及融资平台公司认真贯彻落实《中华人民共和国预算法》和国务院、财政部相关文件规定，规范政府举债融资行为，坚决防止和杜绝各种形式的违法违规举债融资

---

[1] 载财政部网站，http://yss.mof.gov.cn/zhuantilanmu/dfzgl/ccwz/201807/t20180717_2963100.htm，最后登录日期 2021 年 1 月 8 日。

行为，严格做到"发现一起、查处一起"，同时加快推动融资平台公司市场化转型，严格规范政府和社会资本合作及政府购买服务行为，不断提高政府性债务管理的科学化、精细化、规范化水平，打好防范化解重大风险攻坚战，促进全市经济社会持续健康发展。

五、地方政府违规举债案例[①]

（一）陕西省咸阳高新技术产业开发区管理委员会违法违规举债行为及违规原因

1. 违法违规举债情况

2017年8月至2018年8月，陕西省咸阳高新技术产业开发区管理委员会通过签订借款合同的方式分别从咸阳高科建设开发有限责任公司、咸阳高新保障性住房建设有限公司借款3.88亿元、7.53亿元，用于基础设施建设等。截至2018年8月底，共计形成以财政资金偿还的政府隐性债务11.41亿元。

2. 违规原因

不得以任何形式要求平台公司为政府举债或承担政府融资功能。政府债务不得通过企业举借，企业债务不得推给政府偿还。

（二）广西壮族自治区桂林市桂林中学违法违规举债行为及原因

1. 违法违规举债情况

2018年4月，经广西壮族自治区桂林市人民政府同意，桂林市教育局同意桂林中学向银行融资解决新校区建设资金，并承诺以财政资金偿还贷款本金及利息。截至2018年8月底，形成以财政资金偿还的政府隐性债务1.92亿元。

2. 违规原因

地方政府举债一律采取在国务院批准的限额内发行地方政府债券方式，

[①] 《2018年第三季度国家重大政策措施落实情况跟踪审计结果公告》（2018年第49号），载审计署网站，http://www.audit.gov.cn/searchweb/，最后登录日期2021年1月8日。

除此以外地方政府及其所属部门不得以任何方式举借债务。

（三）黑龙江省七台河市财政局违法违规举债行为及原因

1. 违法违规举债情况

2017年9月，黑龙江省七台河市城市建设投资发展有限公司向信托公司借款3亿元，用于偿还棚户区改造建设项目相关借款，七台河市财政局明确将上述融资的还款资金纳入财政预算。截至2018年8月底，形成以财政资金偿还的政府隐性债务3亿元。

2. 违规原因

不得以任何形式要求平台公司为政府举债或承担政府融资功能。政府债务不得通过企业举借，企业债务不得推给政府偿还。

（四）湖南省湘潭城乡建设发展集团有限公司违法违规举债行为及原因

1. 违法违规举债情况

2017年8月至2018年3月，湖南省湘潭城乡建设发展集团有限公司通过将市政道路等公益性资产售后回租的方式违规融资14.6亿元，用于"借新还旧"及市政基础设施建设。截至2018年9月底，形成以财政资金偿还的政府隐性债务13.68亿元。

2. 违规原因

采取抵押及融资租赁等方式，利用不能或不宜变现的公益性资产，进行融资。

第五章 片区开发热点问题解析

近年来在严防地方政府违规举债和隐性债务的大背景下，大量"ABO + F + EPC"综合开发模式迅猛出现，中标社会资本大多为投融资和建设能力强的央企、地方国企，动辄是上百亿元甚至几百亿元的项目。对地方政府来说，如何在相关政策的指导及规范下，合规使用政府性基金，以更加市场化与创新性的政企合作综合开发项目破解地方发展的资金困境，首要考虑的是选择合法合规运作模式，以及有实力的社会投资人，防范项目实施过程中的风险。对于投资人来说，整个项目合作期内的建设资金筹集、投资回报及资金平衡方案的落实、合法获得项目投资、建设等的特许经营权等，都是实操中的关键点，更是重点和难点。

一、ABO 模式如何在片区开发中合规应用

实务中 ABO 项目一般按照"整体授权、分期实施、封闭运作"的原则来实施，由政府授权国有平台公司作为项目实施主体，负责项目整体运作。平台公司作为招标人以"投资人 + EPC"招标方式引进社会投资人，社会资本参与投标，中标后平台公司与中标社会投资人签署投资合作协议，社会投资人与其组建项目公司（SPV 公司），由项目公司承继中标社会投资人在投资合作协议合作合同项下的权利义务及其他所有相关事项，履行合同约定的相应合作内容。项目公司根据投资合作协议约定实施本项目的投资、融资、建设管理等工作，负责项目的具体运作事宜；中标社会投资人按投资合作协议约定日期与平台公司合资成立项目公司，并按相应的股权比例投入项目资本金，并取得合理的投资收益、施工收益。此种模式下，项目公司主要收益

来源于政府向平台公司支付的合作范围内包括一级土地开发收入在内的专项资金。

（一）在当下规范地方政府融资举债、防范金融风险的政策背景下，ABO模式如何依法合规地应用

1. ABO模式下授权项目业主应经过竞争性程序

实务中有专家认为，ABO主要针对的是公共服务和基础设施建设领域，实质上是一种"公公合营"模式。在授权国有平台或公司作为项目业主时，采用政府直接授权的方式尚属可行，但如果是其他社会投资人参与，尤其是民营资本参与，这种直接授权的模式必然存在巨大的法律与政治风险。为此建议，任何涉及其他非地方政府所属国有或平台公司的社会投资人等其他主体参与时，都必须坚持采用合法的竞争性采购程序。如未通过竞争性程序确定社会资本投资人，存在因程序不合法、不合规而导致合作协议主体不适格的法律风险，进而可能因合作协议违反《中华人民共和国政府采购法》等导致无效，将给合作各方带来不可估量的损失。

2. 采用政府购买服务的ABO模式

ABO一般属于政府采购行为，履行了相关政府采购手续（服务或工程）的ABO项目本身即是合规的，如果项目业主是平台或国有公司，其以自身市场化主体身份进行融资时，如政府不承担兜底责任，应该视为是合规的。但依据2020年3月1日生效的《政府购买服务管理办法》，政府采购法律、行政法规规定的货物和工程，以及将工程和服务打包的项目以及融资行为，是不能纳入政府购买服务项目范围的。

3. 采用特许经营的ABO模式

不纳入政府购买服务范围的ABO模式，政府只是按照《基础设施和公用事业特许经营管理办法》采购和授权特许经营权投资、建设和运营的主体，没有对运营本身进行保底支付，政府并不承担支付费用的责任，实质上只是授权特许运营，只是采购项目的特许经营主体。有专家观点认为，对于采用财政补助的片区特许开发等合作开发模式，在当某一部分未来财政支出责任被固化下来，有可能成为受托开发机构融资的还款来源时，可能会存在违规

举债的风险。因此要求，财政对社会资本或项目建设成本等不承担兜底责任，财政部门仅承担依照既定财政预算和计划、专项资金管理办法等向片区开发主管部门拨付开发建设和经济发展等资金的责任，并不对合作项目的开发建设成本和购买服务等费用承担兜底责任或支付责任。且对付费要依据绩效考核的结果，否则也会涉嫌"固定回报"。

4. 通过 ABO 实施的委托建设运营开发区模式

对片区委托开发依据的是《国务院办公厅关于促进开发区改革和创新发展的若干意见》（国办发〔2017〕7 号）中"推进开发区建设和运营模式创新。……按照国家有关规定投资建设、运营开发区，或者托管现有的开发区，享受开发区相关政策"的规定。有的专家认为，通过混合型 ABO 进行的委托建设运营开发区筹资模式，在实质上隔离了新增的政府债务负担，地方财政增收则企业有收益，地方财政不增收则企业无收益。尽管模式较为复杂，但因其政企债务的良好隔离、与城镇化的紧密切合、可融资性的充分体现，而使其通过独立或与 PPP 及地方债组合的方式，逐渐发展成为基础设施建设的主要模式。

（二）如何避免财政补贴的 ABO 项目涉及政府债务风险

如果在 ABO 项目中确实需要政府进行财政补贴，政府支付给被授权单位的经营服务费是否应该被界定为债务？实践中有人认为这就是债务。笔者认为，因为目前对 ABO 并没有相关的制度和政策进行具体规定和要求，对此并不好下定论，但实践中可以通过相关政策创新和方案设计规避违规举债嫌疑。建议如下：一是在国资授权经营体制下，政府对属地国企进行专项经营补贴也是很多地方财政预算的一种常规支出，不属于债务；二是通过政府对被授权企业提供的公共服务质量的考核结果安排财政补贴，保持定时定向不定量的原则，不应被认定债务；三是地方政府还可以配套出台对应领域专项资金的支持政策，以专项资金通道用于项目建设等过程中；等等。在现有的政策环境下，尤其需要通过相关预算安排和机制设计规避违规举债风险，如果这一问题得到妥善解决，ABO 模式无疑是符合国资授权经营体制改革方向的一种有益探索，也将为大量地方国企和融资平台的转型提供新的思路。

(三) 购买服务的 ABO 不需要可行性论证审查

可行性论证审查是《国家发展改革委关于依法依规加强 PPP 项目投资和建设管理的通知》（发改投资规〔2019〕1098 号）所提到的，是针对所有 PPP 项目的一个要求。文件的要求和审批核准备案的立项审核要求不一样，如果采取政府购买服务的 ABO 方式，它虽然使用了财政资金，但不是使用财政资金形成了固定资产，采取这种模式的时候不受这个文件的规范所限制。因此，购买服务的 ABO 项目，不需要按照发改投资规〔2019〕1098 号文的要求进行可行性论证审查。

(四) 购买服务 ABO 仍须遵守财政部 102 号令规定

按照财政部 2020 年 1 月发布的《政府购买服务管理办法》的相关要求，"工程和服务打包"和"融资行为"两方面内容，禁止纳入政府购买服务范围，"购买主体不得以任何形式为承接主体的融资行为提供担保"，新管理办法还提出，"第二十四条 政府购买服务合同履行期限一般不超过 1 年；在预算保障的前提下，对于购买内容相对固定、连续性强、经费来源稳定、价格变化幅度小的政府购买服务项目，可以签订履行期限不超过 3 年的政府购买服务合同"。因此，购买服务的 ABO 项目仍须遵守财政部 102 号令的规定。

二、片区开发中的"融资 + EPC"与"投资 + EPC"模式的合规应用

(一) "融资 (F) + EPC" 模式

1. "F + EPC" 模式的概念

实务中的"F + EPC"模式，一般是某政府平台公司作为建设单位负责建和实施，社会资本方负责项目建设资金的筹集与项目设计、采购、施工总承包，建设完成后由某政府平台公司按照合同约定的投资收益，平均每年偿还社会资本方的项目投资及建设成本和一定的利润。

在该种模式下，项目的资金均是投资人用自有或融资来的资金投入的，政府部门在项目建设并移交前，不投入任何资金。项目建成后，由政府部门

（政府授权的实施主体某政府平台公司）支付本息，采取回购方式来获得项目的所有权，投资者的收入来源主要是合同收入。

2."F+EPC"模式的特点

（1）"F+EPC"模式是工程建设领域的融资模式。政府在建设期不需要投入资金，项目的资金均是投资人用自有或融资来的资金投入的，且投资人本身（或联合体成员）具有施工资质即为施工企业，投资人的身份相当于建设工程实务中的工程总承包企业。

（2）该融资模式证明了政府许可允许带资承包或垫资建设，有悖《政府投资条例》的规定和要求。

（3）项目在规定的时间建成后不需要运营，由政府在一定期限内进行回购，类似早被禁止的BT建设模式，涉嫌固定回报和违规举债，不符合我国现行法律法规以及政策性规定。按照财政部等六部《关于进一步规范地方政府举债融资行为的通知》（财预〔2017〕50号）规定，除发行地方政府债券之外，包括BT模式在内的政府举借方式已经被全面禁止。

因此，采用"融资+EPC模式"，在目前严管政府债务的大背景下，将无法进行项目融资。

（二）"投资+EPC"模式

1."投资+EPC"模式的概念

实践中一般操作模式为，地方政府通过招标方式选择投资人，投资牵头人与设计单位、施工单位组成联合体参与投标，并在中标后与政府的平台公司组建项目公司，负责合作区域内的项目策划、投融资、建设及运营，建设完成后移交地方政府或其指定单位，地方政府以合作区域内新增的土地出让收入、税费收入等支付社会资本的投资成本及收益。

本模式下，项目资本金一般主要由社会资本出资，项目融资由中标人负责。项目资金的投向主要还是用于征地拆迁、公共服务设施与市政基础设施建设等。社会资本投入的征地拆迁费用、工程建设成本等，经政府方审计后作为总投资确认。政府支付的投资成本及收益的支付资金来源，主要是合作区域内新增经营性用地的土地出让金地方留存部分及区域内新增税费收入。

其合规性体现在中标施工企业是投资人，项目资本金由企业出资，所以就是企业投资项目，不是政府投资项目了。依据《政府投资条例》规定"政府投资项目不得由施工企业垫资实施"，而政府投资项目的定义是"政府采取直接投资方式、资本金注入方式投资的项目"。

2. "投资+EPC"模式的基本特点

（1）整体授权：规避隐性债务风险，ABO授权平台公司负责项目的规划、勘察设计、土地一级开发、投资建设、运营维护（如有）、产业导入（如有）等工作，并招选社会投资人具体合作开发建设。

（2）滚动开发：投资建设计划与土地收储及出让计划匹配，控制投资峰值，减少资金占用。

（3）封闭运作：项目合作范围内的土地出让金、物业资产和部分增量税收等资金来源专项用于本项目的支出。

（4）自求平衡：在测算平衡的前提下，不占用项目合作范围外的财政资金或经营性资源，实现项目支出的自平衡。

3. 政策依据

《国务院办公厅关于保持基础设施领域补短板力度的指导意见》（国办发〔2018〕101号）：支持转型中的融资平台公司和转型后市场化运作的国有企业依法合规承接政府公益性项目，实行市场化经营、自负盈亏；《财政部关于国有资本加大对公益性行业投入的指导意见》（财建〔2017〕743号）：鼓励地方国有企业对城市管理基础设施等公益性行业加大投入；通过安排预算资金、划拨政府资产等，支持包括国有企业在内的各类主体更好地在公益性行业发挥作用；对公益性国有企业有区别地考核经营业绩指标和国有资产保值增值情况。

建议：在片区合作开发项目方式选择时，将违规的"融资+EPC"模式，探索转变为合规的"投资+EPC"模式，将带资和垫资改为投资，将政府违规的到期回购行为改为以项目的经营性和合规支持回收项目投资和融资。

三、土地征拆与政府购买服务

目前由于各类文件均没有针对"土地征拆是否可以采取购买服务方式"做出直接表述，加之土地征拆是土地一级开发中最主要的环节，根据2012年国土资源部颁布的《闲置土地处置办法》（中华人民共和国国土资源部令第53号）的规定，"供应土地应当符合下列要求，……安置补偿落实到位"，也即业界常说的"禁止毛地出让"。

（一）相关文件规定

1. 《财政部 国土资源部 中国人民银行 银监会关于规范土地储备和资金管理等相关问题的通知》（财综〔2016〕4号）的规定

财综〔2016〕4号文提出：地方国土资源主管部门应当积极探索政府购买土地征收、收购、收回涉及的拆迁安置补偿服务。土地储备机构应当积极探索通过政府采购实施储备土地的前期开发，包括与储备宗地相关的道路、供水、供电、供气、排水、通讯、照明、绿化、土地平整等基础设施建设。土地储备机构应当……编制下一年度土地储备资金收支项目预算，经主管部门审核后，报同级财政部门审定。其中，属于政府采购范围的应当按照规定编制政府采购预算，属于政府购买服务项目的应当同时编制政府购买服务预算，并严格按照有关规定执行。

2. 《财政部关于坚决制止地方以政府购买服务名义违法违规融资的通知》（财预〔2017〕87号）

财预〔2017〕87号文把针对棚改作出的除外规定条款放在了第三条"服务期限和预算管理"内，而没有放在第二条"购买服务规定范围"内，业界一般的理解是：棚改只是在期限规定上异于其他购买土地征拆服务，而不是一种特殊的购买服务类别，而且土地征拆环节本身也几乎不涉及工程内容。

3. 《财政部 国土资源部关于印发〈土地储备资金财务管理办法〉的通知》（财综〔2018〕8号）

财综〔2018〕8号文提出："属于……政府购买服务范围的，应当……政府购买服务预算。"

目前，没有文件直接禁止购买土地征拆服务，在没有出台新文件的情况下，政府购买征拆服务应属于合规的政府购买服务。

(二) 购买征拆服务要点

1. 非土储机构不得储备土地

按照财综〔2016〕4号文"土地储备工作只能由纳入名录管理的土地储备机构承担，……其他机构一律不得再从事新增土地储备工作"的规定，包括平台公司、社会资本在内的任何其他机构，均不得承担土地储备工作，其核心标志在于土地储备证的持有。

2. 土储机构除地方债券外不得融资

按照财综〔2016〕4号文规定，除地方政府发行债券渠道之外，土地储备机构不得向金融机构融资。

3. 委托环节不得挂钩土地出让收入

按照财综〔2016〕4号文规定，"项目承接主体或供应商应当严格履行合同义务，按合同约定数额获取报酬，不得与土地使用权出让收入挂钩，也不得以项目所涉及的土地名义融资或者变相融资"。而《关于联合公布第三批政府和社会资本合作示范项目　加快推动示范项目建设的通知》（财金〔2016〕91号）"不得借未供应的土地进行融资，……不得与土地出让收入挂钩"的规定，同样适用于PPP项目之外的情形，包括土地出让收入扣除征拆成本和税费之后净收益分成的模式，仍然属于违规行为。另外，地方政府应依约按期按时支付购买服务费用，不可拖欠款项。

同时，购买服务政策本身要求纳入预算，不要求以土地出让收入作为还款来源。

4. 购买服务不得打包"七通一平"工程

按照财预〔2017〕87号文"严禁将……基础设施建设，储备土地前期开发，农田水利等建设工程作为政府购买服务项目。严禁将建设工程与服务打包作为政府购买服务项目"的规定，包括财综〔2016〕4号文所述的"与储备宗地相关的道路、供水、供电、供气、排水、通讯、照明、绿化、土地平整等基础设施建设"在内的储备土地的前期开发，仍然不可作为购买服务内容。类似地，较多观点认为，征拆业务中的拆除工程，也不可以作为购买服务。

财预〔2017〕87号文明确将"融资行为"纳入购买服务的禁止范围内。同时，在土地征拆中，除了政策性因素具有相当复杂程度外，其余工作几乎没有技术含量；除垫付款项以外的入户调查、统计咨询等所占工作量及资金量微乎其微；而且因其政策性因素也不适于由非政府部门来具体实施。因此，购买土地征拆服务的实际内容，是购买垫款服务，或者说正是财预〔2017〕87号文所禁止的融资服务，虽然这种融资服务是通过服务提供方来实现，而不是由政府直接向金融机构购买的。但倘若按照"实质大于形式"的原则来加以考量，购买土地征拆服务恐怕还是有一些瑕疵的。

建议谨慎对待，如果能与上级财政、土地部门在政策方面建立良好的相互沟通和理解，也可以尝试操作。

5. 是否可以购买涉及工程的服务

按照财预〔2017〕87号文规定的"不得将货物、建设工程单独或与服务打包作为政府购买服务项目"，如果合同包含了BT（建设-移交）工程的内容（如道路），则肯定不可以作为购买服务项目。

尤其是服务内容属于《财政部 民政部 工商总局关于印发〈政府购买服务管理办法（暂行）〉的通知》（财综〔2014〕96号）的购买服务指导性目录中提及的"公共教育、养老服务、住房保障、公共文化、公共体育、公共交通运输、三农服务、环境治理、城市维护、社区建设、信息化建设与管理"等服务类型的项目，能否购买，目前争议较大。

反对方的意见主要有两个方面：一是提出了财预〔2017〕87号文禁止捆绑工程的相关规定，但是由于上述的购买服务并没有交付工程，而且也向公众提供了服务，所以这一反对意见说服力不强；二是提出了财综〔2014〕96号文第七条规定，"承接主体应当具备以下条件：……具备提供服务所必需的设施"。不过显而易见的是，这一条更不具辩驳力，业内很多观点认为，这仅是对购买服务承接主体自身在提供服务"潜在能力方面"的要求，例如：要有必要的生产经营场所和提供服务的设施；如果是送餐服务公司应该具备厨房场所和送餐所需车辆设备；等。即使此句确实是对提供服务"已有场所方面"的要求，它也只是割裂了"已有场所"与"未有场所"项目的属性，其结果是，"已有场所"项目合规，"未有场所"项目违规。

四、片区合作开发项目的回报机制与政府债务风险

项目的回报机制是指社会资本或投资人取得回报的资金来源或方式，包括使用者付费、政府付费、可行性缺口补助等方式，在确定合作开发类项目的回报方式时，应严格执行《国务院关于加强地方政府性债务管理的意见》（国发〔2014〕43号）、财政部等六部委《关于进一步规范地方政府举债融资行为的通知》（财预〔2017〕50号）、《财政部关于坚决制止地方以政府购买服务名义违法违规融资的通知》（财预〔2017〕87号）、《财政部关于做好2018年地方政府债务管理工作的通知》（财预〔2018〕34号）等规范性文件的规定，尤其谨防带来政府违规举债及隐性债务风险。

（一）能否约定"先预算后实施"的投资回报原则

对于符合《政府投资条例》的项目，"先预算后实施"是一个基本原则，但对于片区合作开发类项目，政府采购的是投资人而非施工人，是服务而非工程。对于合作范围不符合《政府投资条例》或《中华人民共和国政府采购法》规定的工程或服务项目，不能约定此原则，即使作了约定也属于无效条款，甚至可能涉嫌违法违规操作。

（二）能否由政府平台公司按年偿还社会资本方成本

不能在项目建设完成后由政府平台公司按照合同约定的投资收益，按年偿还社会资本方的项目工程成本（含工程利润）与资金占用成本（含融资利润）。对于合作范围内包含的使用者付费项目或有运营收入的项目，全部的运营责任均由社会投资人或项目公司承担。

（三）能否要求政府对社会投资人的投资款项提供相关的保障

不能要求政府授权国资部门向平台公司出具不可撤销的增资承诺；不能要求政府其他国有企业或平台公司为该平台公司提供履约担保等。此约定涉嫌固定回报，对于符合政府付费或缺口补助的项目，应遵循"按效付费"原则。

（四）能否约定将政府留存相关税收、非税收入部分，列入财政预算全额拨付给项目公司

不能约定作为项目开发费用的资金来源全额支付至项目公司。

（五）能否约定将建设用地出让金中地方政府留存款提留后的剩余资金，作为支付项目开发的费用，全额支付给项目公司

如果作此约定，应符合财政预算管理的相关规定。但如果将上述资金作为偿还债务的来源，则涉嫌违规，投资人将遭受巨大损失，政府方相关人员也将被追责问责。

（六）片区土地开发土地出让收入或收益分成能否作为项目还款来源

在《财政部关于推进政府和社会资本合作规范发展的实施意见》（财金〔2019〕10号）实施之前，片区综合开发类政府与社会资本合作项目基本均涉及土地开发领域，且都是把土地的整理和利用的收入作为政府付费或可行性缺口补助的来源。财金〔2019〕10号文发布后，新签约项目被禁止以包含土地出让收入为主的政府性基金预算作为PPP项目的财政补贴或预算支出安排。那么，在不采用PPP模式的政府与社会资本合作项目中，按财预〔2017〕87号文的规定，储备土地的预期出让收入不能作为项目还款或投资回报资金来源，土地出让金的收益分成是否作为项目还款来源，应结合合作开发模式以及财政部门预算管理的相关规定执行。

五、片区开发合作协议内容的合法合规性问题

片区开发合作协议是整个合作项目实施的关键和基础保障，对于合作的范围和内容应从项目实施的运作方式、合作事项、融投资安排、回报机制、风险分配、权利义务等方面进行充分细致的考虑和安排。特别是要充分考虑政府支出责任的合法合规性和财政承受能力，以及项目付费机制的合法合规性等方面，目的是保证合作协议的合法有效以及双方在合作过程中的可行性和实操性。

（一）目前片区开发合作协议存在的主要问题

1. 部分合作内容存在违法违规现象

部分合作协议内容违反《中华人民共和国预算法》《中华人民共和国招标投标法》《中华人民共和国政府采购法》《基础设施和公用事业特许经营管理办法》等。一是没有预算，未确定建设资金来源就开始签署合作协议施工建设。二是未采用竞争性程序，直接与社会投资人成立项目公司，约定由项目公司承担片区开发的投资建设运营责任。三是约定社会资本方中标后，直接指定由其全资或控股公司承担项目建设。如"中标人可指定中标人绝对控股关联企业承继中标人在本协议项下的权利和义务，并与甲方签订补充协议"，又如"乙方指定其全资子公司具体负责园区的具体开发建设"，"……中标人可引入其他合作投资者参与开发本项目及后续建设工程"等约定。四是合作协议中的部分子项目约定了纳入财政预算支出，但未走采购程序，直接指定实施主体等。

2. 合作协议约定的回报方式存在政府违规举债及政府隐性债务风险

笔者在审核合作开发协议过程中发现，在社会投资人的回报方式上，有的要求政府将还款来源纳入财政预算，有的约定给予固定回报，还有的要求政府或所属国有公司变相担保。如在合作协议中约定"甲方为项目公司融资之目的出具相关书面文件或办理相关手续等"，又如"在建设期内，由甲方每年安排××亿元的基础设施及配套设施的代建任务""甲方向乙方支付基础设施及配套设施建设投资服务费……"，等等，这都严重违反了财预〔2017〕50号文等规范性文件的规定。

3. 合作协议的主要内容缺失

多数项目的合作协议对合作项目的风险分配机制、投资回报机制、履约保障机制、提前终止补偿机制、项目投融资的具体计划安排，项目建设、运营的主要边界及绩效评价相关内容等不进行约定或不明确约定。

（二）片区开发合作内容的合规性探讨

1. 能否将土地开发、土地整理投资事项等作为合作开发内容

一般合作协议约定合作内容为项目合作区域内的工程建设，包括市政基

础设施建设，公共、公益设施建设，非经营性建设项目及其他建设工程，产业的导入和发展等，有的也包括了项目合作区域内的征地拆迁安置补偿投资等；但大部分或基本上所有的片区开发类项目的合作内容都包含土地开发、土地整理投资服务等内容。

依据《土地储备资金财务管理办法》（财综〔2018〕8号）的规定，地方政府在实施土地储备项目时可以将工程和拆迁安置补偿服务分别通过政府采购和政府购买服务预算实施。

2. 能否约定将项目范围内的建设用地出让金中地方政府留存款提留后的剩余资金，作为支付项目开发的费用

按照财预〔2017〕87号文的规定，储备土地的预期出让收入不能作为项目还款或投资回报资金来源，土地出让金的收益分成能否作为项目还款来源，应结合合作开发的模式以及财政部门预算管理的相关规定确认。约定"将政府留存相关税收、非税收入部分，列入财政预算全额拨付给甲方，作为甲方支付项目开发费用的资金来源，全额支付至项目公司"；约定"将建设用地出让金中地方政府留存款提留后的剩余资金，作为支付项目开发的费用，全额支付给项目公司"等，应符合财政预算管理的相关规定。但如果将上述资金作为偿还债务的来源，则涉嫌违规，不但投资人将遭受巨大损失，政府方相关人员也将被追责问责。

3. 在合作协议中对甲方（政府或政府授权的国有企业或平台公司）涉嫌违规的职责或义务的约定

甲方为项目公司融资之目的出具相关书面文件或办理相关手续等内容。或为乙方融资贷款……所必需的文件。

在建设期内，甲方为乙方安排不低于××亿元的基础设施及配套设施的代建任务。

中标人可指定所控股的企业或全资公司承继中标人在本协议项下的权利和义务。

甲方向乙方支付基础设施及配套设施建设投资服务费。

甲方应保证乙方依据本协议从事土地整理投资业务并取得相应土地整理投资服务费的合法有效性等。

4. 签署的合作协议中未约定项目运营、绩效考核等内容是否违规

（1）如需对项目的建设或运营投入一定的财政资金，在没有预算或未确定建设资金来源，未履行政府决算手续及项目前期立项审批等手续前，可以签署合作框架协议（在协议的效力问题上应约定"此协议只是合作意向，对双方均不具有法律约束力"），但不应签署施工建设类的合同，更不能开始实际施工建设，否则可能会因合同无效导致停工的法律后果。

（2）如将项目的合作范围和产出标准仅约定为土地整理和公共基础设施建设，无运营内容又依靠财政资金兜底或政府付费的片区合作开发类项目，属于违法违规运作，实务中也不具有实操性和可行性。

（3）严防土地一级开发及土地整理服务的违规风险。①不能利用土地一级开发违规举债。严控一级土地开发中的违规举债行为，是地方政府债务监管工作的重点。2019年5月20日，财政部、自然资源部出台《土地储备项目预算管理办法（试行）》（财预〔2019〕89号），提出了"土地储备项目从拟收储到供应涉及的收入、支出必须全部纳入财政预算"和在预算中遵循"先收后支"的总体原则。这是主管部门加强土地收支管理，规范土地一级开发行为的重要举措。显然，此办法实施后的土地一级开发项目中，社会资本投资当中用于征地拆迁以供（政府）收购收回土地的资金，必须列入地方政府财政预算，成为地方政府财政收入的一部分，按照预算管理的要求规范使用，而不允许从收入中直接偿还相应款项，否则属于变相违规举债。②不能将土地整理服务直接约定为片区开发的合作内容。财综〔2016〕4号文提出："土地储备工作只能由纳入名录管理的土地储备机构承担，各类城投公司等其他机构一律不得再从事新增土地储备工作。"《土地储备资金财务管理办法》（财综〔2018〕8号）第十四条："……其中：属于政府采购和政府购买服务范围的，应当按照规定分别编制政府采购和政府购买服务预算。"由此可以看出，土地整理只能由土地储备机构承担，并通过政府购买服务方式进行，不能直接约定为政府与社会资本的合作内容。

（4）严格遵守《中华人民共和国政府采购法》和《中华人民共和国招标投标法》的规定确定子项目的实施主体。

需采用政府购买服务方式支付费用的项目和应通过招投标的项目，如项

目设计、规划咨询、全过程建设管理服务、征迁投资服务等，应通过政府采购的程序选择确定实施主体，不能作为合作开发的内容写进合作开发协议中，直接约定由社会投资人实施，更不能约定政府方有保证社会资本方取得上述服务的合同义务，否则存在审计无法通过的风险，会导致无法付费的结果。

社会资本如何合规参与政府的前期土地整理及开发业务？

财综〔2016〕4号文明确规定，土地储备机构承担的依法取得土地、进行前期开发、储存以备供应土地等工作主要是为政府部门行使职能提供支持保障，不能或不宜由市场配置资源。土地储备工作只能由纳入名录管理的土地储备机构承担，各类城投公司等其他机构一律不得再从事新增土地储备工作。因此，当前土地储备的项目主体只能是隶属于国土资源主管部门的事业单位，社会资本及城投公司不能继续担当土地储备的项目主体。

为此，需要探索社会资本参与土地一级开发的合规性路径。

六、社会资本如何合规参与政府的前期土地整理及开发业务

（一）社会资本可作为土地一级开发的承接主体

财综〔2016〕4号文规定，地方国土资源主管部门应当积极探索政府购买土地征收、收购、收回涉及的拆迁安置补偿服务。土地储备机构应当积极探索通过政府采购实施储备土地的前期开发，包括与储备宗地相关的道路、供水、供电、供气、排水、通讯、照明、绿化、土地平整等基础设施建设。

上述规定旨在鼓励政府向社会资本（包括城投公司）购买土地一级开发服务，也就等同于认可社会资本、城投公司可以作为土地一级开发政府购买服务的承接主体。但应注意：

（1）土地征收、收购、收回涉及的安置补偿服务应被列入政府购买服务指导性目录中，对暂时未纳入指导性目录又确需购买的服务事项，应当报财政部门审核备案后调整实施。

（2）政府购买该项服务所需资金应当在年度预算和中期财政规划中据实足额安排，先有预算后购买服务，所需资金应当在既有年度预算中统筹考虑，

不得把政府购买服务作为增加预算单位财政支出的依据,年度预算未安排资金的,不得实施政府购买服务。

(二)如土地一级开发项目涉及建设工程,政府在选定项目承接主体时应走公开招标程序

财综〔2016〕4号文规定:"土地储备机构应当积极探索通过政府采购实施储备土地的前期开发,包括与储备宗地相关的道路、供水、供电、供气、排水、通讯、照明、绿化、土地平整等基础设施建设。"《财政部关于坚决制止地方以政府购买服务名义违法违规融资的通知》(财预〔2017〕87号)规定:"……严禁将……储备土地前期开发……等建设工程作为政府购买服务项目。……政府建设工程项目确需使用财政资金,应当依照《中华人民共和国政府采购法》及其实施条例、《中华人民共和国招标投标法》规范实施。"

根据上述文件规定,储备土地的前期开发归属于建设工程项目,如需使用财政资金,应当依照《中华人民共和国政府采购法》及其实施条例、《中华人民共和国招标投标法》规范实施,通过招标的方式确认承接主体。

(三)社会资本获取的土地一级开发收益不得与土地出让金挂钩

按照《国务院办公厅关于规范国有土地使用权出让收支管理的通知》(国办发〔2006〕100号)规定:"土地出让收支实行'收支两条线'管理,即土地出让金必须全额缴入国库,支出只能通过地方基金预算从土地出让收入中予以安排,而支出的项目则仅限于以下几类:(1)征地、拆迁补偿支出;(2)土地收购、收回、置换支出;(3)土地前期开发支出;(4)管理费用(招拍挂等费用);(5)财务费用(贷款利息等)。"

财预〔2019〕89号文第四条规定:"土地储备项目从拟收储到供应涉及的收入、支出必须全部纳入财政预算。"

土地储备项目预算按规定纳入地方政府性基金预算管理,年度预算执行中遵循以收定支、先收后支的原则。

财预〔2019〕89号文:"第五条 土地储备项目应当实现总体收支平衡和年度收支平衡。

"（一）总体收支平衡，是指项目全生命周期内，项目预期土地出让收入能够覆盖债务本息等成本。

"（二）年度收支平衡，是指项目年度资金来源覆盖年度支出。"

在"收支两条线"的管理模式下，支付给开发企业的土地一级开发费用（包括利润）可以在土地基金预算中进行安排，无法直接与土地出让金挂钩。

财综〔2016〕4号文规定，项目承接主体或供应商应当按合同约定数额获取报酬，不得与土地使用权出让收入挂钩，也不得以项目所涉及的土地名义融资或者变相融资。

财预〔2019〕89号文提出的"全部纳入"预算和在预算中遵循"先收后支"的总体原则，主要意图还是在于切割政府和企业的债务关系，防范违规举债风险，避免地方政府在土地储备项目或基础配套设施建设中发生违规举债行为。

土地征收、收购、收回涉及的安置补偿服务可以采用政府购买服务的方式。

七、政府采购工程的合规性探讨

政府采购工程也是土地开发过程中的重要环节，依照《土地储备资金财务管理办法》（财综〔2018〕8号）规定，储备土地的前期开发，仅限于与储备宗地相关的道路、供水、供电、供气、排水、通讯、照明、绿化、土地平整等基础设施建设支出。这一部分的建设支出属于工程范畴，明确不能纳入政府购买服务，需以政府采购工程的方式来实施。政府采购工程能够作为与征拆环节配套的"七通一平"建设环节的辅助手段。

投资于工程建设而产生的支出责任，一直在地方政府财政支出责任中占压倒性比例，也受到债务监管部门的主要关注。随着全国监管地方政府性债务的形势愈加严峻，政府采购工程也逐渐走向了规范管理。按参与对象可以划分为有或无平台公司（或公益性建设国有企业）参与的类型，无论平台公司是否参与，都要按照穿透的原则，进行合规性审核：最终付款人为财政的，即视为使用财政资金的行为，对于市政道路、广场等单独无收益的公益性项目，即使不能一一对应付款人，也应视为使用财政资金的行为；按经营管理模式及权属划分可以分为归政府所有、归平台公司所有及其他类型；按付款方式可以划分为按进度付款、分期付款等；按年限可以划分为短期、中期、长期项目等类型。需要加以注意的是，在项目内容为单纯工程建设的政府投资项目中，必须按照施工进度支付工程款，而不能采取延后付款的方式，否则即视为违规举债。

与PPP相比，政府采购工程的筹资方式具有年限短、风险小、手续简便快捷、侧重不同领域的优势。不过，基于预算约束、盈利来源、项目年限等多方面因素，政府采购工程项目的筹资功能与PPP等模式相比，客观上还有较大差距。

（一）关于禁止垫资的规定

在我国现行的政策法规中，对于政府采购工程中筹资行为合规审核的主要方向是不能采取"建设-移交"的BT方式违规举债，在2019年颁布的《政府投资条例》中，进一步将其升级为禁止垫资的相关规定："政府投资项目不得由施工单位垫资建设。"对此的理解包括以下两方面。

1. 禁止垫资的相关规定限于政府投资项目

首先，固定资产投资项目可以划分为政府投资项目、企业投资项目和其他，企业投资项目没有是否允许垫资的规定。在《政府投资条例》当中，划分为政府投资项目和其他使用财政预算资金的投资项目。《政府投资条例》第二条规定："本条例所称政府投资，是指在中国境内使用预算安排的资金进行固定资产投资建设活动，包括新建、扩建、改建、技术改造等。"由本条可知，凡是在中国境内使用预算安排的资金进行固定资产投资建设活动的，都属于"政府投资"，都要受到《政府投资条例》的规范和约束。但是，并非所有这样的项目都属于政府投资项目。《政府投资条例》第二十二条规定："政府投资项目所需资金应当按照国家有关规定确保落实到位。政府投资项目不得由施工单位垫资建设。"

由此可知，在《政府投资条例》约束的政府投资行为中，只有其中的政府投资项目，存在禁止施工单位垫资的相关规定。不是政府投资项目，不受这一条规定的限制。

2. 禁止垫资的相关规定限于施工单位

《政府投资条例》所禁止的是施工单位垫资，其他类型单位投入的资金并不属于禁止垫资的范畴；《住房和城乡建设部 国家发展改革委关于印发房屋建筑和市政基础设施项目工程总承包管理办法的通知》（建市规〔2019〕12号）中指出，"政府投资项目所需资金应当按照国家有关规定确保落实到位，不得由工程总承包单位或者分包单位垫资建设"。

总的来看，在现行的固定资产投资项目全领域中，投资人进行投资的过程中，必然会合规地涉及这一环节，这仍是占据主要规模的模式。因为，纯粹的完全政府投资项目所占比例仍然较小。

（二）如何理解和认定"政府投资项目不得由施工单位垫资建设"

2019年7月1日《政府投资条例》（中华人民共和国国务院令第712号）正式施行之后，明确禁止了政府投资项目中的垫资行为，基于其行政法规的法律层级，其将导致今后出现的政府投资项目中的垫资条款无效，甚至可能会危及整个施工合同的效力。该条例中明确提出了，政府投资项目不得由施工单位垫资建设。两个规定的综合效应，就是彻底堵死了单纯的施工企业垫资模式以及颇受争议的"F+EPC"模式。

该条例第二十二条规定"政府投资项目不得由施工单位垫资建设"。那么什么是"垫资"？什么是不允许垫资的"政府投资项目"？

1. "垫资"的含义及类型

"垫资"不是一个严谨的法律概念，法律、行政法规层面对垫资没有明确定义和规定。究竟是以施工进度为标准，还是以验收为标准，抑或以合同约定为标准，没有统一的说法。另外，在行业实践中，由于企业间的施工合同广泛地存在垫资行为，各类变相的垫资行为更加复杂、隐蔽、多样。因此，总体来说，对于垫资行为的界定，技术上尚有一定难度，定义相对模糊。

《关于严禁政府投资项目使用带资承包方式进行建设的通知》（建市〔2006〕6号）中的第一条第三款对带资承包给出了官方的定义，即"带资承包是指建设单位未全额支付工程预付款或未按工程进度按月支付工程款

(不含合同约定的质量保证金），由建筑业企业垫资施工"。

根据上述定义，垫资可以分为两种类型：

（1）未全额支付工程预付款。工程预付款是发包人为解决承包人在施工准备阶段资金周转问题而提供的协助，如承包人在施工准备阶段为准备进场而采购水泥、钢材等大宗材料或者租赁大型机械设备等所必需的费用，发包人未能全额支付的部分即为垫资款。

（2）未按月支付工程进度款。这里存在两种情况：一是发包方按照完成一定工作量或者工程形象进度作为支付周期，如承包人每完成1000万元工作量或者每完成3层楼施工量作为一个付款周期；二是发包人按月支付工程款，但仅支付上月完成工作量的一定比例，而非全额支付。那么到底支付多少比例才算垫资呢？《建设工程价款结算暂行办法（试行）》规定："根据确定的工程计量结果，承包人向发包人提出支付工程进度款申请，14天内，发包人应按不低于工程价款的60%，不高于工程价款的90%向承包人支付工程进度款。"参照该规定，如果进度款低于当期已完工程进度计量款的60%，就可能构成"垫资"。

实践中还存在所谓的"硬垫资"与"软垫资"的区分。所谓"硬垫资"通常是指在合同中明确约定由承包人垫资施工，也即司法解释中所规定的当事人对垫资和/或垫资利息有约定的。而"软垫资"通常指未在合同中明确约定垫资施工的，但实际是由承包人垫资施工，其具体方式表现为要求施工单位提供高额的保证金、约定滞后的形象进度付款节点、延迟支付进度款等。而法院会将这部分资金按照工程欠款处理，也即司法解释中规定的当事人对垫资没有约定的，按照工程欠款处理。在司法实践中，"软垫资"似乎并不被法院认定为"垫资"。如河北省高级人民法院（2018）冀民终966号判决（河北省第三建筑工程有限公司、唐山曹妃甸京港房地产开发有限公司建设工程施工合同纠纷）可以提供参考借鉴价值："京港公司主张省三建为垫资施工，但施工合同中并无任何关于垫资的内容，而是明确约定了京港公司根据工程形象进度按月支付进度款，实际履行中虽然存在京港公司迟延支付进度款的情形，但亦属于京港公司违约而非垫资，至于建筑材料是甲供还是乙采也并非判定是否垫资施工的标准，因此京港公司关于案涉工程为垫资施工的主张不能成立。"由此可见,"软垫资"是否应当被认定为垫资,这在未来将是一大难点和争议点。

2. "政府投资项目"的含义

这里需要说明的是《政府投资条例》中的禁止施工企业垫资规定,仅适用于"政府投资项目",那什么是政府投资项目?

《政府投资条例》第六条规定:"政府投资资金按项目安排,以直接投资方式为主;对确需支持的经营性项目,主要采取资本金注入方式,也可以适当采取投资补助、贷款贴息等方式。"

《政府投资条例》第九条进一步规定:"政府采取直接投资方式、资本金注入方式投资的项目(以下统称政府投资项目)……"

可见,按照《政府投资条例》第六条的规定,政府投资资金分为直接投资、资本金注入、投资补助、贷款贴息等方式,而按照《政府投资条例》第九条规定,其中仅有直接投资和资本金注入这两种政府投资资金方式属于《政府投资条例》所规定的"政府投资项目"。也就是说,只有政府采用直接投资或资本金注入方式建设的工程,才禁止施工单位垫资建设,如果政府采用投资补助、贷款贴息等其他方式参与工程投资建设的,则不受《政府投资条例》第二十二条垫资施工的禁止性规定的约束。

政府投资包含哪些投资项目和范围呢?《政府投资条例》第三条明确规定:"政府投资资金应当投向市场不能有效配置资源的社会公益服务、公共基础设施、农业农村、生态环境保护、重大科技进步、社会管理、国家安全等公共领域的项目,以非经营性项目为主。"

但并非所有的公益性项目都不得采用施工企业垫资的行为。在当前财政与金融严控形势下,平台公司市场化转型已经势在必行。而在平台进行转型后,根据国家政策性规定,可以开展公益性项目。则"政府投资项目"可以转化为"国有企业投资项目",因此,若转型后的平台公司开展公益性项目,将仍然可以采用施工企业垫资的模式。(至于平台公司获得公益性项目的方式,以及平台公司在承担公益性项目时如何与政府处理法律关系的问题,是另一个问题。)由此可见,《政府投资条例》堵死了政府作为投资主体的项目的施工企业垫资的模式，但很可能却抬高和增强了平台公司的地位和历史重任。

八、采用EPC模式建设政府基建项目的风险

经过三年多的清理整顿，政府基建领域的BT等违规举债模式已经杜绝。随着2020年《中华人民共和国预算法》的实施，政府举债和投资建设行为受到了越来越严格的约束。在PPP模式管理越来越规范、政府付费模式控制趋严、项目前期准备工作周期变长的背景下，EPC成为政府基建项目建设的热词。笔者和云南多个县区政府人员交流时，发现不少企业在游说政府采用EPC模式进行政府基础设施建设。伴随着PPP收紧甚至暂停的谣言，水利、市政、交通、环保项目以及政府急于实施的项目，似乎EPC最好用，大有燎原之势。在四省区接连被通报违规举债，全国严查隐性债务和违规举债的大幕已经拉开，地方债务危机风雨欲来，多地政府连曝工资难保的大背景下，有认识和了解EPC实质的必要。

1. 什么是EPC

EPC模式——设计、采购、施工总承包管理模式，是工程总承包管理的一种，项目业主将项目的设计、采购、施工等工作授予企业完成，其本质上是工程项目管理模式，又叫交钥匙工程。工程总承包模式是国际上广泛采用的成熟的建设工程模式，其本身具有精简招标程序、减少管理层级、化解项目风险、统一权利责任、提升推进效率、降低工程造价、缩短建设工期、保证工程质量等优点。

2003年建设部颁布《关于培育发展工程总承包和工程项目管理企业的指导意见》（建市〔2003〕30号），明确将EPC总承包模式作为一种主要的工程总承包模式予以政策推广，其目的是克服设计、采购、施工相互制约和相互脱节的矛盾，有利于设计、采购、施工各阶段工作的合理衔接，充分发挥项目设计在项目进度、成本和质量控制方面的引领作用，提升项目的管理效率。

2019年12月，住房和城乡建设部、国家发展改革委联合下发《房屋建筑和市政基础设施项目工程总承包管理办法》（建市规〔2019〕12号，

以下简称《办法》），自 2020 年 3 月 1 日起施行。《办法》明确了工程总承包范围、工程总承包项目发包和承包的要求，明确了工程总承包单位条件、工程总承包项目实施要求、工程总承包单位的责任等。《办法》的出台，符合党和国家对工程总承包事业发展的要求，符合"一带一路"倡议的根本需求，将极大地促进我国工程总承包实践的规范化，对促进工程总承包的健康发展、完善相关管理制度、提升工程建设质量和效益有着积极的意义。

2. EPC 的适用范围

EPC 模式下，由企业全部承担设计、施工和采购义务，但不承担融资和运营责任，项目建成后交钥匙给业主，业主支付建设成本和利润。由此可见，EPC 的适用范围是有特定要求的：一是项目的建造标准和使用功能明确，建设内容简单，造价易于控制，工程质量风险较小，否则就存在建设成本虚高和粗制滥造的风险；二是 EPC 模式下，业主一般不介入项目实施过程的管理，对项目工序、造价、质量、安全的监督职能弱化，只适用于技术简单、隐蔽工程不多，且不涉及公共利益和公共安全的项目；三是建设资金到位或有明确的资金来源，企业不需要承担融资责任。

根据 EPC 的特性，它作为项目管理模式，可以整合项目实施流程，提升管理效率。但如果当成一种合作建设模式，其性质与委托代建、BT 等别无二致，只是把设计和采购包括其中，更加剧了造价控制风险和质量风险而已。"F + EPC" 模式作为承包方向发包方提供商业信用的方式本身没有错，而用于政府投资项目上就属于违规举债，政府投资项目运用 "F + EPC" 模式属于《政府投资条例》禁止的情形。

EPC 主要适用于企业自建自营项目、招商引资的产业项目、生产设施建设项目，且项目建设资金完全到位或来源明确，实施过程中还要求参与企业自身资金实力或融资能力强大。在现行的投资政策和金融政策下，对于政府基础设施项目而言，对于已安排预算内投资或不需要列入政府财政支出且建设内容相对简单的单体项目，如独立桥梁、隧道等，采用 EPC 是可行的，除此之外，可选择范围很小。因为，EPC 模式下项目自身不具备融资功能，项目移交后的给付责任不能列入财政预算，如没有偿债资金来源或存在资金支付缺口，就形成地方政府债务或或有债务，就是典型的隐性债务和违规举债。

实践中还存在直接约定分期付款的"F+EPC"模式，被认定为违规举债自不待言，故为了规避监管风险，实务中，不乏一些"创新"模式，如正常"EPC+违约责任约定延期付款"模式、"EPC+前期费用垫付"模式、"EPC+运营补贴"模式等，但实质重于形式，这些模式均存在被认定为违规举债的风险。正因为适用范围限制，十几年来，EPC模式并未取得长足发展，在传统的政府投资模式下尚且如此，在如今政府投资已由"补建设"向"补运营"转变的背景下，EPC更难被广泛运用。

3. 如何区分EPC和PPP

经常有人提及可否搞个"PPP+EPC"创新模式。EPC和PPP并不是一个范畴内的概念，"PPP+EPC"是混淆了PPP机制下的运作模式，如同"PPP+BT"。财政部公布的PPP三大类运作模式——管理外包类、特许经营类和私有化类共十余种方式，并不包括EPC。和EPC类似的是DBFO和DBFOT，包含了设计、建造环节，但一定有运营环节。

PPP是创新的公共服务供给机制，企业（社会资本）承担了项目融资、建设、管理、运营责任，是以公共服务的产出为目的，核心在于运营，并以运营绩效考核为支付依据，关注的是项目全生命周期。而EPC仅是设计、采购、施工总承包，项目建成交了钥匙，合同义务结束，整个周期只处于项目建造阶段，对于重要的融资和运营环节，并未涉及。缺少了融资主体和运营主体，"PPP+EPC"并不成立。

九、如何正确看待目前出现的"创新"举债模式

（一）"拨改租"及类似方式

拨改租采取的是抵押或融资租赁等方式，将不能或不宜变现的公益性资产（包括城市公园、市政道路、机关或事业单位办公楼等）抵押或纳入租赁物而进行融资的行为，应属于违规的融资模式。近期，又有一种"有绩效考核的拨改租"模式被发明出来，同样也属于违规举债模式。对于无收益公益

性资产的注资、交易、抵押、租赁以取得融资的行为,本身就属于违规行为。以此为媒介进行融资,固化地方财政的支出责任,无论是否绩效考核,均属于违规举债行为。

(二)"招商引资"建园区的融资模式

近两年来,一种"通过招商引资的方式确定片区开发建设和施工单位,然后以招商奖励的渠道支付投资成本"的所谓"招商引资"融资模式,被"创新"出来。按照"投资人确信能够获取合理收益"的假设,在招商协议中,必然存在兜底承诺条款,形成固化的财政支出责任,否则,投资人及其金融机构万万不能投入资金。同时,建设施工内容与招商引资项目没有必然联系,奖励资金支出无名;而且,当奖励资金额度大于投资额时(这几乎是必然的),"奖励"的性质显然发生了变化。表现出这仅仅是"借用招商引资名义"的一种过渡性很强的"半成品模式",显然是违规举债无疑。

(三)"建养一体化"模式

国务院办公厅2019年9月23日发布的《关于深化农村公路管理养护体制改革的意见》(国办发〔2019〕45号)文件中要求,"强化养护资金使用监督管理。……地方各级财政和交通运输主管部门要加强农村公路养护资金使用监管,严禁农村公路建设采用施工方带资的建设-移交(BT)模式,严禁地方以'建养一体化'名义新增隐性债务……"

对于无收益或收益不能覆盖投资的公益性项目,采取"建养一体化"模式,必然涉及使用财政资金用于延期支付固化或相对固化的支出责任,由于收益不足,因此差额部分的保证只能来源于事实上的财政兜底,从而陷入违规举债。

(四)"增收支付"模式

在一些片区开发模式中,约定了以"合作区域财政增收额度(的一定比例)作为支付资金来源"的情形,即常说的"有增收支付,无增收不支付",意图借助"支付责任的不确定性"绕开"触及违规举债所需的确定性"。但是,这种支出责任实际可以视为一种"有条件负债"或"或有负债",属于"或有的违规举债"。在无运营无绩效、仅针对既往工程无其他对价、符合财政增收即无条件支付的情形下,等同于"附财政增收条件的BT模式",仍属于违规举债。

(五)关于"资金池"

"资金池"一词来源于金融领域,在财政领域中,通常称为专项资金使用制度,是将财政收入的一定比例用于某个专门项目的一种资金管理制度,它来源于数十年前开始实行的财政分成机制。专项资金使用制度是沿用数十年的制度,其本身合规性很好,但它仍然属于财政领域的资金使用范畴,将其用于举债的还款来源,仍然是违规行为。尤其是按照上节我们做出的假设,在收入不能覆盖投资本息的情形下,投资人和金融机构所要求的投资回报,必然需要某种确定的保证,而当项目自身收益不足时,这种确定保证的唯一来源只有违规的财政兜底承诺。因此,对于收入不能覆盖投资本息的财政付款项目,延后了固化(或相对固化)的财政支出责任的情况,仍然确定属于违规举债无疑。

(六)土地资源补偿

资源补偿项目(Resource Compensate Project, RCP),是指将准经营性/非经营性项目和与之紧密联系的经营性项目的建设和运营捆绑起来"搭售"。然而,大多数涉及土地和存量国有资产的项目组合,不必要或不适宜采取资源补偿模式,这主要是由于土地和存量国有资产的交易,有其原有固定的交易模式规定。其中商住土地出让,必须采取招拍挂的方式;企业存量国有资产的交易,包括承包、租赁、经营权的转让,一般必须采取公开公正公平的交易所交易模式,基于其定价机制的竞争性和不确定性,而不能够直接"补偿"。不能因为采取了广义或者狭义的政府和社会资本合作PPP模式,就违反规定出让土地或违反规定转让国有资产,PPP模式不是违规行为的挡箭牌,不能违反既有的法律规定,即使未来PPP条例出台后也必然是如此。但是,因为土地或国有资产的交易,核心的定价机制是竞拍中"价高者得",这就产生了两种甚至多种定价机制冲突的情况。如果采取多种竞争指标加权评价的测算方式,就违反了既有的土地、国有资产相关法规,而如果将其他评价指标固化后复合到土地、国有资产的竞拍价格中去,则显然降低了竞争机制的科学性。客观地讲，土地和国有资产如果本身具有较好的市场需求和价格，为什么要捆绑到其他项目中去呢，地方政府完全可以将其出让获得现金后用于支付项目支出，而没有必要设计复杂的交易结构，或冒着合规性风险而采取资源补偿模式。反过来说，如果目标土地和国有资产本身不具有较好的市场需求和价格，那为什么要拿卖不出去的东西去欺骗社会资本投资人呢？

目前比较成功的土地资源捆绑实施的案例，大多出现于地铁等交通项目与土地资源的捆绑，究其原因：一是排他性较好，非交通建设部门很难参与竞争；二是定价机制易于合理设计。但是，轨道交通项目的捆绑，并不能解决一级开发阶段征拆成本的问题。另外，有些项目组合本身就是一个项目包，例如，片区开发项目包、旅游与相关基础设施打包的项目包等，项目下各子项目之间是必要补充关系，完全没有必要额外将其命名为"资源补偿"。资源补偿模式失败案例的公开信息较少，这主要是因为资源补偿项目失败，往往是因为项目根本无法启动。与盲目捆绑资源补偿模式失败原因相类似的，还有盲目期待国家财政补贴，客观来说，对于政府投资项目，由于其财政支出的性质，无论是特色小镇，还是PPP项目，国家财政给予的补贴比重极小，更多的还是一种奖励的性质。

十、厘清"片区开发"与"土地储备、土地出让收入"的关系

在未来的片区开发业务中，如何保证将片区开发所需资金与土地储备流程、土地出让收入相衔接，保障土地储备的资金供应和管理，提前做好资金预算和资金安排，严禁以储备土地融资、严禁将储备土地注入国有企业，地方政府土地储备业务如何合规筹集资金，包括平台公司在内的各类企业能否以及如何介入土储业务，社会资本在片区项目开发中的投资如何能落实和保障等问题，都需要了解和厘清国家对于土地储备工作、土地储备资金、土地储备项目预算等的一系列政策文件的规定。

(一)《财政部 国土资源部 中国人民银行 银监会关于规范土地储备和资金管理等相关问题的通知》(财综〔2016〕4号)

该文件明确了土地储备工作的流程和主要内容，着重明确了流程中的资

金流出、流入以及资金来源和资金用途的管理，并与土地储备流程相衔接。它在我国土地储备业务中是一个具有里程碑意义的文件，主要明确了以下几方面的问题：

（1）每个县级以上（含县级）法定行政区划原则上只能设置一个土地储备机构。

（2）土地储备工作只能由纳入名录管理的土地储备机构承担。

（3）各类城投公司等其他机构一律不得再从事新增土地储备工作。

（4）明确了土地储备工作的主要内容是依法取得土地、进行前期开发、储存以备供应土地这样三个阶段。其中，依法取得土地的主要工作包括征收、收购、优先购买或收回土地以及相应的拆迁安置补偿工作；前期开发包括与储备宗地相关的道路、供水、供电、供气、排水、通讯、照明、绿化、土地平整等基础设施建设。

（5）要求承接主体或供应商按合同约定数额获取报酬，不得与土地使用权出让收入挂钩，也不得以项目所涉及的土地名义融资或者变相融资。

（6）规定自2016年1月1日起，各地不得再向银行业金融机构举借土地储备贷款。

（7）提出地方国土资源主管部门应当积极探索政府购买土地征收、收购、收回涉及的拆迁安置补偿服务。

（8）提出土地储备机构应当积极探索通过政府采购实施储备土地的前期开发，包括与储备宗地相关的道路、供水、供电、供气、排水、通讯、照明、绿化、土地平整等基础设施建设。可以理解为土地征收、收购、收回涉及的拆迁安置补偿服务可采用政府购买服务模式，购买主体是国土资源部门；道路、供水、供电、供气、排水、通讯、照明、绿化、土地平整等基础设施建设可采用政府采购模式，采购主体是土地储备机构。

（二）《土地储备管理办法》（国土资规〔2017〕17号）

应该说这是土地储备工作的基本法，主要内容有：

（1）明确了土地储备的概念，土地储备是指县级（含）以上国土资源主管部门为调控土地市场、促进土地资源合理利用，依法取得土地，组织前期开发、储存以备供应的行为。

（2）明确了职能部门。土地储备工作统一归口国土资源主管部门管理，土地储备机构承担土地储备的具体实施工作。财政部门负责土地储备资金及形成资产的监管。

其中，土地储备机构应为县级（含）以上人民政府批准成立、具有独立的法人资格、隶属于所在行政区划的国土资源主管部门、承担本行政辖区内土地储备工作的事业单位。

国土资源主管部门对土地储备机构实施名录制管理。土地储备机构应按相关法律法规和规范性文件开展工作，违反相关要求的，将被给予警示直至退出名录。

（3）土地储备工作计划先行。要编制土地储备三年滚动计划和年度土地储备计划，这两个计划要跟三年财政规划和年度财政预算相衔接。

（4）以正负面清单的方式，明确了土地入库的标准。

正面清单

下列土地可以纳入储备范围：

①依法收回的国有土地；

②收购的土地；

③行使优先购买权取得的土地；

④已办理农用地转用、征收批准手续并完成征收的土地；

⑤其他依法取得的土地。

负面清单

下列土地不可以纳入储备范围：

①存在污染、文物遗存、矿产压覆、洪涝隐患、地质灾害风险等情况的土地；

②取得方式及程序不合规、补偿不到位的土地；

③土地权属不清晰、应办理相关不动产登记手续而尚未办理的土地。

（5）土地储备资金通过政府预算安排，实行专款专用，不得挪用。土地储备机构要编制土地储备资金收支预算和决算并接受审核。

(三)《土地储备资金财务管理办法》(财综〔2018〕8号)

1. 明确土地储备资金的来源

(1) 已供应储备土地产生的土地出让收入;

(2) 国有土地收益基金;

(3) 发行地方政府债券筹集;

(4) 经财政部门批准可用于土地储备的其他财政资金。

2. 土地储备资金流向的范围

(1) 土地补偿费和安置补助费、地上附着物和青苗补偿费、拆迁补偿费以及有关其他费用。

(2) 前期土地开发费用。道路、供水、供电、供气、排水、通讯、照明、绿化、土地平整等基础设施建设支出。这些基础设施必须是与储备地块相关的,不得借土地储备前期开发,搭车进行与储备宗地无关的上述相关基础设施建设。

(3) 需要偿还的土地储备存量贷款本金和利息支出。

(4) 与土地储备有关的其他费用。包括土地储备工作中发生的地籍调查、土地登记、地价评估以及管护中围栏、围墙等建设等支出。

(四)《土地储备项目预算管理办法(试行)》(财预〔2019〕89号)

该文件是主管部门加强土地收支管理的进一步举措。文中提出的土地储备资金"全部纳入"预算和在预算中遵循"先收后支"的总体原则,主要意图还是在于切割政府和企业的债务关系,防范违规举债风险,避免地方政府在土地储备项目或基础配套设施建设项目中发生违规举债行为。

实务中操作模式的合规边界为社会资本投资当中用于征地拆迁以供(政府)收购收回土地的资金,必须是以不附带偿还责任单向支付的形式,支付给地方政府,成为地方政府财政收入的一部分,列入地方政府财政预算;而不允许是以债权债务、BT等形式存在,不得变相违规举债。

财预〔2019〕89号文的发布,规范了土地一级开发行为,彻底封死了地方政府违规举借征拆资金的暗道,促使土地一级开发趋向于发展成为以区域发展中社会和经济效益为绩效考核标准的综合开发，是土地一级开发规范发展的综合利好政策。

（五）修订后的《中华人民共和国土地管理法》（2020年1月1日起施行）

2020年《中华人民共和国土地管理法》允许集体经营性建设用地入市，非农建设用地不再必须为国有土地，此措施有可能促使农村集体组织成为土地一级开发主体中的重要组成部分。在具体操作环节，集体经营性建设用地入市，仍需符合区域规划和土地部门的相关规定，需要在每年的土地利用年度计划中作出安排，社会资本投资人还应密切关注这一类型项目需要经过哪些审批环节，其中的操作细则和条件要求等，以确定项目能够顺利实施。

另外，工业、商业等经营性用途用地的开发，在很大程度上取决于"七通一平"基础配套设施的落实，进一步取决于配套费的收入情况；配套费收费权归属于地方政府，在以往新区建设的实际操作中，往往是地方政府垫资投入基础设施建设在先，土地出让和配套费收入在后。因此，在集体经营性建设用地入市改革中，社会资本投资人应密切关注入市的具体操作细则规定，从项目可行性出发，论证地方政府、农村集体组织及社会资本等是否有能力建设相关配套设施，以及基础配套设施建设投入和回报的可行路径，从而保证项目顺利实施，按期获得土地出让收入等。

（六）2020年9月中共中央办公厅、国务院办公厅印发《关于调整完善土地出让收入使用范围优先支持乡村振兴的意见》

该意见要求各地区各部门结合实际认真贯彻落实文件中提出的，"十四五"期末，以省（自治区、直辖市）为单位核算，土地出让收益用于农业农村比例要达到50%以上。业内多称为"土地财政新规"。

1. 土地财政的逻辑没有发生变化

土地出让收入仍然是政信领域基础设施建设项目在中短期内所直接相关的主要收入来源，地方政府应对土地出让收益作出适宜的安排。

2. 乡村振兴日益成为重要内容

受政策引导，乡村振兴建设内容将趋于成为土地一级开发项目中的重要内容。从大趋势上可能也对经营性集体建设用地入市是一个侧面的推进。

（七）《土地征收成片开发标准（试行）》（自然资规〔2020〕5号）

该标准对《中华人民共和国土地管理法》第四十五条规定的土地开发的"成片征收"标准作出了规定。文件的主要内容有，"基础设施、公共服务设施以及其他公益性用地比例一般不低于40%。方案应当经集体经济组织成员三分之二以上同意"等。由于，文件的要求限于"土地征收"过程中的"成片开发"工作的标准，是指《中华人民共和国土地管理法》第四十五条中所述的，"为了公共利益的需要，确需征收农民集体所有的土地的，可以依法实施征收"中的，"在土地利用总体规划确定的城镇建设用地范围内，经省级以上人民政府批准由县级以上地方人民政府组织实施的成片开发建设需要用地的"，并非完全适用于现有城市国有建设用地的开发标准；而且，成片开发的范围与片区开发的范围，往往并不相同。另外考虑到，目标导向及时序安排上也存在差异：成片开发，地方政府的目标和宗旨是社会福祉，红线是土地管理法，尤其是耕地保护和农民权益；片区开发，社会资本投资人的目标是获取投资收益，红线是禁止违规举债，时序安排以收益获得为主要线索。由此，在二者的时序安排上，能够实现通过以时间换空间，满足土地征收中成片开发的相关要求，加之，文件的相关规定，在之前的实践要求中已有不同程度体现，因此总体上来说，这一试行标准的出台，对片区开发无不利影响。

十一、正确认识《政府投资条例》对地方政府基础设施建设的影响

政府投资作为一项重要的政府职能，事关经济社会发展全局，既是实施宏观调控、落实国家发展战略的重要手段，也是引导和带动社会资本扩大有效投资的有力抓手。过去十年里，政府投资的高速增长，融资平台的失控扩张，导致地方债尤其是隐性地方债的风险正在加速积聚，亟须全面加强和改进政府投资管理，以科学规范的体制、机制和制度，有效保障其作用的发挥。在此大背景下，2019年5月5日《政府投资条例》发布，并于2019年7月1日起正式生效施行。

作为我国政府投资领域的第一部行政法规，该条例的出台是政府投资领域法治化建设中具有里程碑意义的重大成果，也是我国政府投融资体制改革和"放管服"改革的战略部署。政府投资能起到对社会资本的引导和带动作用，带动更多社会资金参与社会投资，《政府投资条例》的实施对规范地方政府投资意义明显，它不仅可以更好地规范地方政府债务，还为政府投资提供了制度保障，也标志着政府投资体制深化改革和政府投资管理全面规范取得了重要进展，对于未来政府投资活动的科学决策和规范实施具有重大的影响和指导意义。

（一）对《政府投资条例》基本概念的理解

（1）政府投资。《政府投资条例》第二条规定，"本条例所称政府投资，是指在中国境内使用预算安排的资金进行固定资产投资建设活动，包括新建、扩建、改建、技术改造等"。

（2）政府投资资金。是指满足政府投资的项目所使用的"预算安排的资金"，即政府投资资金。

（3）政府投资方式。《政府投资条例》规定了四种政府投资的方式，即直接投资、资本金注入、投资补助和贷款贴息。

（4）政府投资项目。《政府投资条例》第九条规定，政府采取直接投资、资本金注入方式投资的项目，统称政府投资项目。直接投资和资本金注入方式的项目，是政府直接作为投资人、建成后有关资产和产权归属国家的项目。

（二）《政府投资条例》的主要内容

《政府投资条例》共分为7章39条，包含了政府投资的定义、范围、方式、管理职责、决策程序、年度计划、政府投资项目实施和监督检查等，从多个角度对政府投资活动进行了全面的解释和规定。

从政府方面来说包含的主要内容有：

（1）要求项目资金来源应当合法合规，不得违法违规举借债务筹措政府投资资金。

（2）要求项目必须符合《政府投资条例》规定的开工建设条件方可施工，对于不符合规定建设条件的项目，不得开工建设。

（3）要求严禁垫资施工，即政府投资项目不得由施工单位垫资建设。《政府投资条例》的发布将"不得垫资"上升为行政规范的禁止性规定，垫资建设可能面临施工合同垫资条款被认定为无效的风险。同时，根据《政府投资条例》规定，项目单位可能还需承担暂停、停止拨付资金或者收回已拨付的资金，暂停或者停止建设活动，对负有责任的领导人员和直接责任人员依法给予处分等法律责任。

（4）强化投资概算约束，项目建设投资原则上不得超过机构核定的投资概算。

（5）要求加强工期管控，合理确定并严格执行建设工期，任何单位和个人不得非法干预。

从项目单位方面来说包含的主要内容有：

（1）要求先有预算后施工，政府投资项目不允许垫资。

（2）要求对项目可行性研究报告和初步设计严格把控，避免和减少项目实施过程中的争议。

（3）简化投资概算调整程序，缩短调整投资概算乃至项目总体周期。

（4）根据《政府投资条例》建立在线平台管理项目，便于了解政府投资项目全过程，有利于信息公开。

（5）要求严格执行项目工期，强化合同开竣工时间的执行和工程价款结算。

（6）规定竣工后尽快完成竣工财务决算，推动快速竣工结算和中间结算。

（三）明确政府投资行为和政府投资项目的界限

《政府投资条例》第六条明确规定："政府投资资金按项目安排，以直接投资方式为主。对确需支持的经营性项目，主要采取资本金注入方式，也可以适当采取投资补助、贷款贴息等方式。"

按照《中央预算内直接投资项目管理办法》的规定，直接投资是指安排预算资金直接投资建设非经营性固定资产投资项目。实践中直接投资方式通常体现为政府通过政府采购行为直接发包固定资产建设项目，与承包方签订新建/改建/扩建项目建设合同并结算支付合同价款；资本金注入，指的是将政府使用预算资金作为项目的资本金，投资形成的股权属于国有股权，由有关部门或机构依法履行出资人职能，主要针对经营性项目。采用资本金注入的项目实行的是审批制，在实践中，资本金注入通常表现为政府授权出资人代表行使出资人权利，享有公司法及公司章程规定的全部权利和义务。

投资补助，指的是无偿给予一定限额或比例的资金支持。一般情况下，对项目的投资补助作为资本公积金管理，在项目单位同意增资扩股的情况下，也可以作为国家资本金管理。贷款贴息，指的是对使用了银行贷款的项目给予的贷款利息补贴。贴息资金不形成新的权益，属于在建项目的，冲减工程成本；属于竣工项目的，冲减财务费用。政府直接投资一直以来都是国家和地方政府扩大固定资产投资，促进经济社会发展最直接有效的调控手段，在优化基础设施供给结构、提升基础设施供给能力和补短板中发挥着重要作用。

此次出台的《政府投资条例》科学合理划分了政府投资的范围，对政府投资和政府投资项目分别作出了明确的界定，可以理解为政府投资项目一定属于政府投资，使用的是政府投资资金，但使用政府投资资金的不全是政府投资项目，还包括使用政府投资资金的非政府投资项目。

（四）《政府投资条例》对政府投资项目融资的限制

政府直接投资一直以来都是国家和地方政府扩大固定资产投资，促进经济社会发展最直接、最有效的调控手段，在优化基础设施供给结构、提升基础设施供给能力和补短板中发挥着重要作用。但随着近年来国家对财政预算的全面约束和政府债务的严格管控，也由于地方政府在投资方面存在的投资规模偏大、投资结构失衡、投资决策过于主观等问题的存在，《政府投资条例》明确提出"国家加强对政府投资资金的预算约束。政府及其有关部门不得违法违规举借债务筹措政府投资资金"。《政府投资条例》也重新定义了政府投资，在政府投资定义中特别强调"预算内"安排资金前提，不允许地方政府违法违规举债筹措投资资金，更不许可将政府的资金由表内转向表外，透支地方政府未来几十年的预算资金。《政府投资条例》对于政府投资项目融资的限制主要见于第五条"政府及其有关部门不得违法违规举借债务筹措政府投资资金"和第二十二条"政府投资项目不得由施工单位垫资建设"。前者使得违规举债进行项目融资的方式被禁止,而后者则将"不得垫资建设"上升为行政法规的层级。再次强调"政府及其有关部门不得违法违规举借债务筹措政府投资资金",这意味着以 BT 模式增加地方政府债务的政府投资项目被严令禁止。

第六章 片区开发典型案例指引

片区开发项目是城镇化发展与基础设施建设过程中主动调控、优化城市空间布局与产业结构调整的组团发展方式。片区开发最核心的要义：一是投资，政府将片区开发的投资建设运营整体外包，争取实现规模叠加协同效应，更多地创造价值，实现共赢；二是风险，基于片区开发的合规性要求，开发过程中的风险一般由社会资本方承担，政府方不应承担显性的和隐性的支付责任，总体上债务风险可控；三是回报，片区开发项目封闭运行、滚动开发、自求平衡，社会资本方的回报基于其投资能力和风险承受能力等。为实现地区可持续发展，片区开发项目需进行顶层设计，从目标和需求分析、评估区域经济地理条件和比较优势、内外部市场产业链等要素集聚，科学合理选择发展方式和路径。基于片区综合开发项目普遍表现出的投资额大、合作周期长、参与主体众多、子项目多而杂以及项目合作边界不确定、涉地性等特点，片区综合开发一直是政府及社会资本各方比较关注但操作难度较大的业务领域，成功的案例有之，失败的案例也不少。笔者列举了实践中出现的涉及片区开发的多种类型的案例，希望从不同角度，通过对片区开发实务案例的分析，使读者在实施和参与该类项目时得以借鉴和应用。

一、片区开发合作协议案例及解析

案例1　某高铁枢纽片区合作开发项目合作协议

一、项目概况

某高铁枢纽片区项目合作区域约××平方公里（约××亩）。根据双方确认的规划文件和统计数据，经初步整理，合作区域内可形成出让建设用地约××亩,其中住宅用地约××亩,商务设施及办公用地约××亩。

(一) 合作内容

(1) 项目合作区域内的征地拆迁安置补偿投资。包括本项目范围内的征地、房屋征收搬迁、拆迁安置补偿、土地平整等投资。

(2) 项目合作区域内的建设工程。包括本项目区域内市政基础设施建设,公共、公益设施建设,非经营性建设项目及其他建设工程等。

(3) 在项目自持性物业开发、土地二级开发、项目招商运营、区域内的基础设施及公共设施等项目的运营维护、物业服务等方面进行合作。

(二) 合作原则

(1) 遵循"长期合作、互惠互利、公平合理、合法合规"的原则,妥善处理本项目的合作事宜。

(2) 遵循"科学规划、整体设计、梯次推进、分步实施、滚动开发"的项目开发原则。

(3) 中标人系甲方通过法定程序选定的本项目的投资合作方,根据某市政府出具的会议纪要以及本项目招投标文件,中标人与甲方共同设立项目公司后,项目公司即成为本项目的策划、规划设计、咨询、开发、建设以及所涉及融资等事宜的唯一项目主体以及本项目土地出让市场招商的唯一合作方。

(4) 本协议的生效及履行不因政府换届、人员变更发生变化。且市政府、甲方不会通过单方调整规划、增设收费项目或其他任何方式直接或变相降低中标人或项目公司的投资收益。

(三) 合作模式

(1) 中标人与甲方共同出资设立项目公司,并按照公司法及现代企业制度要求,订立公司章程及其他法律文件。项目公司作为本项目开发主体,承担合作区域内征地拆迁和补偿安置的资金投入,负责完成合作区域内规划策划、建设工程以及其他相关合作事项。

(2) 双方确认,中标人可指定中标人绝对控股关联企业承继中标人在本协议项下的权利和义务,并与甲方签订补充协议,中标人应确保中标人绝对控股关联企业具备充足的资金及恰当的资质要求。

(3) 在不影响本项目的开发计划,且不减损甲方在本协议项下权益的前提下，中标人可引入其他合作投资者参与开发本项目及后续建设工程，但此类合作不得改变中标人在本项目合作区域和开发计划上的控制和主导地位及责任。

（四）合作区域

（1）根据规划文件，合作区域内可形成出让建设用地约××亩（计容建筑面积约××万平方米），其中住宅用地约××亩（计容建筑面积约××万平方米），商务设施及办公用地约××亩（计容建筑面积约××万平方米），教育用地约××亩（计容建筑面积约××万平方米）……

（2）甲方应努力促成市级主管部门调整本项目土地利用总体规划，即将合作区域内非建设用地（共计约××亩）转为建设用地。双方同意，在双方确认的规划方案通过专家委员会评审且土地利用总体规划调整获得最终批准前，中标人和项目公司可不进行本项目的任何投入。

（3）项目范围内不存在自然保护区、湿地保护公园、军事管制区等限制土地开发和经营的情形，且在双方确认的规划文件中已经考虑已知的限制土地开发和经营的情形，如文物保护区、高压走廊、通讯走廊、洪泛区等。对于本项目开发建设过程中新发生的或发现未知的限制土地开发或经营的情形，双方应友好协商并尽一切努力将其对项目开发的不利影响降低到最小，双方同意据实调整开发计划或通过友好协商解决。

（五）项目投资估算

初步估算，完成本协议项下的开发项目总投资额约××亿元，主要包括：项目范围内土地征收征用费用、落实土地指标的各项费用、拆迁安置补偿费用、与本项目相关的市政基础设施建设费用、财务费用、管理费用、项目公司成立前发生的规划咨询相关费用等。

二、中标人职责

（1）保证中标人绝对控股关联企业对项目公司的出资足额及时到位。

（2）项目公司对外融资时，按照持有项目公司的股权比例提供增信措施；如不具备融资条件，按持有项目公司的股权比例向项目公司提供股东借款；根据项目拆迁与供地进度按持有项目公司的股权比例通过项目公司持续投入本项目所需资金，使项目开发顺利推进。

由中标人关联企业通过法定程序取得本协议第 16.2 条所称合作区域内核心区域的引领性项目宗地并进行开发建设。如需引进第三方建设主体，须由双方协商一致并通过法定程序确定。

三、开发计划

（1）本项目计划开发周期为××年，在项目公司成立后××年内使合作区域内启动区域建设初具规模；××年内完成项目开发工作。

（2）由中标人负责编制并经甲方认可的开发计划初步方案。开发计划初步方案包括本协议所述相关事项和内容，甲方有权根据本协议的约定、本项目的定位及发展要求提出修改意见，中标人及项目公司应充分考量并进行修改，开发计划须经甲方确认并由双方遵照执行。经双方一致同意，开发计划可根据项目进展及实际客观情况的变化进行相应修改及调整。在符合双方共同确定的项目开发计划的范围内，项目公司负责落实项目开发的具体进度和时序。

（3）初步开发建设计划与时序：包括本项目建设工程初步计划、本协议项下其他开发工作计划、初步供地计划与开发时序（包括供地位置、数量、业态与时序建议）等。

四、征地拆迁

（1）双方同意，就征地拆迁范围内所有土地指标购买报批及征收拆迁投资事项（包括全部集体及国有土地上房屋、建筑物/构筑物及企事业单位、集体经济组织、自然人等的征收拆迁补偿投入，集体土地征收征用费用，落实土地指标而产生的各项费用，农用地的地上物补偿费用，文保及寺庙建筑迁建，以及与前述事项相关的所有其他费用等），实行总价包干，包干金额为××亿元（以下简称"指标覆盖及征地拆迁费用"）。

（2）指标覆盖及征地拆迁费用包干金额如有不足，中标人及项目公司无须另行补足；包干金额如有结余，待合作区域内所有建设用地完成供应以及本协议项下所有费用结算后 20 个工作日内，包干金额结余部分归甲方所有⋯⋯

（3）征地拆迁款项支付路径为：在需要支付征地拆迁款项时，由项目公司根据约定的月度征地拆迁资金支付计划表将相应资金划入征地拆迁账户内，由征地拆迁单位负责向被征收拆迁对象支付征收拆迁款项。

指标覆盖款项支付路径为：在需要支付指标覆盖款项时，由项目公司根据约定的月度指标覆盖资金支付计划表将相应资金划入相关主管部门指定账户内。

五、土地指标要求及土地利用总体规划调整

本协议项下开发项目的整体进度应与开发计划相衔接，确保满足下列供地要求。

双方确认：本项目范围内建设用地约为××亩，其中可出让的经营性用地约为××亩。双方应当努力确保自××年××月××日起至××年××月××日止，每个年度供应经营性用地不少于××亩（出让时土地测绘成果所确定的有效面积，下同），至××年××月××日供应经营性用地不少于项目合作区域内经营性用地总量的$x\%$，全部经营性用地不晚于××年××月××日供应完毕。非经营性用地指标应满足开发计划的要求。

六、土地出让

合作区域内经营性用地按约定完成宗地验收后，由甲方协调土地储备中心等相关政府部门按照开发计划制订并优先保障实施年度土地利用计划和土地收储计划，依法及时组织公开、公平、公正对外出让。

甲方协调主管部门优先保障本项目合作区域年度用地报批规模满足本项目开发计划的要求。

项目公司依据房地产市场行情、本项目整体开发情况及进度要求，以年度为单位，在当年某月前（政府另有时间要求的除外）向甲方及主管部门提出下一年度供地及出让建议。

双方确认，土地出让前，甲方应与中标人共同协商确认合作区域范围内宗地的土地出让起始价，并将双方协商确认的起始价上报主管部门。

在符合相关法律法规和政策规范要求的前提下，如项目公司的股东方经协商一致，可由项目公司依法参与出让程序，并在成功取得土地后进行二级开发。

七、项目开发成本

双方确认，合作区域内的项目开发成本应包括规划咨询费用、土地征收

征用费用、落实土地指标而产生的各项费用、拆迁安置补偿费用、与本项目相关的市政基础设施建设费用、财务费用、管理费用以及与之相关的其他费用。

八、土地出让价款、计提费用和地方留存款项

土地出让价款是指经营性用地公开出让成交后，土地使用权受让人应支付的土地使用权出让成交价款。

计提费用是指合作区域内经营性用地公开出让后，按照有关规定以及本协议约定提取的各项国家、省计提基金/费用。双方同意，本项目每宗土地出让收入中计提的费用为该宗土地的土地出让价款的 $x\%$，若法律法规政策原因导致该计提比例需要下调或上浮的，则减少或超出该计提比例部分的费用由市政府自行留存或平衡。

市级地方留存款项是指合作区域内每宗经营性用地的土地出让收入扣除计提费用后的剩余款项。基于约定，每宗经营性用地的市级地方留存款项按照以下方式计算：

市级地方留存款项 = 合作区域内每宗经营性用地的土地出让收入 $\times x\%$。

九、项目开发费用

根据本协议约定，合作区域范围内封闭运行，采取明确税种、全额返还的财政管理体制，将市政府留存相关税收、非税收入部分列入政府财政预算，依法经审批支出后全额拨付给甲方，作为甲方向项目公司支付项目开发费用的资金来源。

双方同意，对于需支付给项目公司的项目开发费用，双方确认按照"市财政局—甲方—项目公司"的资金拨付路径予以支付，甲方保证项目公司根据本协议应取得的项目开发费用应自土地使用权受让人缴纳土地出让价款全款之日起××日内获得全额支付。如项目范围内每宗可出让建设用地土地出让价款采用分期付款方式，双方同意，对于受让人支付的每一笔土地出让价款中的××市级地方留存款项应优先支付项目开发费用，支付时间为土地使用权受让人缴纳当期土地出让价款之日起××日内。

▶ **本案例主要问题解析**

1. 整体评价

该协议整体框架较为混乱，内容及篇幅杂乱，部分协议涉及的概念不清，漏项缺项较多，存在违法违规内容和较大的法律风险，且多数协议条款不具有实操性。

2. 存在的主要问题

（1）涉嫌违规进行土地一级开发。

按照《财政部 国土资源部 中国人民银行 银监会关于规范土地储备和资金管理等相关问题的通知》（财综〔2016〕4号）的规定，各地区应当将现有土地储备机构中从事政府融资、土建、基础设施建设、土地二级开发业务部分，从现有土地储备机构中剥离出去或转为企业，上述业务对应的人员、资产和债务等也相应剥离或划转……地方国土资源主管部门应当积极探索政府购买土地征收、收购、收回涉及的拆迁安置补偿服务。土地储备机构应当积极探索通过政府采购实施储备土地的前期开发，包括与储备宗地相关的道路、供水、供电、供气、排水、通讯、照明、绿化、土地平整等基础设施建设。

因此，直接将土地前期开发的事项约定在合作协议中，显然规避了政府采购的有关规定和要求。

（2）直接约定将土地预期出让收入作为项目的还款来源。

涉嫌违反财政部等六部委《关于进一步规范地方政府举债融资行为的通知》（财预〔2017〕50号）"地方政府不得将公益性资产、储备土地注入融资平台公司，不得承诺将储备土地预期出让收入作为融资平台公司偿债资金来源……"的规定。

（3）涉嫌利用土地一级开发违规举债。

严控一级土地开发中的违规举债行为，是地方政府债务监管工作的重点，2019年5月20日，财政部、自然资源部出台《土地储备项目预算管理办法（试行）》（财预〔2019〕89号），规定"土地储备项目从拟收储到供应涉及的收入、支出必须全部纳入财政预算"和在预算中遵循"先收后支"的总体原则。这是主管部门加强土地收支管理，规范土地一级开发行为的重要举措。

显然，此办法实施后的土地一级开发项目中，社会资本投资当中用于征地拆迁以供（政府）收购收回土地的资金，必须列入地方政府财政预算，成为地方政府财政收入的一部分，按照预算管理的要求规范使用，而不允许从收入中直接偿还相应款项，否则属于变相违规举债。

(4) 涉嫌违反《中华人民共和国政府采购法》和《中华人民共和国招标投标法》的有关规定。

需采用政府购买服务方式支付费用的项目和应通过招投标的项目，如项目设计、规划咨询、全过程建设管理服务、征迁投资服务等，应通过政府采购的程序选择确定实施主体，不能作为合作开发的内容写进合作开发协议中，直接约定由社会投资人实施，更不能约定政府方有保证社会资本方取得上述服务的合同义务，否则存在审计无法通过的风险，将导致无法付费的结果。

如"双方确认，中标人可指定中标人绝对控股关联企业承继中标人在本协议项下的权利和义务，并与甲方签订补充协议"，又如"在不影响本项目的开发计划，且不减损甲方在本协议项下权益的前提下，中标人可引入其他合作投资者参与开发本项目及后续建设工程"等类似约定内容，涉嫌违反招投标和政府采购的有关规定。

(5) 部分内容存在政府隐性债务风险。

如"甲方职责：为项目公司融资之目的而按照合法合规的程序出具相关书面文件或办理相关手续等"涉嫌违反财政部等六部委《关于进一步规范地方政府举债融资行为的通知》（财预〔2017〕50号）"地方政府及其所属部门不得为任何单位和个人的债务以任何方式提供担保，不得承诺为其他任何单位和个人的融资承担偿债责任……"的规定。

(6) 项目的合作范围及方式存在问题。

项目的合作范围仅约定为土地整理和公共基础设施建设，无运营内容，无绩效考核，又依靠财政资金来源，因此该项目涉嫌股东回报，属于违规运作。

(7) 关键内容缺失较多，存在较大的履约风险。

①缺少几个重要的机制。主要有风险分配机制、投资回报机制、提前终止机制等。

②缺少最为关键的项目融资相关内容，如项目的投融资结构及计划安排，资本金出资比例及到位时间，项目融资交割完成的约定，中标人对项目融资应承担的补充融资义务以及相应违约责任等。

③缺少对项目进行绩效评价、按效付费的相关约定，违反中央全面预算绩效管理的相关规定。

④缺少合作协议的核心内容，即项目建设、运营的相关内容及建设运营相应的责权利。

⑤缺少对合同生效日、项目合作期、建设期、建设标准、运营期、提前终止日、法律适用、履约保函等的定义。

⑥缺少对中标人出资、投资、建设、运营内容及职责的约定，该义务只能是中标人的义务，不得转嫁他人。

⑦缺少对项目建设、运营履约保函的约定等。

案例2　某市政工程及配套设施特许经营项目

《投资合作协议》

甲方：某园区管委会

乙方：××××××

甲方通过公开招标，选定乙方为某新城市政工程及配套设施特许经营项目的中标特许经营者。依照《中华人民共和国合同法》、国家发展改革委等六部委印发的《基础设施和公用事业特许经营管理办法》（六部委令第25号）及其他有关法律、法规、部门规章和地方政府规章的规定，各方本着利益共享、风险共担、长期合作、激励相容的原则，经友好协商，签订如下合作协议，以资共同遵守。

项目估算总投资

项目总投资估算为人民币××亿元。

项目建设内容

本项目建设内容主要包括市政道路工程、场地平整工程、景观绿化工程、水系整治工程、智慧城市工程、配套设施建设工程。

项目运营内容

本项目项目公司运营内容为本项目建成的市政道路工程、景观绿化工程、水系整治工程、智慧城市工程、配套设施。学校、公交站台、水电气等由专业部门运营。项目具体运营内容和范围不超出本项目实施方案和合同体系约定的范围，由甲方根据项目需要进行确认。各子项目在质保期与运营期重叠期间，子项目的质量保证责任在相应国家或行业规范规定的质保期限内由施工承包商承担，超出质保期限为履行质保责任而发生的费用由项目公司承担，纳入项目总投资或经营成本。

项目运作方式

本项目采用"建设－运营－移交"的特许经营方式。某市人民政府授权甲方作为本项目的实施机构，通过公开招标的方式选择特许经营者；由中标特许经营者出资设立项目公司。项目公司在合作期内负责本项目的投资、融资、设计、建设、运营和移交工作。

项目建设施工方的选定

本项目通过公开招标方式确定特许经营者后，对于项目中的工程施工，在乙方具备相应施工总承包资质的前提下，可以不再进行二次招标，可由乙方或乙方联合体中具备相应施工资质的成员承接。

施工承包商不具备相应专项资质的，应根据《必须招标的工程项目规定》（国家发展改革委令第16号）通过招标的方式进行专业分包，并可依法进行劳务分包。施工承包商具备相应资质的项目公司应督促施工承包商依法选择专业分包商、劳务分包商，杜绝转包和违法分包。

项目合作期

项目特许经营期限为13年，共分4期建设（其中第一期建设期为3年，其余每期建设期各为2年），每期建设完成即进入运营期，本项目整体运营期为自第一期最后一个子项目竣工验收合格之次日起10年（含与建设期重合的时间）。其中，第一期运营期10年，第二期运营期8年，第三期运营期6年，第四期运营期4年（各期运营期开始时间自各期最后一个子项目竣工合格日之次日起）。运营期结束且完成全部可行性缺口补助支付后，统一无偿移交给甲方。

项目特许经营权

甲方根据政府的授权,将本项目特许经营权授予乙方出资设立的项目公司。项目特许经营权的有关约定见特许经营协议。

甲方的基本义务

(1) 推动本项目完成采用特许经营模式的相关程序。

(2) 协助项目公司进行项目融资,为项目融资提供项目合法性文件,提供融资所需资料及合规要件……项目公司将项目预期收益权进行融资质押应事前征求甲方意见,在未违背国家法律、行政法规、部门规章和地方性法规、地方政府规章和地方政府部门规章以及上级政策禁止性规定的前提下,甲方应当同意。

(3) 保证现有建设用地指标及每期新增用地指标满足工程建设和土地出让计划总量及进度的需要。

(4) 负责项目征地拆迁,获取用地指标,及时提供项目建设用地。

(5) 配合项目公司协调将本项目所需水、电、通讯线路从施工场地外部接通至项目红线。

(6) 配合项目公司协调城市供水、排水、燃气、热力、供电、通讯、消防等依附于本项目的各种管线、杆线等设施的建设计划,匹配本项目建设进度及年度计划安排等。

(7) 积极协调政府方各参与部门的关系,为项目公司建设运营提供便利条件、优惠政策和资源支持。在项目建设过程中,协助项目公司协调与项目场地周边所涉及的有关单位的关系。

(8) 协助项目公司办理项目实施所需的各种审批手续。

(9) 按合同约定及时足额支付价款。

(10) 按照合同体系约定承担违约责任。

(11) 本协议和特许经营协议约定的其他义务。

(12) 将本项目涉及的政府可行性缺口补助纳入政府中期财政规划,并将付费年度的可行性缺口补助纳入政府对应年度财政预算。

甲方采取以下方式对乙方的项目投资予以保障

(1) 将本项目特许经营实施方案经某经开区管委会报经某市政府批准。

(2) 将本项目投资合作协议和特许经营协议报某市政府批准。

(3) 将本项目涉及的政府可行性缺口补助纳入政府中期财政规划，并将付费年度的可行性缺口补助纳入政府对应年度财政预算。

(4) 依法向项目公司交付项目市政工程和配套设施建设用地，在项目公司建设运营申请符合规定的情况下给予批准，以确保项目建设和运营的合法性。

(5) 根据某市政府的授权，将项目特许经营权授予给项目公司，并保证特许经营项目的完整性和连续性。

(6) 项目合同体系的履行，不受行政区划调整、政府换届、政府有关部门机构或者职能调整以及负责人变更的影响。

(7) 项目范围内的新增财力区级留存部分（包括但不限于土地出让收入）优先用于支付项目公司可行性缺口补助。

《特许经营协议》

甲方在合作期内的基本义务

(1) 保证现有建设用地指标及每期新增用地指标满足工程建设和土地出让计划总量及进度的需要；

(2) 负责项目征地拆迁，获取用地指标，及时提供项目建设用地；

(3) 协助乙方办理项目实施所需的各种审批手续；

(4) 按协议约定及时足额支付价款；

(5) 将本项目涉及的政府可行性缺口补助纳入政府中期财政规划，并将付费年度的可行性缺口补助纳入政府对应年度财政预算。

政府可行性缺口补助

乙方的回报由政府方支付给项目公司的特许经营服务费、经营成本扣除经营收入组成。并由甲方根据对乙方的绩效考核结果支付费用。

可行性缺口补助 = 特许经营服务费 + 经营成本 − 经营收入

特许经营服务费

各期项目特许经营服务费支付公式为（每期项目分别单独计算）：

$$F_n = T \times (C_{n+i} - \sum C_{n-1} \times i)$$

式中：F_n——各期项目运营期内第 n 期的特许经营服务费支付数额；

T——各期项目总投资；

C_n——各期项目运营期内第 n 年的项目总投资额的支付比例，$C_1 + C_2 + \cdots + C_n = 100\%$；

$\sum C_{n-1}$——各期项目运营期内前 $n-1$ 期的项目总投资额的累计支付比例，$\sum C_{n-1} = C_1 + C_2 + \cdots + C_{n-1}$；

i——特许经营服务费率，由中标特许经营者报价确定；

n——特许运营期，各期项目不同，第一期运营期 10 年，第二期运营期 8 年，第三期运营期 6 年，第四期运营期 4 年。$n = 1 \sim 10$。

可行性缺口补助的支付

自本项目各期进入运营期起，甲方应按照本合同及附件的约定予以运营期考核，各期第一笔甲方的付费在进入运营期第一年的八个月内支付特许经营服务费，经营成本及经营收入当年完成，计入次年可行性缺口补助中予以支付。甲方有权根据自身财力情况选择提前完成支付。

▶ 本案例主要问题解析

本项目是较为典型的政府与社会资本合作项目，《投资合作协议》和《特许经营协议》均按照 PPP 模式的要求进行的编写，但项目未采用 PPP 模式，未进入 PPP 项目库，未进行财政承受能力论证和物有所值评价。因此产生的政府缺口补助应属于政府债务。主要理由如下：

（1）本项目虽然采用"建设–运营–移交"的特许经营方式，但政府应支付的乙方的回报也即可行性缺口补助，是由政府方支付给项目公司的特许经营服务费、经营成本扣除经营收入组成的，而且合同中约定了政府的合同义务之一为"将本项目涉及的政府可行性缺口补助纳入政府中期财政规划，并将付费年度的可行性缺口补助纳入政府对应年度财政预算"。

（2）判定限额外违规举债的前提条件是财政终将承担的固化或相对固化的延期支出责任。

第一，必须是穿透来看应由财政承担的支出责任，不使用财政资金的情况，不纳入违规举债。第二，必须是固化（或相对固化）的支出责任，即具有承诺或兜底性质的。合规 PPP 形成的支出责任不纳入违规举债的主要原因，即在于其支出责任是建立在对建设运营绩效考核基础之上的。第三，必须是延期支付的支出责任，当期支付的情形不纳入违规举债。

本项目同时满足了上述三项条件，应属于违规举债。

案例3　某园区开发项目商务协议

合作期限

本项目的合作期限为11年，从启动之日起算。因特殊原因，合作期限需要延长的，由双方另行协商签订补充协议。

合作内容与合作方式

双方合作内容包括：项目前期策划咨询、投融资咨询、规划咨询、土地运营咨询、基础设施建设、配套设施建设、投资、产业发展服务、城市运营管理等。

甲乙双方共同协商采用PPP、政府购买服务等多种合作方式，并鼓励创新合作方式。

甲方协助乙方或乙方子公司进入某市政府投资建设项目代建单位目录库，合作区域内甲方已有预算安排的基础设施及配套设施项目，委托乙方子公司进行项目全过程建设管理。

基本权利和义务

甲方的权利和义务：

甲方有权自行或委托相关单位对乙方就资金的使用、项目公司的设立，以及具体项目的建设、运营维护和移交进行监督管理。

甲方或甲方授权的第三方应在本协议签署之日起90日内制定及颁布《全过程建设管理办法》《产业发展服务管理办法》，并根据办法采用合规程序与乙方或乙方子公司签署《全过程建设管理服务协议》《产业发展服务协议》。

甲方将项目各项应付费用纳入年度财政预算，及时将预算批准文件复印件提交乙方，并按时向乙方子公司和PPP项目公司支付相关费用。

甲方负责除PPP项目以外所需投入的资金来源。

乙方的权利和义务：

乙方应当按照本协议在合作区域内依法设立乙方子公司和PPP项目

公司。

乙方子公司及PPP项目公司应完整设置相应机构，在专业技术、项目管理、财务管控、经费保障等方面应满足本项目的建设、运营需要。

实施主体

甲方同意，某集团指定乙方为本项目的具体实施主体，履行相关协议约定的权利及义务。

在合作期内，甲方确保乙方为合作区域内的唯一实施主体，其合作权利具有排他性。

土地整理投资

在合作期内，甲方保证……每年不少于××亩的建设用地指标，当年若未使用完毕，可结转入下一年度使用。

为提高土地利用价值，乙方可对合作区域内的土地开发时序提出建议，甲方根据开发进度，确保满足商服用地及住宅用地的出让需求。

甲方负责组织实施合作区域内的征地拆迁、补偿安置等具体事宜，满足净地出让条件，并保证征地拆迁、补偿安置等程序符合相关法规政策要求。

甲方向乙方支付土地整理投资服务费，按照以下年金公式进行计算：

$$每年的土地整理投资服务费 = P_1 \times i \times \frac{(1+i)^n}{(1+i)^{n-1}}$$

式中：P_1——经双方认定的实际土地整理成本；

i——年金折现率；

n——实际支付期数（年）。

基础设施及配套设施建设

合作区域内的其他基础设施及配套设施均由甲方负责出资建设，并委托乙方子公司进行全过程建设管理。

乙方确保在合作范围内按约定的规划建设标准进行基础设施及配套设施建设……乙方负责办理基础设施及配套设施的前期手续（立项、选址意见书、建设用地规划许可证等），保证项目手续合法合规。

甲方向乙方支付基础设施及配套设施建设投资服务费，根据以下年金公式进行计算：

$$每年的建设投资服务费 = P_0 \times i \times \frac{(1+i)^n}{(1+i)^{n-1}}$$

式中：P_0——包括工程费用、工程建设其他费（不含本协议第三十条约定的规划设计费和第三十七条约定的土地整理投资）、建设期利息；以甲乙双方认可的第三方审计机构出具的竣工决算审计报告的金额为准；

i——年金折现率；

n——实际支付期数（年）。

全过程建设管理

全过程建设管理应根据《中华人民共和国预算法》规定的"先预算后实施"原则，在建设期内，由甲方每年安排不低于××亿元的基础设施及配套设施的代建任务。

甲方向乙方子公司支付的全过程建设管理服务费由代建管理服务费、招标代理服务费两部分组成。

具体全过程建设管理服务事宜将由甲方或其授权委托的第三方与乙方子公司另行签订《全过程建设管理服务协议》予以明确。

产业发展服务费

甲方根据制定的《产业发展服务管理办法》，设立不少于××亿元的产业发展基金，对招商中心的成果以产业发展服务费的形式进行奖励，奖励资金列入年度财政预算，由甲方支付给乙方子公司。

▶ **本案例主要问题解析**

按照本协议的约定，园区内其他各类项目开发，均应按照"先预算后实施"的原则，即各项支出均应纳入财政预算。存在的问题如下：

（1）如果用财政资金支付项目开发费用，那么，按照《政府投资条例》的规定就要走依法决策程序。

（2）如用预算支出，无论是政府采购服务，还是工程招标，均要走政府采购流程，如通过协议约定的方式，直接指定某一机构实施，会因程序违规导致协议无效，同时也无法通过审计。

（3）本协议具有"特许经营权"性质，应按照《基础设施和公用事业特许经营管理办法》（六部委令第25号）的规定，采用公开招标的方式选择和确定合作的社会资本方。因此，实施本项目的主体以及未来实施合作范围内其他子项目的任何主体，都应该采用法定程序选择，而不是直接通过协议约定指定，否则会带来程序违法的风险。

（4）协议的部分约定内容涉嫌违反财政预算管理、政府采购、工程招投标等法律法规的规定。

①"委托乙方子公司进行项目全过程建设管理"，应走采购流程，不能直接写进协议里。

②甲方对乙方子公司、PPP项目公司的融资贷款不应提供任何文件，尤其涉及可能被认定为隐性债务的文件。

③协议中"甲方的权利和义务"部分有一条款约定："甲方将项目各项应付费用纳入年度财政预算，及时将预算批准文件复印件提交乙方，并按时向乙方子公司和PPP项目公司支付相关费用。"

该条款存在的问题：能否纳入年度财政预算，要符合《中华人民共和国预算法》的相关规定，履行相关的审批流程和手续，不能直接作为甲方的合同义务。

（5）关于土地整理投资。

"乙方承担与……项目有关的土地整理（含拆迁）投资总额不超过人民币××亿元。"

按照财综〔2016〕4号文的规定，地方国土资源主管部门应当积极探索政府购买土地征收、收购、收回涉及的拆迁安置补偿服务。土地储备机构应当积极探索通过政府采购实施储备土地的前期开发，包括与储备宗地相关的道路、供水、供电、供气、排水、通讯、照明、绿化、土地平整等基础设施建设。

因此，直接将土地前期开发的事项约定在合作协议中，显然规避了政府采购的有关规定和要求。财政部、自然资源部出台的《土地储备项目预算管理办法（试行）》（财预〔2019〕89号）规定"土地储备项目从拟收储到供应涉及的收入、支出必须全部纳入财政预算"和在预算中遵循"先收后支"的总体原则。这是主管部门加强土地收支管理，规范土地一级开发行为的重要举措。

(6) 全过程建设管理。

协议约定"全过程建设管理应根据《中华人民共和国预算法》规定的'先预算后实施'原则，在建设期内，由甲方每年安排不低于××亿元的基础设施及配套设施的代建任务"。

该条款存在的问题：①代建是要履行政府决策和采购程序的，否则就属于隐性债务。在政府的基础设施建设领域，代建模式现在已被禁止。②作为合同条款，要求把完成合同约定的代建金额作为甲方的合同义务，显然不妥。③全过程建设管理服务事宜无论由甲方或其授权委托的第三方与乙方子公司另行签订《全过程建设管理服务协议》，均不能直接授权，应依法定程序确定实施的主体。

(7) 关于产业发展基金。

按照协议的约定"甲方根据制定的《产业发展服务管理办法》，设立不少于××亿元的产业发展基金，对招商中心的成果以产业发展服务费的形式进行奖励，奖励资金列入年度财政预算，由甲方支付给乙方子公司"。

该条款存在的问题：①目前用财政资金设立产业发展基金受到严格限制。②产业发展基金是通过政府财政资金的杠杆作用来放大社会投资资金使用效果，助力产业升级转型。如果将产业发展基金以发展服务费的形式奖励给乙方，存在违规的风险。③奖励资金如列入年度财政预算，要通过人大形成人大决议。④财政资金的支付前提是必须经绩效考核，否则就会被定性为"固定回报"。

二、片区合作开发项目实施方案案例及解析

案例1　某产业新城合作开发项目《合作开发方案（建议稿）》

建设时序安排

根据某市地方财力有限及项目所在区域人口、经济、产业还不够完善的现实情况，建议先行核心区域基础设施及公建配套开发，完成"九通一平"等基础设施建设工作及投资。

片区开发主管部门和社会资本方公司与联合成立的项目公司签订片区开发战略合作协议，总体上固定合作项目，保障社会资本方权益，但是可以分项目、分期中标签订实施合同。

建设资金筹集方式

社会资本方公司作为法人建设主体，可以通过以下方式筹集资金和运用资金。

（1）发行重大项目专项债、土储专项债等方式筹集项目片区开发的启动资金，主要用于项目前期出资组建项目公司、代政府土地收储、少量购买安置房、市场购买部分土地并取得土地证等。再将有土地证的土地作为资本金注入项目公司。

（2）合作期之中、后期，接受政府支付的发展专项资金即政府性基金收入资金（主要是土地出让金）、片区增量税收性财政资金，用于购买项目公司完成的工程和服务。

发展专项资金是将按照一定比例提取的财政收入纳入专项管理，用于专门领域范围项目的管理方式。发展专项资金的使用，有利于有效汇集资金来源，专项支持重点项目，增强计划性和简化支出管理程序。按照地方政府债务管理的习惯，政府各部门之间的借款及相关支出责任，不计入政府性债务，因此，地方政府与其各部门（包括项目主管单位部门）之间，按照财政收入分成的相关管理办法建立的发展专项资金，所形成的支出责任，也不应纳入政府性债务。

在本项目中，当地政府制定发展专项资金管理办法，规定将授权区域内财政收入增量按比例逐年拨付给片区开发建设主管部门，管理办法的有效期长于项目建设和运营合作期。

项目公司的资金筹集模式

（1）项目总投资××亿元。

（2）项目资本金××亿元。

注册资本金××亿元。

①政府方 $x\%$，即××亿元。

②社会资本方 $x\%$，即××亿元。

(3) 项目启动资金。

双方成立项目公司后，由政府出资××亿元+社会资本方出资××亿元，即项目公司启动资金。

项目公司整理土地及修建部分道路，约支出××亿元。

安置房建设投入××亿元。

政府收储土地××亿元。

平台公司购买土地××亿元，取得土地权证，注入项目公司。

项目公司对土地质押融资××亿元。

项目公司的资金回报来源

项目公司向平台公司收取投资资金及回报，平台公司向财政局收取资金，财政局以发行专项债、收取的片区土地出让金、片区税收财政增量资金、片区其他收入、上级补助等支付，不足部分政府应从其他渠道筹集资金。

▶ **本案例主要问题解析**

1. 关于社会资本方的选择

本方案中约定"片区开发主管部门和社会资本方公司与联合成立的项目公司签订片区开发战略合作协议，总体上固定合作项目，保障社会资本方权益……"对社会资本方的选择未经过法定公开程序，显然属于程序违法。

2. 关于项目建设主体

该实施方案中确定社会资本方公司作为法人建设主体，显然没有任何依据，按照目前的合规操作惯例，只能是政府授权其平台公司或国有企业作为项目建设主体。可由其通过法定程序选择社会资本，共同组建项目公司，再由项目公司作为项目建设主体。

3. 关于项目公司的资金回报来源

按照方案的约定，本项目的项目公司回报来源为："项目公司向平台公司收取投资资金及回报，平台公司向财政局收取资金，财政局以发行专项债、收取的片区土地出让金、片区税收财政增量资金、片区其他收入、上级补助等支付，不足部分政府应从其他渠道筹集资金。"

(1) 因为该项目未明确授权模式即ABO模式，因此，平台公司仅作为政府授权的出资代表,项目公司无权向平台公司要求还款,平台公司也无权直接向财政局收取资金,其只能通过项目实施机构授权相应的资金。

(2)方案中虽然约定了合作期之中、后期,接受政府支付的发展专项资金即政府性基金收入资金(主要是土地出让金)、片区增量税收性财政资金,用于购买项目公司完成的工程和服务。但没有相应的专项资金来源、用途以及如何支付的管理办法,实操中存在一定的合规性问题。

(3)财政资金作为项目公司用于项目建设的还款来源,涉嫌带来政府违规举债的风险。

案例2 某片区综合开发《项目实施方案》(简要内容)

一、项目基本情况

1. 项目内容

项目内容是××平方公里的整体开发建设以及与之相关的配套设施项目建设,主要包括基础设施建设、公共服务设施建设、安置房建设、土地相关费用投资及城市运营服务等工作。

2. 合作期限

项目合作期限为10年……按照"统筹规划、整体打造、分步建设、滚动开发"的思路,采用"开发建设一片,成熟推出一片"的方式实施。

3. 项目总投资

项目投资额总计××亿元,其中,与工程建设相关的费用投资约××亿元,与土地相关的费用投资约××亿元。

4. 项目合法合规性

项目建议书已通过政府常务会议审议,拟由政府授权成立管理委员会通过公开招标引进社会资本作为项目投资人。

二、项目投融资模式

本项目采用"投资人+EPC"模式实施,具体为:

(1)政府授权管委会通过公开招标方式引入社会投资人作为项目投资人;

(2)由中标社会资本与作为政府方出资代表的某公司依法组建项目公

司，组织实施基础设施、公共服务设施等；

（3）管委会负责土地征拆补偿安置的具体实施，按约定及时足额向项目公司支付投资成本和投资收益。

三、回报机制

1. 项目回报

项目回报包括投资成本和投资收益。

（1）投资成本。

投资成本是指为实施本项目而实际投入的资金，包括与工程建设相关的资金投入和与土地相关的资金投入。其中，与工程建设相关的资金投入用于基础设施、公共服务设施和安置房的工程建设，包括工程建安费、工程建设其他费、预备费等。

（2）投资收益。

与工程建设相关费用的投资收益率按同期中国人民银行颁布的 5 年以上期人民币贷款基准利率（以下简称"基准利率"）上浮 $x\%$ 计算；与土地相关费用的投资收益率按基准利率上浮 $x\%$ 计算。

2. 应付项目公司款项的资金支付来源

遵循片区封闭运行的原则，总体上以合作期间合作区域内的新增土地出让收入地方留成部分的 85% 和新增税收收入及其他收入地方留成部分的 100% 作为应付项目公司款项的资金支付来源。

3. 应付项目公司款项的资金支付方式

每年支付金额采用分批原则确定，当年应付未付款项的 85% 的资金支付来源是当年新增土地出让收入地方留成部分的 85%；当年应付未付款项的剩余 15% 的资金支付来源是当年新增税收收入和其他收入地方留成部分的 100%；合作期最后一年，应付未付款项的资金支付来源是合作期间合作区域内累计新增土地出让收入地方留成部分的 85%、新增税收收入及其他收入的 100% 的剩余部分。

四、报价内容

项目公开招标拟设置的竞价点为：市政工程建筑安装工程下浮率、房建工程建筑安装工程下浮率、勘察设计费下浮率、与工程建设相关费用的投资收益率基准利率上浮率、与土地相关费用的投资收益率基准利率上浮率等。

五、应付项目公司款项资金支付来源估算

1. 土地出让收入

（1）土地出让计划。

（2）土地价值评估。

2. 税收收入

▶ **本案例主要问题解析**

1. 本项目采用的运作模式

方案中约定本项目采用"投资人＋EPC"模式实施，具体做法为：

政府授权管委会通过公开招标方式引入社会投资人作为项目投资人；由中标社会资本与作为政府方出资代表的某公司依法组建项目公司，组织实施基础设施、公共服务设施等；管委会负责土地征拆补偿安置的具体实施，按约定及时足额向项目公司支付投资成本和投资收益。

本项目存在的问题：项目未采用政府授权的ABO模式，即政府授权平台公司作为项目建设主体，由平台公司招引社会资本合作开发建设，即"企企"合作的模式，而是采用政府直接招引社会资本，即"政企"合作开发建设模式。如果需要政府支付一定的财政补贴或付费，因为未规范采用PPP模式，容易带来政府债务风险。

2. 关于"应付项目公司款项的资金支付来源"

方案中约定："总体上以合作期间合作区域内的新增土地出让收入地方留成部分的85%和新增税收收入及其他收入地方留成部分的100%作为应付项目公司款项的资金支付来源。"

直接将土地出让收入作为项目公司的还款来源，涉嫌违反财政部等六部委《关于进一步规范地方政府举债融资行为的通知》（财预〔2017〕50号）"地方政府不得将公益性资产、储备土地注入融资平台公司，不得承诺将储备土地预期出让收入作为融资平台公司偿债资金来源……"的规定。

3. 关于项目的"报价"

实施方案仅约定竞价点为："市政工程建筑安装工程下浮率、房建工程建筑安装工程下浮率、勘察设计费下浮率、与工程建设相关费用的投资收益率基准利率上浮率、与土地相关费用的投资收益率基准利率上浮率等。"上述指标对应的工程建设、财务投资及征地拆迁等均无任何运营内容，仅仅涉及工程投融资与工程建设，显然与片区综合开发机制核心内涵的"增量财政、挂钩绩效和风险承担"回报机制存在实质性的区别，根据财政部等六部委《关于进一步规范地方政府举债融资行为的通知》（财预〔2017〕50号）及相关行政法规、规章之规定，从审计视角，一般会被认定为违规举债与固定回报。

三、ABO 模式案例及解析

京投公司 ABO 项目

北京市基础设施投资有限公司（以下简称京投公司）成立于 2003 年，是由北京市国有资产监督管理委员会出资成立的国有独资公司，承担以轨道交通为主的基础设施投融资与管理，以及轨道交通装备制造与信息技术服务、土地与物业开发经营等相关资源经营与服务职能。2017 年年底，京投公司资产总额达到 4830 亿元，净资产达到 1917 亿元，全资及控股企业增至 61 家，全系统职工 3543 人，累计实现净利润 120.05 亿元，全年完成政府项目投资 546 亿元，计划内建设资金到位率 100%。2016 年，北京市政府出台一揽子解决方案，实行政府授权经营的 ABO 模式，京投公司成为轨道交通行业中唯一由政府授权委托的主体单位，负责整合城市轨道交通投融资、建设、运营等全产业链整体服务。市政府每年向京投公司拨付 295 亿元授权经营服务费，其中建设资金 255 亿元、更新改造和运营亏损补贴 40 亿元。按照网媒披露的信息，截至 2017 年，京投公司采取 ABO 模式融入的资金已超 1200 亿元。

▶ **案例分析**

京投公司的 ABO 模式案例首次将地方政府与属地国企之间的授权经营公开化和契约化，改变了原有的通过内部授权惯常做法，这将更有利于作出相关隔离安排。实际上地方政府与属地国企之间的内部授权经营在各地特定行业中广泛存在。例如，地铁集团对城市地铁的专属经营，交投集团对高速公路的专属经营，自来水公司对区域供水的专属经营等。那么现有的国有资产内部授权经营模式是否属于 ABO 呢？可以说有类似之处也有区别，至少可认为那是 ABO 的原型。笔者认为一定程度上可以说 ABO 属于契约化的授权经营模式。并且应具有以下特征：具有地方国企的属地专营特性；能通过区域内特定领域的统筹实施实现规模效益；重点应集中在开放程度不高或收益性不足的成区域规模的大型公共服务领域；被授权企业在提供所需的综合专业服务之外，还可能要承担相关国资管理职能。

四、土地资源与项目"捆绑"（RCP 融资模式）案例及解析

RCP 即 Resource（资源）－Compensate（补偿）－Project（项目），具体含义如下：政府通过特许经营经营权协议，授权项目公司进行准经营性或非经营性的基础设施项目的投融资、建造（设计）、经营和维护，在约定的特许经营期内向该项目的使用者收取适当的费用，以便收回项目部分的投资、经营、维护等成本，特许经营期满后项目公司将项目无偿移交给政府；同时政府以对项目投资进行补偿的方式给项目公司提供一定的资源进行建设和经营，以确保项目投资者获取合理回报。

成都华润置地驿都房地产有限公司
成都市龙泉驿区拍地"造城"项目[①]

2018 年 10 月 25 日，成都市公共资源交易中心以拍卖方式组织出让了 3 宗国有建设用地使用权，其中包括龙泉驿区皇冠湖以北片区车城大道以东、滨河路以北地块（一号地块），龙泉驿区皇冠湖以北片区滨河路以西、纵三路以东地块（二号地块）以及龙泉驿区皇冠湖以北片区滨河路以北、纵一路以东地块（三号地块），合计出让面积 532.37 亩。

---

① 载成都市公共资源交易中心网站，https：//www.cdggzy.com/site/Serch/SerchResult.aspx? searchstring =%25E9%25BE%2599%25E6%25B3%2589%25E9%25A9%25BF%25E5%258C%25BA，最后登录日期 2021 年 1 月 8 日。

出让条件：一号地块，须结合方案在净用地外配建主体育馆、多功能训练馆及其配套设施一处；以及一座社区综合体、四条道路、7.4万立方米的代征绿地景观绿化等，且配建项目的工程建设费用不低于12.77亿元。二号地块，须结合方案在净用地外配建游泳馆、全民健身馆、运动服务用房及其配套设施；配建幼儿园一处；须在净用地外配建4 099.27平方米的邮票绿地、13 422.82平方米的体育广场，以及48 000平方米的景观绿化，且配建项目的工程费用不低于7.78亿元。三号地块，须结合方案在净用地外配建多功能展馆及其配套设施；须结合方案同时打造二期体育场用地；在净用地外配建中小学一处以及邮票绿地、综合运动场、景观绿化等公建设施，且配建项目工程费用不低于6.87亿元。同时出让方案还明确指出，一号宗地配建设施须在完成主体结构基础施工后，才能办理住宅用地的商品房预售许可，二、三号地块则要求配建设施主体封顶后，才能办理住宅用地的商品房预售许可。

▶ **案例分析**

1. 项目特点

（1）地理位置优势。地理位置需要靠近大城市，土地资源未来要具有明显的增值空间，同时当地有大量的住宅需求。

（2）社会投资人的实力。对投资人的资金要求严格，除了要求社会投资人资金实力，对其关于配建项目的运营能力也有要求。

（3）该投融资模式的优势。

①政府方前期投入成本较低，配建项目建设资金依靠社会投资人解决，后期不再需要政府运营补贴。

②投资回收较快，社会投资人主要通过商品房销售获得资金回收。

③配建项目运营交由社会资本负责，"专业的人做专业的事"提升公共服务效率。

2. 项目的回报机制

成都华润置地驿都房地产有限公司前期投入的土地款以及配建项目的建设成本，通过后期商品房销售以及相应体育场馆设施的运营收入获得资金回收以及相应的投资回报。

3. 强调了对项目的运营管理

此次成都市龙泉驿区三宗地块还要求，竞得人须负责"代运营代管理"配建设施，运营期限为30年。此项条款的设定，在把未来经营风险转移给竞得人的同时也提升了公共服务质量。

土地资源与项目"捆绑"的政策依据：《文化和旅游部 财政部关于在文化领域推广政府和社会资本合作模式的指导意见》（文旅产业发〔2018〕96号）中提出："优化回报机制。各级文化、财政部门要指导项目实施机构结合PPP模式特点，创新运营方式，根据项目特点确定项目回报机制。可依法依规为文化PPP项目配置经营性资源，为稳定投资回报、吸引社会投资创造条件。鼓励通过盘活存量资产、挖掘文化价值、开发性资源补偿等方式提高项目的可经营性。"

实施土地资源与项目"捆绑"的建议：基于"土地资源＋项目"的回报机制为主要通过房地产及商业开发获得成本及收益的因素，应优先考虑项目所在地的区域位置，同时该区域住宅需求应较大；"土地资源＋项目"中的项目一般主要为区域内的市政配套设施，包括但不限于学校、幼儿园、体育中心等符合城市规划和发展的项目。

五、片区合作开发、PPP 项目纠纷案例

案例1 惠深沿海集团有限公司与惠州市惠阳区人民政府行政协议纠纷一案（二审）

案情摘要：上诉人惠深沿海集团有限公司因与被上诉人惠州市惠阳区人民政府行政协议纠纷一案，不服广东省惠州市中级人民法院（2016）粤13行初58号行政判决，提起上诉。主要案情如下：

2013年4月，被上诉人惠阳区人民政府发布新圩国际生态低碳城项目城市运营招标公告。2013年6月13日，上诉人惠深沿海集团有限公司中标。于2013年6月19日取得《中标通知书》。

2013年7月18日，惠深公司与惠阳区土地储备中心签订《惠州市××区新圩国际生态低碳城项目土地一级开发委托协议》；与被上诉人签订《惠州市××区新圩国际生态低碳城项目城市运营协议书》（以下简称《城市运

营协议书》）和《备忘录》）。

2013年7月25日，惠阳区召开人大常委会，会议决定批准惠阳区人民政府与惠深沿海集团有限公司所达成的惠州市××区新圩国际生态低碳城项目城市运营协议书及相关协议，并报区人大常委会法制工作委员会备案。

2013年12月4日与被上诉人召开了联席会议；2013年12月30日，惠阳区土地储备中心开立了银行账户印鉴卡片，以成立土储共管账户。2013年11月18日，上诉人惠深公司与惠州市建佳造价咨询公司签订《建设工程招标代理合同》并于2014年4月作出招标文件。

2014年2月27日，惠阳新圩国际低碳城项目采用公开招标，深圳市软科学研究会为中标供应商，并发出中标通知书。于2014年3月25日惠阳区土地储备中心与深圳市软科学研究会签订《咨询服务合同书》。同日，与被上诉人、深圳市软科学研究会签订《咨询服务三方协议》。

2014年4月15日，惠阳区土地储备中心向上诉人惠深公司发函，称已于2013年12月在建设银行惠州惠阳支行为该项目开立了专用账户44×××96，由于未成立项目公司，该账户无法正式成为"土储共管账户"，为推进项目前期工作需先启用该账户，成立项目公司后再完善手续。

2015年1月9日，惠阳区土地储备中心，督促上诉人惠深公司履行合同，成立项目公司，准备好资金开展土地测绘等前期工作。同年，9月18日，惠阳区土地储备中心发函督促上诉人惠深公司履行协议义务，及时设立项目公司，开设共管账户，准备好资金开展土地测绘等前期工作，并要求15日内将用地规模和指标工作落实情况及设立项目公司开设共管账户等情况。

2015年9月23日，惠州市惠阳区人民政府向上诉人惠深公司发函，称上诉人惠深公司未按运营协议成立项目公司及启动项目规划等前期工作，该项目未取得实质性进展，要求上诉人惠深公司将相关用地规模、用地指标、设立项目公司、开设共管账户等情况。2015年10月9日，项目公司"惠州惠深沿海低碳城投资有限公司"成立并取得营业执照。

由于被上诉人迟迟不履行向上级机关上报用地指标和用地规模的申请报批文件材料，3年即将到期，致使上诉人被迫于2016年3月24日依法提起行政诉讼。

争议焦点：《城市运营协议书》和《备忘录》性质如何认定？效力如何

认定？

裁判观点：

一审裁判观点：原审法院依据《中华人民共和国土地管理法》有关规定，任何单位和个人进行建设，需要使用土地的，必须依法申请使用国有土地。依法申请使用的国有土地包括国家所有的土地和国家征收的原属于农民集体所有的土地。涉及农用地转为建设用地的，应当办理农用地转用审批手续。国家征收土地的，依照法定程序批准，并由县级以上地方人民政府公告并组织实施。本案中涉案土地约58平方公里，为农村集体土地。被告虽然具有征收农村集体土地的主体资格，但没有依法定程序申请报批农用地转为建设用地。《城市运营协议》和《备忘录》违反了土地管理法的强制性规定，根据《中华人民共和国合同法》第五十二条："有下列情形之一的，合同无效：……（五）违反法律、行政法规的强制性规定。"因此《城市运营协议》和《备忘录》无效。原告其他诉讼请求，没有法律依据不予支持。判决驳回原告的诉讼请求。

二审裁判观点：《城市运营协议书》和《备忘录》性质如何认定？效力如何认定？应结合其具体条款内容对其性质作出正确认定，本案系行政协议纠纷。原审法院机械地以其违反《中华人民共和国土地管理法》的强制性规定为由，认定《城市运营协议书》和《备忘录》无效，属认定事实不清，适用法律不当。原审法院应在查明相关事实的基础上依法重新作出处理。判决撤销广东省惠州市中级人民法院（2016）粤13行初58号行政判决；发回广东省惠州市中级人民法院重审。

案例2　苏州园林营造产业股份有限公司（上诉人）与铜川市董家河循环经济产业园管理委员会（被上诉人）、苏州顺龙建设集团有限公司（原审第三人）确认合同效力纠纷一案（二审）

案情摘要：上诉人苏州园林营造产业股份有限公司与被上诉人铜川市董家河循环经济产业园管理委员会、被上诉人苏州顺龙建设集团有限公司确认合同效力纠纷案主要案情如下：

2017年8月4日原告及第三人中标取得铜川市董家河循环经济产业园道路工程PPP项目。2017年10月27日，原告、第三人与被告签订《铜川市董家河循环经济产业园道路工程PPP项目合同》。合同约定开工日期为2017年11月15日，竣工日期为2018年11月15日，合同第18条对合同的解除作了约定。原告及第三人共同出资设立铜川市董家河循环经济产业园道路工程项目公司"铜川市苏顺建设有限公司"。

被告在2018年4月12日、5月18日、5月30日、6月14日、6月23日书面通知原告开工，原告没有开工。被告2018年6月29日发出解除合同通知书，2018年7月3日原告收到被告的《解除合同通知书》。故引发纠纷，苏州园林营造产业股份有限公司不服一审判决，提起上诉。

本案争议焦点： 董家河管委会对《铜川市董家河循环经济产业园道路工程PPP项目合同》的解除行为是否有效？

裁判观点：

一审裁判观点： 原告、被告及第三人签订的《铜川市董家河循环经济产业园道路工程PPP项目合同》明确约定了开工时间和竣工时间及合同解除的条件，被告依照合同约定分别多次通知原告开工，但原告并未开工建设，被告在2018年6月29日发出解除合同通知，解除合同通知原告已收到，被告解除合同的行为符合合同约定和法律规定，据此，认定被告2018年7月2日通知原告解除合同的行为有效并发生解除合同的法律效果。根据《中华人民共和国合同》有关规定，当事人协商一致，可以解除合同。当事人可以约定一方解除合同的条件。解除合同的条件成就时，解除权人可以解除合同。解除合同的，应当通知对方。合同自通知到达对方时解除。本案中，董家河管委会和苏州园林公司、苏州顺龙公司在《铜川市董家河循环经济产业园道路工程PPP项目合同》中约定了解除合同的条件，现解除合同的条件成就。董家河管委会依约享有解除权，其解除合同的行为合法有效，发生解除合同的效果。

二审裁判观点： 上诉人未按被上诉人要求开工构成实质性违约，其理由为：①尽管《铜川市董家河循环经济产业园道路工程PPP项目合同》约定的通知开工主体为监理单位,但是监理单位并非合同一方;②合同中没有监理单位的具体名称;③监理单位是通过与建设方签订委托合同而进行监理工作,监理单位是否拥有发布开工指令的权力依赖于委托合同的授权,由于监理单位没有确定,建设方是否授权及监理单位是否接受授权均不能确定,故"监理人发出开工通知"实为履行方式不明的约定。《中华人民共和国合同法》规定,履行方式不明确的,按照有利于实现合同目的的方式履行。双方当事人对于约定不明的履行方式未能达成补充协议,应当按照合同有关条款或交易习惯确定。《最高人民法院关于审理建设工程施工合同纠纷案件适用法律问题的解释(二)》规定,开工日期以发包人或者监理人发出的开工通知载明的开工日期,因此在监理单位不能确定时,由发包人发出开工通知符合交易习惯和法律规定。从实现合同目的而言,由建设方还是监理单位通知开工仅仅是通知个体不同,并不会对施工人的利益产生影响,为了促使合同依约履行,在开工通知方式约定不明的情况下,被上诉人多次向上诉人发出开工指令但上诉人一直拒绝开工,显然构成实质性违约,依据合同约定解除合同的条件已经成就,而且按照合同约定的竣工时间上诉人已不可能完成合同约定的义务,合同目的已无法实现,董家河管委会依据法律规定及合同约定通知苏州园林公司、苏州顺龙公司解除合同并不违反法律规定。

上诉人诉称被上诉人未取得国有土地使用权证和工程规划许可证故案涉工程不具备开工条件,但合同并没有上诉人未取得国有土地使用权证、工程规划许可证情况下其有权拒绝开工的约定,上诉人该项上诉理由不能成立。原审认定事实清楚,判决正确,应予维持。

案例3　鑫洲控股集团有限公司与新疆中铁华夏建投城市更新发展有限公司合同纠纷案

案情摘要:2018年年初,被告新疆中铁华夏建投城市更新发展有限公司(以下简称中铁华夏公司)自称有PPP项目[乌鲁木齐经济技术开发区(头屯河区)老城棚户区改造提升建设项目],找到原告鑫洲控股集团有限公司

（以下简称鑫洲控股公司）磋商施工事宜。2018年1月2日，原、被告双方签订《协议》，被告承诺"给予乙方（即原告）乌鲁木齐经济技术开发区（头屯河区）老城棚户区改造提升建设项目的施工任务约2亿元"。签约当日，原告鑫洲控股公司按照被告新疆中铁华夏公司的指示，向其指定账户汇入保证金100万元。但是，此后被告迟迟未安排签订正式的建筑施工合同，也未安排原告进场施工，原告多次联系被告工作人员沟通项目工程签约及入场事宜，均无果，后原告得知该项目未录入政府财政项目库至今未落地，原告多次向被告催讨保证金，被告至今未返还，故原告诉至法院。

本案裁判观点：法院认为，原告鑫洲控股公司与被告中铁华夏公司在平等自愿、协商一致的基础上签订的《协议》，虽系双方真实意思表示，但依照《最高人民法院关于审理建设工程施工合同纠纷案件适用法律问题的解释》第一条第（三）项规定，"建设工程施工合同具有下列情形之一的，应当根据合同法第五十二条第（五）项的规定，认定无效：……（三）建设工程必须进行招标而未招标或者中标无效的"。

《中华人民共和国招标投标法》第三条规定："在中华人民共和国境内进行下列工程建设项目包括项目的勘察、设计、施工、监理以及与工程建设有关的重要设备、材料等的采购，必须进行招标：（一）大型基础设施、公用事业等关系社会公共利益、公众安全的项目；（二）全部或者部分使用国有资金投资或者国家融资的项目；（三）使用国际组织或者外国政府贷款、援助资金的项目。前款所列项目的具体范围和规模标准，由国务院发展计划部门会同国务院有关部门制订，报国务院批准。法律或者国务院对必须进行招标的其他项目的范围有规定的，依照其规定。"国家发展改革委令第16号《必须招标的工程项目规定》第二条规定，"全部或者部分使用国有资金投资或者国家融资的项目包括：（一）使用预算资金200万元人民币以上，并且该资金占投资额10%以上的项目；（二）使用国有企业事业单位资金，并且该资金占控股或者主导地位的项目"。第五条第一项规定，"本规定第二条至第四条规定范围内的项目，其勘察、设计、施工、监理以及与工程建设有关的重要设备、材料等的采购达到下列标准之一的，必须招标：（一）施工单项合同估算价在400万元人民币以上"。本案所涉乌鲁木齐经济技术开发区

(头屯河区）老城棚户区改造提升建设项目属关系社会公共利益、公众安全的基础设施项目，采用PPP模式（政府与社会资本合作）实施，被告中铁华夏公司未经招标程序将该工程施工任务约为2亿元部分发包给原告鑫洲控股公司，违反了法律规定，故双方就该部分施工任务签订的《协议》应认定为无效。合同无效后，因该合同取得的财产，应当予以返还，并赔偿对方因此所遭受到的损失，故关于原告要求被告中铁华夏公司返还保证金1 000 000元的诉讼请求，于法有据，本院予以支持。关于原告以保证金1 000 000元为基数，按照中国人民银行同期贷款利率年利率4.35%，要求被告支付2018年1月2日至还清全部保证金之日止，利息暂计算至2018年10月8日数额为33 250.69元［1 000 000元×年利率4.35%÷365天×279天（2018年1月2日至2018年10月8日）］的诉讼请求，于法有据，本院予以支持。

第七章 片区开发项目建议

随着我国近几年来宏观经济的政策调整,地方政府对区域经济发展的理解正在从"以土地财政融资、用基建投资拉动 GDP 增速"的简单逻辑,逐步向全面考虑土地、人口、产业、税收、基础设施、公共服务、财政、金融等复杂内在关系的区域综合发展思路转变。因此,片区开发正在成为当下最重要的开发模式,而且从城市的发展战略等方面和政策优势来看,片区综合开发也仍将是"十四五"期间值得重点探索的业务之一。

狭义的片区开发包括土地一级开发(土地平整、市政基础设施)和二级开发(商业及公用事业项目);广义的片区开发则向上延伸到区域系统规划的编制,向下包括区域运营的投融资运作、区域招商及运营等内容。从财政部全国 PPP 综合信息平台对项目类别的划分可以看出,"城镇综合开发"类项目包括园区开发、城镇化建设、土地储备、厂房建设和其他五个二级分类。片区开发一般有六大适用范围,即旧城改造,扶贫开发,新城建设或产城一体,旅游综合开发,围绕地铁上盖物业或综合体、高铁站及其周边区域展开的 TOD (Transit-Oriented Development) 模式,传统工业园区、经济开发区等。与单一或以单一为主的项目相比,片区开发项目具有更多的复杂性和系统性,对合规性、投资规模和投资期限的要求更高。从国家政策层面来看,自 2007 年土地出让实行彻底的"收支两条线",片区综合开发项目实行封闭运作的土地出让收入均需纳入"政府性基金预算",实行"以收定支"的原则,以及随着《财政部 国土资源部 中国人民银行 银监会关于规范土地储备和资金管理等相关问题的通知》(财综〔2016〕4 号)的实施,国家对于土地储备的筹资方式、资金来源及支出渠道等方面进一步严格规范。尤其是随着

2019年《财政部关于推进政府和社会资本合作规范发展的实施意见》（财金〔2019〕10号）的实施，明确了新签约项目不得从政府性基金预算安排PPP项目运营补贴支出，这对于主要依靠土地出让收入进行资金平衡的PPP项目来说，无疑是一个巨大的难题。

政企合作的片区综合开发项目较为疑难复杂，实践中没有一个项目是完全相同的，现如今各个地方和单位都在积极摸索有效合规又高效的路径，试图破解项目开发建设中遇到的各种难题。而在金融监管日益严格的今天，早已不能单纯地依靠绑定政府信用进行金融套利，也不能借助金融工具放大数十倍杠杆来盈利。在政府资金紧张、建设发展任务重等的背景下，为了保障项目投资回报现金流平衡和项目的商业可行性，目前市场上也出现了不少政企合作"泛片区"综合开发项目，多数金额都在百亿元以上，有的甚至高达近千亿元。但实际上，部分片区综合开发项目，由多个子项目或者子片区组成，并不是真正的片区，也不存在可以整体封闭运作的片区，项目难以实现自平衡，政府仍然承担着较大的未来财政支出责任，带来违规举债和隐性债务的现象较为严重。基于此，我们对如何在依法合规的前提下更好地开展片区开发项目的各项工作提出如下建议。

一、准确把握片区开发中的重点及关键问题

片区合作开发类项目在实施过程中涉及的问题众多，例如，地方政府如何合规地实施片区开发类项目；片区开发类项目的融资方式及对社会投资人的回报机制如何避免政府违规举债和隐性债务风险；社会投资人如何合法合规地参与政府的片区开发项目；如何保证所签署的"合作开发协议"的法律效力；等等。关键中的关键是，如何在避免政府违规举债风险的前提下，有效解决片区开发项目融资难以及如何设计合作开发项目的回报机制问题。

在实施片区开发项目时，应把握的重点及关键点有如下几点。

（一）合理确定项目的总投资

片区开发项目的总投资额的确定，主要有三个重要影响因素：①项目规划与可研；②土地出让；③城投公司与央企合作模式及融资组合能力。在项

目策划阶段，项目总投资的确定将在多规合一—上位规划—项目建议书—立项可研—选择社会资本—土地开发与投融资规划的统筹协同过程中，从匡算—估算—概算—预算逐步细化精确。

因此，在项目前期策划过程中，需统筹国土空间与城乡规划、项目建议书、立项可研、土地开发与投融资规划、城投公司与投资人签订的特许经营合同，整体运作、优化各子项目金额、统筹确定工程总投资。

（二）正确选择项目的运作模式

根据现行的政府投资、财政预算管理、融资举债管理等政策、PPP政策、专项债政策，片区开发的投融资模式主要包括政府授权ABO、"特许经营投资人+EPC"模式，以及根据财政能力和各种政策资金对于具体子项目的政策组合运用。实践中采用较多的运作模式与交易结构是："投资人+EPC"，即ABO模式，政府授权城投公司发起片区开发项目，选择投资人成立合资项目公司运作片区开发。

（三）合理确定项目的合作期限

通常片区开发的合作期有3年、5年、10年和20年，特许经营期最长为30年。在地方政府与城投公司的发展战略、城市快速发展要求下，考虑到当前片区开发模式需要结合土地出让金、房地产与产业发展三大支柱的相互关系，基础设施配合土地价值提升的关键窗口期通常为3~5年。合作期超过10年后，城市开发将进入平稳运营期，城市综合运营、人气兴旺、产业集聚带来增量经济的税收，形成可持续发展态势。

影响确定合作期的因素包括：项目投资规模、土地报批和征拆时间、土地出让规模和投融资时序、政府财政能力、政府方投资及投入的合理性、建设运营成本的支出、企业融资能力、社会资本方的投资收益回收期与特许经营支付安排等。

（四）合理设置项目资本金比例与回报机制

项目资本金比例标准根据国家政策要求最低为20%，除此外主要考虑金融机构方面的因素，计算口径可能根据放贷政策适当调整，整体项目规模依据主要是可行性研究报告总投资估算。

关于项目的投资回报机制设置，需结合当地建设项目施工市场情况、投资人诉求、融资方案等因素综合确定具体回报机制，一般以综合服务费的形式根据特许经营合同的支付条款并按绩效考核向项目公司统一结算，综合服务费包含前期费用（土地报批和征拆费用、规划设计、勘查、咨询等）、工程建设费用、财务费用、管理费等。

（五）合理确定政府方与社会资本方的合作边界

策划阶段以及招标选择社会资本之前，需要澄清明确双方权利义务边界条件、风险责任承担、项目公司组建、项目建设、项目运营，涉及税收、绩效考核等。

政府方主要负责项目发起、项目前期策划、投资项目的审批管理、编制规划可研、土地报批、土地征拆及出让管理、地方各部门审批和群众关系协调、保障建设施工条件、产业发展扶持政策等。

社会投资方主要负责项目的建设、融资、产业导入和发展措施、相关设施的运营。

（六）片区开发项目涉及的"土地开发"

土地开发是片区开发项目实施的最为关键的问题之一。土地一级开发需要遵守自然资源部、财政部的一系列相关规范性政策的规定，如《财政部 国土资源部 中国人民银行 银监会关于规范土地储备和资金管理等相关问题的通知》（财综〔2016〕4号）、《土地储备资金财务管理办法》（财综〔2018〕8号）、《土地储备项目预算管理办法（试行）》（财预〔2019〕89号）等规范性文件的规定和要求。土储中心和社会资本、房地产开发商需要对土地出让价值进行合理的评估，合理预测区域经济协同发展、城市规划与运作水平等，产城融合形成的地区吸引力对产业发展与房地产价格产生的影响。

（七）片区开发项目的"投资人"采购

片区开发项目一般是通过政府采购平台招采"投资人"，采购方式为公开招标，项目的竞价标的根据具体项目特征及与潜在社会投资人的谈判磋商，一般有投资回报率、勘察设计及施工的定额下浮率、融资成本、产业发展奖励等。现阶段，片区开发项目的投资收益率一般为7%、工程建设费用降造

213

率不低于2%～3%等收益率类指标，最后的确定还需要在市场测试阶段与央企和金融机构分别沟通后考虑。

二、搭建好片区开发的投融资规划体系

要有效地应对并解决片区开发中存在的各类复杂疑难问题，实现地区规划与项目建设、政府与社会资本的有效联结和合作，建立各类参与主体对片区开发的信心，解决片区开发投什么、投多少等问题以及怎么投、怎么收等问题，应首先考虑建立片区开发的投融资规划体系。一是片区开发的投资评估。从土地征收、拆迁安置、基础设施及配套和其他重大项目投入或片区已投的存量项目方面综合构建项目的投资评估体系。要从深度上对每个大类的细分项做纵向细化，比如属于土地征收大类的土地征收补偿、青苗补贴等，属于拆迁安置大类的居民住宅补偿、社会保险等，属于基础设施大类的公建、公用、市政、绿地等。二是片区开发的收入评估。从土地出让的收入、税费收入、税收等方面综合构建项目的收入评估体系。也应从深度上对每个大类的细分项做纵向细化，比如属于土地出让收入大类的居民用地、商业用地、工业用地、仓储物流用地等，属于税费收入的土地成交环节税费、建安投资环节税费等，已经形成初步产业的，按照既有税费预测未来税收等。三是片区开发的时序安排。片区开发的时序设定需要从投资时序段和收入时序段两个对应的层面去构建。投资时序段的设定需要综合考虑开发条件、土地出让前提、土地增值要求等边界条件；收入时序段需要综合考虑项目现金流可持续、综合开发等相关的边界条件。

三、做好项目投融资合规性的策划和评估

片区开发项目投融资合规性的策划和评估可从五个方面进行分类政策研究并组合运用。

（1）国家发展战略方面。每五年制定的国民经济发展规划，以及针对特定的地理范围和行政区划（如特区、高新区、开发区、自贸区等特区，海关监管等九种行政意义的区域），会与时俱进地根据国家总体发展情况调整战略重点。国务院/国家发展改革委发布的关于区域发展的系列政策有《国务

院关于促进国家高新技术产业开发区高质量发展的若干意见》（国发〔2020〕7号）、《国务院关于推进国家级经济技术开发区创新提升打造改革开放新高地的意见》（国发〔2019〕11号）、《关于促进具备条件的开发区向城市综合功能区转型的指导意见》（发改规划〔2015〕2832号）等。在项目采购的上位法层面《基础设施与公同事业特许经营管理办法》（六部委令第25号）具有较好的理论基础和应用前景。

（2）国土空间规划与土地利用方面。自然资源部在合并国土空间规划与城乡规划的过程中，在土地指标审批下放到省级、土地集约利用、生态修复、农村集体土地等领域陆续出台了一批创新试点政策，例如，2020年3月12日国务院发布《关于授权和委托用地审批权的决定》（国发〔2020〕4号），2020年11月5日《自然资源部关于印发〈土地征收成片开发标准（试行）〉的通知》（自然资规〔2020〕5号）；2020年10月24日《湖北省人民政府关于推进自然资源节约集约高效利用的实施意见》（鄂政发〔2020〕23号），2019年2月《粤港澳大湾区发展规划纲要》，2017年1月9日《中共中央国务院关于加强耕地保护和改进占补平衡的意见》等。片区开发项目的面积可达几百平方公里，土地与城市规划政策直接指导片区开发顶层规划。

（3）财政预算与地方国企改革方面。财政预算四本账与当前各种投融资模式存在资金、主体、路径的影射关系。《财政部关于推进政府和社会资本合作规范发展的实施意见》（财金〔2019〕10号）发布后，政府付费的边界已清晰，专项债发行规则重构了政府投资，企业投资成为创新方向。地方政府授权地方国有企业，即城投公司在特定区域内承担片区开发任务，牵头招标选择特许经营投资人，企业投资可以解决短期资金不足问题，有些像历史上的"建设指挥部+投建管运资源整合平台"。在国有企业预算科目下创新还便于延伸设立产业基金，地方企业发债，盘活存量资产TOT、ABS（Asset-Backed Securitization，资产证券化）、REITs（Real Estate Investment Trusts，房地产信托投资基金）等潜力无限的组合。

（4）企业投资与市场化融资方面。央企的强大实力和主体信用也是银行和金融机构看好片区开发项目市场化投资的基础和组合路径。投资企业往往需要建立自有资金池，以市场化融资、参与发起权益性基金、产业基金、保理业务等解决片区开发的启动资金。

（5）地方政府发展及产业政策方面。在国家给予一些特区或高新区的顶层政策下，地方政府还往往发布具体的项目用地、税务优惠、人才引进、产业奖励资金等有利于招商引资的配套政策。

在评估投融资模式和交易结构时，需要充分考虑两个方面：一是区域竞争关系，如有些政策邻省推出后可能对该省产业转移和人口流动带来影响；二是综合研判其上位条件，有些政策和模式仅在特定区域、特定行业或试点阶段可行。

合规性的论证一方面要看政策条文的一致性是否符合审查标准，另一方面要理解政策制定者的意图是为了调控地方政府片面追求经济规模的发展理念。如果片区开发的三大支柱中基础设施规模太大，在土地出让金不足、财政能力不足或经营收益风险太高等复合因素影响下，便会无法形成资金平衡闭环，或者达不到投资人的预期收益率，同时难以引进后续的企业投资和通过银行系统的投资决策审批。

四、夯实片区开发项目的前期工作基础

（一）合理确定投资规模，有效防控项目风险

片区开发类项目合作期限长，合作区域范围广，投资金额大，引发项目变动因素多，无疑会增加项目违约风险。因此，应合理确定项目以及项目实施的内容，只有最终投资落地才能体现出真实的投资规模。因此，充分论证区域的规划情况、开发周期以及投入产出需求，合理确定项目规模，有利于项目后续推进，降低风险。

（二）做好前期工作，打牢项目运作基础

前期工作主要是项目前期的各项准备：一是政府方为项目运作已建立的相匹配的工作机制，包括组织架构、人员分工与安排等，进一步明确多部门的联合工作机制；二是确定项目规划、初步设计、项目立项等前期手续及资料。在项目的实际运作中，往往为了实施进度的推进而忽视前期工作基础。而事实证明，前期工作做扎实了，基础工作做牢固了，后续工作各方更易快

速达成一致，更有利于项目推进；如果前期手续不全，项目的各项边界不清，各方容易发生纠纷和矛盾，就需要花更多的时间来弥补前期工作带来的隐患。

片区开发项目的运作周期漫长，应着眼于项目的长远利益，做好项目开发前期需要的各项手续和准备工作，只有这样才能"又好又快"推进项目顺利实施。前期的准备工作主要包括以下两方面。

1. 投资建设模式的确定

在确定片区开发的投融资模式时，应根据片区开发项目的不同子项目的类型即性质、地方政府财政承受能力情况等，在避免违规举债及隐性债务风险的前提下，合理合规地确定适应不同子项目的合作模式。目前实务中应用较多的片区综合开发项目投资建设模式主要有 PPP、ABO、"投资 + EPC" 等模式，但上述模式均存在一定的局限性，要根据具体项目慎重选择。

2. 做好资金平衡方案

做好片区开发资源平衡的可行性研究，算好大账和总账，为下一步的项目推进打好基础。建议做好以下几个方面的工作：

（1）对拟建设的项目进行分类整理，落实好投资建设的责任主体，明确哪些由政府承担，哪些可以通过市场化的方式解决。

（2）根据城市可支配财政资金，按照项目规划设计以及投融资平台企业自有可投入资金，预测可投入资金及投入的项目领域、结构等。

（3）按照区域，领域和项目的功能、类型，对应的投融资主体，投融资模式等分类，根据项目可行性分析报告测算资金需求量。

（4）测算出各类项目的资金缺口。

（5）根据确定的项目投资总额和可利用的财政资金、可以投入项目中的自有资金，确认项目的融资规模。

（6）选择融资方式，主要包括股权方式、债权方式、政府和社会资本合作（PPP）、产业基金等，同时明确投融资主体，包括地方政府、地方政府投融资企业、社会资本、金融机构等。

（7）梳理融资时序：融资时序主要依据项目的开发时序和土地开发时序来确定。

五、注重开发过程，把控建设进度

项目参与各方首先要共同商定项目核心边界条件和相关风险分配机制，设定好采购条件，确保合作方落地；确保签署的合作协议条款内容与此前达成的交易结构、回报机制、操作路径、核心边界条件、风险分配机制等保持一致。其次，控制好进度，根据成片开发的实际进展和效果（尤其是土地出让计划完成情况和出让收益实现情况），控制投资峰值避免资金平衡风险。

六、加强与金融机构的沟通

按照相关规范性文件的规定，金融机构不得为土地储备和土地一级开发项目发放贷款，因此，在片区开发项目实施一开始，就应从项目融资的可行性出发，加强与金融机构积极主动对接沟通，做好项目的可融资性测试。按照国发〔2014〕43号文的规定："金融机构等违法违规提供政府性融资的，应自行承担相应损失，并按照商业银行法、银行业监督管理法等法律法规追究相关机构和人员的责任。"为规避政府债务相关合规风险，金融机构在办理投融资业务时也会注意把握原则性合规性规定，避免受到法律惩罚和监管。因此，知晓和了解金融机构的内部规定和要求，做好沟通和了解，保证项目设置的边界条件符合项目融资的需求，是非常有必要的。

七、把握好影响片区开发项目成败的"关键细节"

投资体量巨大实施内容复杂的片区开发项目，如何围绕"可行、可融、可落地、可实施、防风险"等要点科学谋划，因地制宜，统筹规划，这是地方政府或平台公司在基础设施投融资领域面临的新的问题和难题，也是考验一个专业咨询公司的服务水准和实操能力的最好课题。

除了保证项目的合法合规性外，决定片区开发项目能否依法合规顺利推进的，不是在纸上描绘出的"宏伟蓝图"，也不是开发时序、出让计划、平衡方案等听起来"高大上"的理论和概念，而是那些真正能成就项目，能让项目顺利落地的"关键细节"。

下面笔者结合自己参与片区开发项目的实践经验，谈谈在片区开发项目的实务中尤其是项目启动的前期阶段，如何把握决定片区开发项目成败的"十大关键细节"。

（一）关于片区开发项目总投资的确定

如何从项目"可行"的角度出发，合理确定片区开发项目的总投资，这是决定项目成败的重要基础。项目投资金额是否越大越好？包含的子项目越多越好？可能多数人的共识就是金额越大项目越多越好，而事实上绝非如此。片区开发项目本身就具有投资体量大、子项目众多等特征，一些地方政府盲目地认为在实施此类项目时，尽量把项目投资金额包装大，甚至把未来十年要建设的项目一并包装进去。实践中也出现了投资额高达近700亿元的项目，总投资200亿元左右的项目已较为多见，但能否推行下去、投资人是否普遍认可、能否招到合适的投资人、与一个地区区域经济发展是否相匹配等都是需要面对和解决的现实问题。而一个项目只有最终投资落地并建成才能体现出其真实的投资规模，有时贪大求全，反而会适得其反。

笔者关注到实践中投资超百亿的片区开发项目大量涉及前期房屋拆迁安置和基础设施建设，建设期多数在5年以上甚至10年，前期费用支出较大，项目准备的手续和时间较长，其间法律政策的变化以及不可预见的风险较多，能否顺利在约定的建设期完成全部的建设项目可能根本无法保证。也许对于某些企业来说，中标超百亿的项目，就完成了在某一地区"跑马圈地"的目的，但对于政府方来说，是否需要一次性实施子项目众多、投资额超大的片区开发项目，如何防范和掌控如此大体量投资额项目的风险，其间有多少不可预知的问题，能否顺利地合作下去，是否会影响部分急需的项目建设等问题，都是需要十分谨慎地考虑的。笔者了解到，某地的片区开发项目仅一期的基础设施建设投资金额就达100亿元之多，第一次进行社会投资人市场测试时，没有人对此提出具体的意见或建议，而在第二轮市场测试时，当得知要分成两个标段进行招标，每个标段的总投资约在50多亿元的时候，大部分投资人对这样的项目组合和总投资的金额都表示出高度的认同。他们普遍认为，对投资人来说，无论是内部的决策程序、出资及融资的压力以及未来的履约等都是比较适中和可行又比较契合投资人实际需要的。因为每一个参与片区开发项目投资的企业尤其是央企在进行投资决策时,一定会考虑和测算投资的最高峰值,也一定会在充分考虑自身的自有资金、对外可融资的条件等各种因素的前提下,才去决定是否投资以及如何投资。如果项目的总投资过大,自有资金需要周转额度及周期,外部融资的成本及能力不能够匹配项目的需求,多数投资人主观上会放弃投资或客观上根本投不了。当然,对一些项目"投建运"综合实力均较强的企业来说,项目包装的越大越好,但这不能代表一般投资人的愿望和需求。

为此建议,应从有利于项目后续推进,降低项目履约风险的角度出发,充分论证区域的规划情况、开发周期、投入产出需求以及投资人的投融资能力等,合理确定项目的投资规模。对确有必要一次实施的项目,当投资金额超出一定规模时,需要从投资人内部决策、投资压力、前期费用的承担、项目可融性保证、项目前期手续准备等多个方面进行综合考量,建议采用"分标段"的方法进行招标,这样应该会有更好的实施效果。

(二)关于片区开发项目建设内容的"排列组合"

每一个片区的开发都包含了众多子项目的建设内容,这也是片区开发项目区别于其他项目的特色所在。对这些分别具有公益性、经营性、准经营性不同特征的子项目是否需要进行"排列组合",是否需要进行分类实施,是否需要分别采用不同的投融资建设模式,是否可以交由社会投资人统一整体实施等问题,不但影响项目的"可融性"和项目的整体推进,也会直接影响项目主体对项目建设成本投入的多少。多数咨询机构在编制实施方案时,没有从项目的"可行性""可融性"的角度出发,系统考虑如何将众多子项目进行科学的"排列组合",更没有为项目实施主体提供有针对性又可行、又节约投资成本的合理化建议。

笔者建议,为更好地解决项目融资及建设等问题,促进项目又好又快落地实施,应将全部子项目分类实施。对于能够获得国家政策性金融机构支持的项目,或可以发行专项债(包括城乡建设专项债、项目收益债)等的项目,如安置房建设、环境修复工程等,可以打包在一起实施;对于有稳定现金流,能够获得商业金融机构认可的经营性或准经营性项目,如标准厂房建设工程等，可以打包在一起实施。上述两类可以获得金融机构贷款的项目，在前期项目立项等手续办理齐全的前提下，可以由项目实施主体直接采用工程总包或 EPC 模式实施。而对于无任何经营收入和现金流的公益性项目，建议可以打包在一起采用 ABO 模式，由政府授权的实施主体投资建设运营，政府可以通过设立专项资金等的方式支付实施主体公益类项目的建设及运营补贴。实施主体可以采用股权合作的模式，通过招引社会投资人，共同实施片区内的公益性基础设施建设项目。如此安排，在一定程度上可以解决片区开发项目体量大、推进慢、难融资的问题，也可以为项目实施主体节约大量的投资成本。同时，在对子项目进行"排列组合"时，也要充分考虑社会投资人对项目建设的前期费用与工程建安费的占比（一般建安费不能低于总投资的 70%）的要求。

（三）关于片区开发项目合作期限设置的问题

与常规的 PPP 项目相类似，片区开发项目的合作期也包含了建设期和运营期，但对于子项目众多的片区开发项目而言，如何约定建设期与运营期，能否简单地约定"建设期若干年、运营期若干年"、能否笼统地约定"全部子项目建设期满后统一进入运营期"、对已完成建设的子项目是否需要付费，如何计费，尚未完成的子项目能否付费等问题，在编制实施方案时都需要综合考虑主体的支付能力、投资人的投资峰值等综合因素，在实施方案中具体明确。

笔者的认识和理解是，基于片区开发子项目众多、建设周期较长，需要进行滚动开发等特点，如果约定"全部子项目建设期满后统一进入运营期"，那么对于所有已建成的项目也只是计算财务成本，投资人已经完成产出的项目无法得到付费。如果是这样的约定，对任何一个有"投资峰值"约束的投资人来说，都会有巨大的投资压力和潜在的投资风险，即使不考虑投资峰值的因素，投资人也会考虑未来项目主体的还款能力和履约保障，对多数投资人来说很难决策或根本无法决策导致最终无法投标，对项目实施主体来说，可能根本招不来投资人，即使能招到，也实现不了滚动开发、有序推进合作共赢的目的。

为此建议，在编制实施方案时，应充分考虑片区开发项目投融资及建设的独特性，对于建设期内已完成项目产出并交付甲方的子项目，可以视为进入运营期，或者直接约定子项目进入运营期的时间以（交）竣工验收交付甲方使用时开始，甲方对进入运营期的子项目应按照考核的结果开始付费。对非投资人的原因造成无法验收的项目，应约定根据项目实施的现状进行完工验收，后进入运营期。

（四）关于项目开发时序与付款时点的合理安排问题

基于片区开发项目子项目多投资额大的特点，需要从子项目建设的难易程度、投资额大小、（交）竣工的时间长短、投资人融资能力大小、投资建设计划与土地收储、出让计划匹配、控制投资峰值、减少资金占用等多个因素综合考虑。为此，在项目实施方案设计时，开发时序与付款节点的科学合理安排就显得尤为重要。按照PPP模式的常规，一般都是在项目整体进入运营期后的第二个运营年度开始付费，或每个子项目（交）竣工并交付后视为进入运营期，但并不付费，只是给予计算期间已完成工程量的财务成本。但对需要投入大量资金的片区开发项目而言，上述无论哪一种付费方式，都会带来较高的投资峰值，都存在投资人不能承受的资金压力，因为资金被大量占用，很难实现滚动开发的目的和效果，尤其对于非因投资人的原因造成在建设期内无法完成（交）竣工的项目，已完成的项目产出迟迟无法交付并获得回报，资金占用的巨大压力对投资人后续项目的投资及整个工程进度的影响是显而易见的。

基于片区开发项目能够实现滚动开发、有序推进的可行性，建议项目建设内容的实施应按照先易后难、先小后大、工期较短的先实施的原则。这样对于早完成（交）竣工的项目，从而可以早获得甲方的付费，从而可以缓解资金占用的压力，降低投资的峰值，当然如果能够兼顾考虑片区土地升值的因素当然是最佳安排。对政府而言，合理的安排项目建设时序与付款时点对降低项目建设成本，缓解项目资金压力都是极为重要的。建议在包装项目内容时，应做好充分的市场测试，广泛了解投资人对项目投资峰值以及项目过会审批的要求，尽量争取至少每两年之内应有部分子项目能保证及时完成（交）竣工，投资人能及时获得该项目的付费。这样，对降低投资峰值，减少融资压力和投资成本,保证后续项目的顺利滚动开发和推进都是极为有利的。

而对于工程量较大很难在 2~3 年的时间完成的子项目(一般在 10 亿元或以上),建议可以约定分别实施、分项验收并分别约定付费的支付时点,尽量确保分别实施的子项目都能在 2 年左右的时间完成交付并及时获得付费,这样就有可能真正实现片区子项目滚动开发,整体项目有序推进的效果和目的。

(五) 关于项目"前期拆迁补偿资金"如何解决的问题

笔者遇到的基本所有片区开发项目的首要难题是,如何解决片区开发需要在前期支付的大量的征迁补偿资金(也称为"前期费用",该笔资金主要是用于项目实施主体拆迁时需支付的拆迁补偿安置费,一般比例不超过总投资的 10%)。在实践中,该笔资金能否由中标社会投资人在项目公司成立前先行支付给项目实施主体?能否由中标人协调其他社会投资人以签订融资协议的方式支付给项目实施主体?该笔费用何时支付最适宜?如支付给项目公司,是否允许项目事实主体直接使用?该笔资金的额度上限多少较为合适?资金使用期限如何约定?是否应计入建设成本?资金的使用成本如何约定?……这些都是在片区开发项目中遇到的实务难题。这些难题不能有效地解决,也许片区开发项目的整体推进就会严重受阻,因为完不成拆迁,就无法提供项目建设所需要的土地。而多数作为项目实施主体的平台公司或地方国企自身的资金实力以及投融资能力都是非常有限的,而要解决开发过程中大量的前期需要的拆迁安置补偿资金问题,往往就要依靠投资人的资金实力或提供相应合规的融资路径。

如何合规地提供项目所需或项目实施主体所需的"前期费用",实践中对此问题认识和各自的解决路径各不相同。笔者也见到过对此问题在招标文件中的如此约定:"如乙方中标,须在中标后 7 日内协调社会资金方签订融资协议,协议签订后 30 日内协调社会资金方向甲方缴纳本项目建安费总投资 15% 的资金……以支持甲方用于缴纳的项目前期费用。上述资金采用'1 + 1 + 1'方式,延长此笔融资款的使用期限,乙方确保次融资方案落地执行,甲方按照年化利率6.5%承担利息，超出部分由乙方承担"，应该说这也不失为一种解决的路径和方法，可以考虑借鉴使用作为解决前期费用的方式之一。实践中有的投资人倾向于在中标后项目公司成立前作为履约保证金的形式（受金额的限制）支付给项目主体；有的投资人认可可以在此时间段将前期费用直接缴给甲方使用的方式；也有的投资人倾向于项目公司成立后直接打入项目公司，约定可以作为前期费用交由项目主体使用。该方式的优点是不受金额限制（一般约定不超过总投资的10%），缺点是时间有些偏长，不能及时解决甲方所急需的资金缺口。笔者认为，在合规且能尽快有效解决项目实施主体所需的"前期费用"的前提下，上述方式双方均可以在协商一致的基础上，视项目推进的缓急需要选其一使用。

（六）"两标一招"的采购方式与后续项目公司"直接发包"手续办理问题

片区开发项目实践中一般采用ABO授权模式实施，事实主体一般采用"投资人+EPC"的模式招采社会投资人合作开发建设，该投资人如果具备相应的施工资质，则依据相关法律法规的规定，项目的建设施工可以不再另行招标。实务中多数人理解的"不再另行招标就是不再招标"，实则不然，符合条件的可以不再另行公开招标，但是应该履行直接发包的相关手续，否则，就无法取得相关施工许可证等手续，尤其对房建类项目而言，直接导致的后果是无法办理后期的工程验收及上房手续。

按照《江苏省国有资金投资工程建设项目招标投标管理办法》（江苏省政府120号令）第九条的规定，"国有企业使用非财政性资金建设的经营性项目，建设单位控股或者被控股的企业具备相应资质且能够提供设计、施工、材料设备和咨询服务的，建设单位可以直接发包给其控股或者被控股的企业"。该规定也是基于国有企业及该办法适用主体的特殊性质，满足要求的有控股关系的企业可以免去招投标过程直接发包，既能节约成本，又可加强监管并保证工程质量。为此，笔者建议，在实施方案编制过程中，在对联合体各方股权比例设置条件时就应充分考虑"直接发包"所要求的前置条件，联合体中负责施工的一方应当是"项目公司控股或被控股"的企业，否则，项目落地后遇到的"办证难"问题无法解决。

实务中如何理解和把握"控股和被控股",笔者认为首先"控股和被控股"应是相对的而非绝对的,对此掌握的标准可以参照《国家发展改革委办公厅关于进一步做好〈必须招标的工程项目规定〉和〈必须招标的基础设施和公用事业项目范围规定〉实施工作的通知》(发改办法规〔2020〕770号)的规定:"一、准确理解依法必须招标的工程建设项目范围 (一)关于使用国有资金的项目。……第(二)项中'占控股或者主导地位',参照《公司法》第二百一十六条关于控股股东和实际控制人的理解执行,即'其出资额占有限责任公司资本总额百分之五十以上或者其持有的股份占股份有限公司股本总额百分之五十以上的股东;出资额或者持有股份的比例虽然不足百分之五十,但依其出资额或者持有的股份所享有的表决权已足以对股东会、股东大会的决议产生重大影响的股东';国有企业事业单位通过投资关系、协议或者其他安排,能够实际支配项目建设的,也属于占控股或者主导地位。"为此建议,在招标文件中可以提出具体要求:"联合体中承担施工任务的企业应作为项目公司的大股东,且实际主导项目的建设。"

(七)对不具备融资条件的片区开发项目,如何要求投资人解决全部的项目建设所需资金

所有片区开发项目在初始阶段的建设内容均涉及房屋安置和土地的前期开发,也即与土地储备相关的工作。按照有关规范性文件的规定,金融机构不得为涉及土地储备的项目贷款,即所有涉及片区开发的房屋安置和土地的前期开发项目,均无法取得项目的贷款,也就无法完成项目融资,在此条件下,对社会投资人来说就是一个巨大的挑战和难题。项目无法贷款无法融资,除了项目资本金之外,项目建设所投入资金如何解决?是否有其他可以融资的路径和方法?是否可以将其中符合条件的单个子项目单独进行融资(如安置房)?是否还要对"融资交割"进行约定?……这些都是在项目实施前需要充分考虑的问题。

笔者建议,针对此问题首先要做的就是社会投资人对项目可融资的市场测试工作。实务中多数社会投资人没有深入考虑项目融资是否可行的问题,

即如果本项目不符合项目融资的相关条件,作为投资人如何解决项目建设所需资金?笔者参与的项目在进行第一次市场测试时,绝大多数的投资人对此没有考虑,认为只要项目资本金能及时到位就可以了,当谈到如何解决项目融资的问题时,普遍都认为可以找金融机构协商项目贷款事宜,并没有意识到此类项目本身无法进行贷款,需要提前找到其他融资的路径和方法。在对项目的整体情况进行充分了解和沟通后,当进行第二次市场测试时,绝大多数的社会投资人都表示可以找到除银行项目贷款之外的其他融资路径。以上说明,项目实施前充分的市场测试,尤其项目的可融资性测试对后续项目的顺利融资和推进是极为重要的环节和工作,必须做好做扎实。同时,应在实施方案中明确,项目的融资主体是社会投资人而非项目公司,社会投资人应承担除资本金出资以外全部的项目融资责任,而非对项目公司的补充融资责任。部分咨询公司在编制实施方案时容易忽略这个非常重要的问题,在此也做特别提醒。

(八)如何对待投资人要求提供的"担保",包括要求其他国有平台公司给予的还款或履约担保

片区开发实践中,如果是平台公司作为项目的实施主体也即投资合作协议的甲方,则多数的社会投资人都会提出要求平台公司或其他 AA 以上评级的国有平台公司提供还款或履约的担保。据了解在某些地区的平台公司就提供了这类担保,但笔者认为,此类担保是存在合规性障碍和法律风险的。从上位法的要求来看,对国有企业的担保要求是很严格和慎重的,《中华人民共和国企业国有资产法》第三十条规定:"……为他人提供大额担保……等重大事项,应当遵守法律、行政法规以及企业章程的规定,不得损害出资人和债权人的权益。"《中华人民共和国公司法》第十六条:"公司向其他企业投资或者为他人提供担保,依照公司章程的规定,由董事会或者股东会、股东大会决议;公司章程对投资或者担保的总额及单项投资或者担保的数额有限额规定的,不得超过规定的限额。公司为公司股东或者实际控制人提供担保的,必须经股东会或者股东大会决议。"《财政部关于推进政府和社会资本合作规范发展的实施意见》(财金〔2019〕10号):"三、加强项目规范

管理……（一）存在政府方或政府方出资代表向社会资本回购投资本金、承诺固定回报或保障最低收益的。通过签订阴阳合同，或由政府方或政府方出资代表为项目融资提供各种形式的担保、还款承诺等方式，由政府实际兜底项目投资建设运营风险的。……对于存在本条（一）项情形，已入库项目应当予以清退，项目形成的财政支出责任，应当认定为地方政府隐性债务，依法依规提请有关部门对相关单位及个人予以严肃问责。"从各地关于国有资产的监管来看，绝大多数地方国资监管部门是不允许平台公司或国有企业相互担保的，从政府债务风险管理的角度来看，为其他企业的项目投资提供担保可能带来隐性债务风险。

因此，在片区开发项目中要求平台公司和或地方国企提供担保的要求应属于违规，平台公司的担保现象应当被杜绝，否则有可能导致整个项目被认定为违规运作。笔者认为，投资是一种市场行为，本身就存在着风险，应当谨慎进入。如果社会投资人担心项目实施主体的付款和履约能力，那就应当在充分调研项目"品质"的基础上，综合判断当地经济发展状况、地方政府对项目的支持程度和态度、片区内土地价值的上升空间、项目自身可挖掘的潜力等的基础上，再决定是否投资、如何投资、如何与政府谈判争取有利的外部条件和相关的政策支持，而不应把平台公司自身的资质作为履约的保障和是否投资的前提条件。

（九）片区开发项目实施前需做好哪些前期准备工作

片区开发项目实施前的手续齐全，不但是项目顺利实施的要求也是社会投资人内部申请过会需要的基础资料，为项目提供咨询服务的专业机构应当给予项目实施主体以明示，明确需要准备的相关资料文件。一般来说需要准备的前期资料主要包括：授权文件、项目建议书（可研报告）、片区封闭运作的相关文件、控制性规划、土地出让计划、资金平衡方案、专项资金管理有关文件（如有）、初步实施方案等。

片区开发项目在实施和推进中还会遇到诸如：ABO模式下的政府授权的合规性问题；采用特许经营模式时如何确定招标主体问题；项目的优化设计问题；项目首笔实缴资本金数额如何确定问题；土地出让计划与运营期还款

能否匹配的问题；无AA或以上评级的平台公司作为项目实施主体时其履约能力如何保障问题；未来可能发生的子项目变更影响总投资的问题；片区开发项目复杂的绩效考核问题；等等。上述问题都是片区开发项目实施时永远绕不开的"坎"，也是项目各参与方必须正确面对和重视的非常重要的问题，更是各专业服务机构在为片区开发项目提供咨询意见必须给出的合规而准确的答案。

（十）在片区开发项目实施过程中如何考虑同步壮大平台公司的资产

绝大多数的地方政府在实施片区开发项目的同时，希望能做大做强下属的平台公司或国有企业，从而也借此给平台公司带来转型发展的机会。而平台公司或地方国企在作为项目实施主体具体负责片区开发项目实施时，如果能趁此找到发展壮大的机会，不失为"两全其美"。为此建议，在编制实施方案时就需要从项目用地的取得、项目资产的权属等方面充分考虑并合理设置项目资产、项目土地的取得和权属，如合作期内的项目公司资产应在谁的名下、建设用地由谁去摘牌等问题。

笔者建议，一是项目用地的取得，除符合划拨目录的部分基础设施用地划拨至平台公司名下，可直接交由项目公司使用外，其他需要以出让方式取得的用地，也由平台公司摘牌取得，交由项目公司建设使用。同时可以约定，项目合作期内的资产权属均属于甲方（政府平台公司）所有。部分片区开发项目的实施方案没有考虑"壮大平台公司资产"和资产移交时的税收等问题，要求项目公司去"摘牌"拿地，建成的项目设施属于项目公司，再移交给甲方，这样的设置无疑会带来较大的税收风险，显然欠妥。

综上，在我国片区开发项目如火如荼开展，各地政府都在大力推进，社会投资人都在争先恐后"跑马圈地"的今天，无疑，谁的项目能尽早落地并顺利推进，取决于上述笔者所谈到的"十大关键细节"和一些重要的边界条件是否已经充分考虑，是否进行了合理的设计和详细测算，是否找到了真正专业懂政策、懂相关专业且有着丰富实战经验的咨询机构编制实施方案，并能将上述问题进行充分科学合理的落实等诸多因素。当然，除了上述文中所解析的"十大关键细节"，也包括某些投资人投资过会审批所需要的特殊条件是否能满足，如土地出让收入金每年增长率的合理性问题等。

八、关于"投资+EPC"模式的片区合作开发项目模式

（一）"投资+EPC"模式的内涵及要素

以"投资+EPC"为主要模式，以平台公司作为合规处理枢纽（政府授权平台公司作为项目主体，由平台公司采购社会投资人），把"政府和企业合作"转换为"企业和企业合作"，防范政府隐性债务风险，推进项目依法合规实施。

（二）"投资+EPC"模式的基本原则

（1）统筹规划：控制性详细规划优化、概念规划、产业规划、专项规划等整体统筹。

（2）整体授权：规避隐性债务风险，ABO授权平台公司负责项目的规划、勘察设计、前期（土地一级）开发、投资建设、运营维护、产业导入等工作，并招选社会投资人具体合作实施。

（3）滚动开发：投资建设计划与土地收储、出让计划匹配，控制投资峰值，减少资金占用。

（4）封闭运作：项目合作范围内的土地出让金、物业资产和部分增量税收等资源专项用于本项目。

（5）自求平衡：在测算平衡的前提下，不占用项目合作范围外的财政资金或经营性资源。

（三）政策依据

1.《财政部 国土资源部 中国人民银行 银监会关于规范土地储备和资金管理等相关问题的通知》（财综〔2016〕4号）

政府购买服务："地方国土资源主管部门应当积极探索政府购买土地征收、收购、收回涉及的拆迁安置补偿服务。"

政府采购工程："土地储备机构应当积极探索通过政府采购实施储备土地的前期开发，包括与储备宗地相关的道路、供水、供电、供气、排水、通讯、照明、绿化、土地平整等基础设施建设。"

2.《土地储备资金财务管理办法》(财综〔2018〕8号)

"第三条本办法所称土地储备资金是指纳入国土资源部名录管理的土地储备机构按照国家有关规定征收、收购、优先购买、收回土地以及对其进行前期开发等所需的资金。"

"土地储备资金实行专款专用、分账核算,并实行预决算管理。"

"财政部门从已供应储备土地产生的土地出让收入中安排给土地储备机构的征地和拆迁补偿费用、土地开发费用等储备土地过程中发生的相关费用;财政部门从国有土地收益基金中安排用于土地储备的资金。"

3.《财政部 国土资源部 中国人民银行关于印发〈国有土地使用权出让收支管理办法〉的通知》(财综〔2006〕68号)

"允许的土地出让收入使用范围包括:征地和拆迁补偿支出、土地开发支出、支农支出、城市建设支出以及其他支出。"

(四)"投资人+EPC"模式重点问题

实务中采用"投资人+EPC"模式的片区开发项目的重点问题有:

(1) 项目的投资回报问题;

(2) 项目自身的融资可行性问题;

(3) 项目的资产归属问题;

(4) 土地一二级开发联动问题;

(5) 施工企业的投资能力问题;

(6) 投资人的退出问题。

(五)"投资人+EPC"模式需注意的问题

(1) 项目实施的合规性问题解决方案,主要包括项目的实施主体、投资回报机制的安排等;

(2) 地方政府对片区开发项目的相关支持政策,如片区封闭运作、建立片区建设发展专项资金办法等;

(3) 政府审批、投资人过会、金融机构融资授信等的可行性论证,包括社会资本市场测试、金融机构可融性测试等。

九、片区开发实施过程中要加强政府债务合规管理

实施片区开发项目过程中防范和规避政府债务风险,应主要把握以下几个要点。

(一) 确保财政预算合规

我国目前的政府预算管理包括年度财政预算和中期财政规划管理,且中期财政规划按照三年滚动方式编制,第一年规划约束对应年度预算,后两年规划指引对应年度预算。跨年度政府支付责任必须基于合规的运作模式,纳入中期财政规划,最终纳入年度财政预算管理,并受到总量约束和程序控制。

政府债务是政府承诺在未来某一约定时间无条件偿还本金和利息的给付义务,而政府支付责任是基于未来交易的有条件财政支出行为,并不形成当前的政府债务。但政府支付责任必须严格管理和规范,否则会增加财政收支矛盾,最终仍需通过增加税收、减少支出或者政府举债来解决。

在政府与社会资本合作模式的PPP项目中,政府的支出包括政府在PPP项目全生命周期过程中依据法律和合同约定需从财政资金中安排的股权投资、运营补贴、配套投入、风险承担等。按照《财政部关于印发〈政府和社会资本合作项目财政管理暂行办法〉的通知》(财金〔2016〕92号)的规定,由本级人民政府同意纳入中期财政规划的PPP项目,由行业主管部门按照预算编制程序和要求,将合同中符合预算管理要求的下一年度财政资金收支纳入预算管理,报请财政部门审核后纳入预算草案,经本级政府同意后报本级人民代表大会审议。每一年度全部PPP项目需要从预算中安排的支出责任,占一般公共预算支出比例应当不超过10%。

(二) 把握运作模式的合规性要求

目前我国的政府采购、政府购买服务、政府与社会资本合作(PPP)等运作模式,以及平台公司融资、地方政府债券、专项建设基金、政府投资基金等融资模式,在不同阶段广泛运用于公益性基础设施项目中,但在适用领域和范围、投融资主体、权利义务、资产权属、财政预算和资金管理等方面,

各种合作模式均有严格的政策规范要求。随着国家投融资改革的不断深化，财政预算和政府债务管理的不断规范，部分融资模式已构成违法违规举债，在片区开发项目投融资模式设计时，要严格掌控。否则，将带来较大合规风险。

（三）从金融机构的视角保证融资主体的合规

首先应准确把握政府投资和企业投资界限，金融机构可以为企业法人提供项目融资，但不得为政府及其部门提供项目融资。根据"项目法人责任制"的规定，项目审批、备案或核准文件中确定的项目法人和投资资金来源，是区分政府投资项目和企业投资项目的重要依据，要确保项目融资主体的合规性，以及与项目法人的一致性。在项目法人明确为企业的情况下，仍应分辨其是否为融资平台公司代政府举债。如果融资项目自身缺乏持续稳定的经营性收入，主要依靠财政拨款偿还债务，应定性为融资平台公司代替政府举债。需要特别指出的是，在合规的运作模式下，将政府付费及可行性缺口补助等作为项目法人正常的经营性收入，继而作为金融机构项目融资的第一还款来源，与违规的政府融资平台模式和财政预算列支企业债务行为有着本质区别，不属于政府举债。

（四）禁止项目融资过程中的违规担保

对融资过程中的违法违规提供担保的禁止性要求主要有以下几个方面：

（1）除发行地方政府债券、外债转贷款外，地方政府及其所属部门不得为任何单位和个人的债务以任何方式提供担保。

（2）地方政府及其所属部门参与社会资本合作项目，以及参与设立创业投资引导基金、产业投资引导基金等各类基金时，不得承诺回购其他出资人的投资本金，承担其他出资人投资本金的损失，或者向其他出资人承诺最低收益。

（3）地方政府及其所属部门、事业单位、社会团体，不得以机关事业单位及社会团体的国有资产为其他单位或企业融资进行抵押或质押。学校、幼儿园、医院等以公益为目的的事业单位、社会团体，不得以教育设施、医疗卫生设施和其他社会公益设施进行抵押融资。

（4）地方政府及其所属部门不得承诺将储备土地预期出让收入作为融资平台公司偿债资金来源。只承担公益性项目建设或运营任务、主要依靠财政性资金偿还债务的融资平台公司，不得以财政性资金、国有资产抵（质）押或作为偿债来源进行融资。

（5）地方政府及其所属部门、公益目的事业单位和人民团体不得违反法律法规等规定，以出具担保函、承诺函、安慰函等任何形式为融资平台公司融资提供担保。

十、创新应用好片区综合开发项目的"4P"模式

片区开发实务中，有的专家为了克服现有 PPP 项目的审批周期长、融资难度大等不足之处，研发了新型的城镇片区综合开发项目的 Pre-PPP 模式，也可将其简称为"4P 模式"，意图在申请 PPP 流程之前启动部分工程采购和服务购买，在 PPP 项目正式获准后合二为一，同时利用城镇化建设环节实现自主收益并提高可融性。Pre-PPP 模式目前尚在试运行过程中，仅在几个项目中进行尝试，随着经验逐步完善、模式逐步成熟，应该有望得到广泛应用。

（一）Pre-PPP 模式简介和优势

在完成必须的规划分析论证、可行性分析论证、可融性研究，并取得可行结论后，按政府投资项目的标准立项程序，启动项目工作：

（1）以政府采购工程和政府购买服务的方式，启动项目招投标，此部分项目内容由地方政府财政承担支出责任并纳入预算。项目规模以中期财政规划能够承担的投资规模为限（以防万一 PPP 项目入库失败，造成政府债务的风险）。

（2）同时启动 PPP 项目相关工作（包括但不限于项目立项所需的可行性研究、土地、环评、规划等四项审批，"两评一案"等），符合条件后履行 PPP 采购程序。社会资本应具有丰富的城镇片区综合开发 PPP 项目经验（包括但不限于基础配套设施建设、征收拆迁），应具有充足的资金实力、融资能力和协调能力。

（3）以Pre-PPP模式实施的城镇片区综合开发项目，一方面，以"Pre"模式，实现项目快速启动目的，在项目立项可研获批、细节谈判完成的前提下，两个月内可启动项目。另一方面，通过城镇片区综合开发模式，实现项目自主收益，大大提高项目可融性，同时不增加政府支出责任及债务。Pre-PPP模式城镇片区综合开发项目能够克服现有PPP项目的审批周期长、融资难度大等大部分不足之处，随着试运行经验逐步完善，有望得以广泛应用。

例如，某项目区域占地面积200万平方米，基础设施和土地整理阶段总投资100亿元，整体项目建设期4~5年，运营期10~15年。按前期建设、土地整理、开发建设三阶段实施。

前期建设阶段：投资10亿元用于配套基础设施，建设道路、雨水排水、废水排水、路灯、交通设施工程等。

土地整理阶段：项目总面积为200万平方米，预计土地整理阶段计划总投资为90亿元。拟整理综合性产业新城土地200万平方米，其中，仓储物流用地50万平方米，商业用地60万平方米，住宅用地50万平方米。

开发建设阶段：开发建设阶段建设仓储物流基地、商贸展览中心、配套住宅、学校、医院等，开发建设阶段的建设内容不完全纳入本项目之中，合作方式进一步商议。

（二）Pre-PPP模式的局限性

1. Pre-PPP模式要求项目盈利性较高

由于项目模式比较复杂，不可预见性较大，因此客观上要求项目预期可实现的经济和社会效益非常好，对区域GDP（国内生产总值）具有进一步的拉动作用，项目本身具有较高的预期盈利性，以覆盖项目风险。一般来说，比较适合于城镇片区综合开发项目和使用者付费类项目等。

2. Pre-PPP模式要求项目可分割性好

由于项目分为Pre和PPP两个阶段实施，这两个阶段项目要能够独立操作和运行，因此要求项目具有良好的可分割性。一般来说，比较适合于城镇片区综合开发项目。

3. Pre-PPP 模式结构设计复杂程度高

Pre-PPP 模式中至少包含一对项目和子项目，在进行项目可行性研究和实施方案设计过程中，要充分考虑到项目与其子项目之间，在资金筹集、抵质押物、时序安排、主体转换、资产评估、交接程序、回报安排等多方面的重叠因素，设计复杂程度非常高。

从另一个方面来说，也要求项目区域的发展规划和空间规划已确定完成，如果在项目进入实施阶段后调整规划，损失将是巨大的。

4. Pre-PPP 模式对参与者能力要求较高

由于项目模式比较复杂，要求社会资本具有丰富的城镇片区综合开发 PPP 项目经验（包括但不限于基础配套设施建设、征收拆迁），要求社会资本具有充足的资金实力、融资能力和协调能力。同时，也要求地方政府相关部门的配合能力较强，能够及时充分地完成相关基础信息资料的收集整理，能够依法合规地审批和上报相关程序。

十一、地方政府合规筹资的路径建议

国家一直鼓励在基础设施领域依法依规进行市场化融资，但是如何找到合法合规的筹资路径，是许多地方政府和平台公司感到困惑和不解的。笔者认为，地方政府要做好资金的筹集工作，就要认真规划和利用好本地的各种资源优势和条件，深刻理解和掌握国家不断出台的文件和政策要求，综合运用政府投资、特性经营、政企合作等多种方式，并充分考虑项目的可融性，系统筹划区域投融资活动。笔者总结了目前实务中较为普遍适用的筹资路径，包括以下几方面。

（1）选择合适的项目做合规的 PPP 项目及特许经营项目。

（2）合理规划专项债项目，在政策允许的背景下，利用好"专项债+市场化融资"的模式。

（3）运用好各类债券和融资工具，做好企业债和项目收益债等债券融资工具的筹划准备工作。

（4）在合规的前提下运用政府购买服务和采购工程的模式。

（5）运用好政府授权的 ABO 模式，在获得政府财政支持的前提下，合规实施好企业市场化融资方式。

（6）在片区综合开发项目中，运用好合规的"投资+EPC"合作模式，在有效实现市场化融资的前提下，避免政府违规举债和隐性债务风险。

（7）提前筹划并合理规划，将合适的项目以未来收益权支持项目进行再融资，主要方式如 ABS、ABN、REITs 等。

（8）利用国家建设用地指标增减挂钩平衡的相关政策，做好土地资源的利用和保护并获取一定的资金支持。

附表　本书所涉及的主要法律法规及政策文件

一、法律法规		
序号	名称	通过、发布与修订时间及文号
1	《中华人民共和国预算法》	1994年3月22日第八届全国人民代表大会第二次会议通过；根据2014年8月31日第十二届全国人民代表大会常务委员会第十次会议《关于修改〈中华人民共和国预算法〉的决定》第一次修正；根据2018年12月29日第十三届全国人民代表大会常务委员会第七次会议《关于修改〈中华人民共和国产品质量法〉等五部法律的决定》第二次修正
2	《中华人民共和国政府采购法》	2002年6月29日第九届全国人民代表大会常务委员会第二十八次会议通过；根据2014年8月31日第十二届全国人民代表大会常务委员会第十次会议《关于修改〈中华人民共和国保险法〉等五部法律的决定》修正

续表

序号	名称	通过、发布与修订时间及文号
3	《中华人民共和国招标投标法》	1999年8月30日第九届全国人民代表大会常务委员会第十一次会议通过；1999年8月30日中华人民共和国主席令第21号公布；自2000年1月1日起施行
4	《中华人民共和国土地管理法》	1986年6月25日第六届全国人民代表大会常务委员会第十六次会议通过；根据1988年12月29日第七届全国人民代表大会常务委员会第五次会议《关于修改〈中华人民共和国土地管理法〉的决定》第一次修正；1998年8月29日第九届全国人民代表大会常务委员会第四次会议修订；根据2004年8月28日第十届全国人民代表大会常务委员会第十一次会议《关于修改〈中华人民共和国土地管理法〉的决定》第二次修正；根据2019年8月26日第十三届全国人民代表大会常务委员会第十二次会议《关于修改〈中华人民共和国土地管理法〉、〈中华人民共和国城市房地产管理法〉的决定》第三次修正
5	《中华人民共和国土地管理法实施条例》	中华人民共和国国务院令第256号
6	《中华人民共和国招标投标法实施条例》	中华人民共和国国务院令第613号
7	《政府投资条例》	中华人民共和国国务院令第712号

续表

序号	名称	通过、发布与修订时间及文号
8	《优化营商环境条例》	中华人民共和国国务院令第722号
9	《企业投资项目核准和备案管理条例》	中华人民共和国国务院令第673号
10	《国有土地上房屋征收与补偿条例》	中华人民共和国国务院令第590号

二、国务院规范性文件

序号	名称	文号
1	《国务院办公厅关于规范国有土地使用权出让收支管理的通知》	国办发〔2006〕100号
2	《国务院关于加强地方政府融资平台公司管理有关问题的通知》	国发〔2010〕19号
3	《国务院关于改革铁路投融资体制加快推进铁路建设的意见》	国发〔2013〕33号
4	《国务院办公厅关于支持铁路建设实施土地综合开发的意见》	国办发〔2014〕37号
5	《国务院关于加强地方政府性债务管理的意见》	国发〔2014〕43号
6	《国务院关于创新重点领域投融资机制鼓励社会投资的指导意见》	国发〔2014〕60号
7	《国务院办公厅转发财政部发展改革委人民银行关于在公共服务领域推广政府和社会资本合作模式指导意见的通知》	国办发〔2015〕42号
8	《国务院办公厅关于促进开发区改革和创新发展的若干意见》	国办发〔2017〕7号
9	《国务院关于推进国有资本投资、运营公司改革试点的实施意见》	国发〔2018〕23号
10	《中共中央 国务院关于全面实施预算绩效管理的意见》	中发〔2018〕34号

续表

序号	名称	文号
11	《国务院办公厅关于保持基础设施领域补短板力度的指导意见》	国办发〔2018〕101号
12	《国务院关于印发改革国有资本授权经营体制方案的通知》	国发〔2019〕9号
13	《国务院关于加强固定资产投资项目资本金管理的通知》	国发〔2019〕26号
14	《国务院办公厅关于全面推进城镇老旧小区改造工作的指导意见》	国办发〔2020〕23号
15	《国务院办公厅转发国家发展改革委关于促进特色小镇规范健康发展意见的通知》	国办发〔2020〕33号

三、财政部规范性文件

序号	名称	文号
1	《财政部 国土资源部 中国人民银行关于印发〈国有土地使用权出让收支管理办法〉的通知》	财综〔2006〕68号
2	《财政部 国土资源部 中国人民银行 银监会关于规范土地储备和资金管理等相关问题的通知》	财综〔2016〕4号
3	《关于组织开展第三批政府和社会资本合作示范项目申报筛选工作的通知》	财金函〔2016〕47号
4	《财政部关于印发〈财政部驻各地财政监察专员办事处实施地方政府债务监督暂行办法〉的通知》	财预〔2016〕175号
5	《财政部关于印发〈地方政府一般债务预算管理办法〉的通知》	财预〔2016〕154号
6	《财政部关于印发〈地方政府专项债务预算管理办法〉的通知》	财预〔2016〕155号
7	财政部等六部委《关于进一步规范地方政府举债融资行为的通知》	财预〔2017〕50号

续表

序号	名称	文号
8	《财政部 国土资源部关于印发〈地方政府土地储备专项债券管理办法（试行）〉的通知》	财预〔2017〕62号
9	《财政部关于坚决制止地方以政府购买服务名义违法违规融资的通知》	财预〔2017〕87号
10	《财政部关于国有资本加大对公益性行业投入的指导意见》	财建〔2017〕743号
11	《财政部 国土资源部关于印发〈土地储备资金财务管理办法〉的通知》	财综〔2018〕8号
12	《财政部 住房城乡建设部关于印发〈试点发行地方政府棚户区改造专项债券管理办法〉的通知》	财预〔2018〕28号
13	《财政部关于做好2018年地方政府债务管理工作的通知》	财预〔2018〕34号
14	《财政部关于规范金融企业对地方政府和国有企业投融资行为有关问题的通知》	财金〔2018〕23号
15	《财政部关于推进政府和社会资本合作规范发展的实施意见》	财金〔2019〕10号
16	《财政部 自然资源部关于印发〈土地储备项目预算管理办法（试行）〉的通知》	财预〔2019〕89号
17	《政府购买服务管理办法》	中华人民共和国财政部令第102号

四、国家发展改革委规范性文件

序号	名称	文号
1	《国家发展改革委办公厅关于开展产城融合示范区建设有关工作的通知》	发改办地区〔2015〕1710号
2	《发展改革委 财政部 国土资源部 银监会 铁路局关于进一步鼓励和扩大社会资本投资建设铁路的实施意见》	发改基础〔2015〕1610号

续表

序号	名称	文号
3	《国家发展改革委关于实施 2018 年推进新型城镇化建设重点任务的通知》	发改规划〔2018〕406 号
4	《国家发展改革委关于依法依规加强 PPP 项目投资和建设管理的通知》	发改投资规〔2019〕1098 号
5	国家发展改革委、科技部、工业和信息化部、财政部《关于扩大战略性新兴产业投资培育壮大新增长点增长极的指导意见》	发改高技〔2020〕1409 号
6	《基础设施和公用事业特许经营管理办法》	国家发展改革委 财政部 住房和城乡建设部 交通运输部 水利部 中国人民银行令第 25 号

五、其他综合性规范文件

序号	名称	文号
1	《国土资源部 财政部 中国人民银行 银监会关于印发〈土地储备管理办法〉的通知》	国土资规〔2017〕17 号
2	《生态环境部关于生态环境领域进一步深化"放管服"改革,推动经济高质量发展的指导意见》	环规财〔2018〕86 号
3	《生态环境部全国工商联关于支持服务民营企业绿色发展的意见》	环综合〔2019〕6 号
4	《自然资源部办公厅关于印发〈产业用地政策实施工作指引(2019 年版)〉的通知》	自然资办发〔2019〕31 号
5	《自然资源部关于印发〈土地征收成片开发标准(试行)〉的通知》	自然资规〔2020〕5 号
6	《生态环境部办公厅 发展改革委办公厅 国家开发银行办公厅关于推荐生态环境导向的开发模式试点项目的通知》	环办科财函〔2020〕489 号
7	《闲置土地处置办法》	中华人民共和国国土资源部令第 53 号
8	《企业国有资产交易监督管理办法》	国务院国资委 财政部令第 32 号